2024年度河北省职业教育教学改革研究项目
课题编号：2024ZJJGGB17
课题名称：高职院校电子商务专业群“岗课赛证”

U0962650

高职院校电商专业“岗位、课程、竞赛、证书”综合教学模式

许倩 杨林亚 张天仕◎著

中国商业出版社

图书在版编目（CIP）数据

高职院校电商专业“岗位、课程、竞赛、证书”综合教学模式 / 许倩，杨林亚，张天仕著. -- 北京 : 中国商业出版社，2025. 7. -- ISBN 978-7-5208-3541-1

Ⅰ. F713.36

中国国家版本馆CIP数据核字第2025H1G118号

责任编辑:常　松

中国商业出版社出版发行

（www.zgsycb.com　100053　北京广安门内报国寺1号）

总编室:010-63180647　编辑室:010-83114579

发行部:010-83120835/8286

新华书店经销

武汉乐生印刷有限公司印刷

*

710毫米×1000毫米　16开　18.75印张　300千字

2025年7月第1版　2025年7月第1次印刷

定价:78.00元

* * * *

（如有印装质量问题可更换）

作者简介

许倩，1984年出生，女，汉族，河北保定人，研究生学历，副教授职称，职务是电商专职教师，研究方向是电子商务教学。全国电商行指委产业发展与教学研究专门委员会委员，高级“双师型”教师，主要从事电子商务专业核心课程的教学与研究工作。主持主研市厅级课题8项，公开发表论文10余篇。个人获得河北省技能大赛一等奖1次，二等奖3次，指导学生参赛获得省赛一等奖2次，国赛银奖1次。

杨林亚，1985年出生，女，汉族，河北保定人，研究生学历，讲师职称，职务是电商专职教师，研究方向是电子商务教学。毕业于辽宁师范大学，主要从事电子商务专业课程的教学与研究工作，录制电子商务基础在线课一门，公开发表论文2篇，主持并参与研究课题5项。

张天仕，1993年出生，女，汉族，河北保定人，研究生学历，讲师职称，职务是电商专职教师，研究方向是电子商务教学。毕业于河北师范大学，中级“双师型”教师，现为河北软件职业技术学院互联网商务系专任教师，全球职业生涯规划师（GCDF）。长期从事电子商务领域的研究与实践工作，拥有丰富的行业经验和深厚的专业知识，对于电子商务领域的发展动态和前沿技术有敏锐的洞察力，善于将创新理念融入实际工作。在2022年“挑战杯”河北省大学创业计划竞赛、河北省2022年教师教育教学信息化交流活动高等教育组、2024年河北省教学能力大赛均获佳绩。

前言

在当今数字化飞速发展的时代，电子商务已成为全球经济格局中不可或缺的重要力量。高职院校作为培养适应社会需求的专业技能型人才的摇篮，其电商专业的教学模式也面临着前所未有的挑战与变革需求。

随着互联网技术的不断创新，电商行业日新月异。传统的教学模式在应对电商行业快速发展时，逐渐暴露出诸多不足。一方面，许多教学内容滞后于行业实际需求，学生所学知识与实际岗位要求存在差距。例如，新兴电商形态不断涌现，而教学中可能还未及时涵盖相关知识和技能的传授。另一方面，教学方法较为单一，缺乏足够的实践环节和创新激励，难以充分激发学生的学习兴趣和潜能。

在这样的背景下，探索一种全新的、综合性的教学模式显得尤为迫切。这种教学模式需要紧密围绕电商专业的岗位需求，因为岗位是学生未来就业的方向标。通过深入剖析电商职场中的各类岗位，如运营、营销、客服、技术等，明确各个岗位所需的知识、技能和素养，从而为教学内容的精准设置提供依据。

课程是实现人才培养目标的核心载体。传统课程体系需要进行革新，既要重塑核心理论课程，如电商概论、营销学、管理学等，使其与时俱进，又要搭建实践导向的课程体系，让学生在模拟实训、企业实习和项目实战中不断提高自己的实际操作能力。

竞赛作为一种有效的教学手段，能够为学生带来多方面的提高。它不仅可以锻炼学生的专业能力，还能培养团队协作精神和创新思维。合理筛选竞赛项目，并将竞赛成果转化为教学资源，可以实现竞赛与教学的良性互动。

证书则是对学生专业能力的一种权威认证。在电商领域，存在着职业资格、行业认证、技能等级等多种证书。将证书嵌入教学过程，实现课程与证书标准的精准对接，能够帮助学生更好地获取相关证书，提高其在就业市场的竞争力。

综上所述，构建“岗位、课程、竞赛、证书”综合教学模式是适应电商行业发展需求、提高高职院校电商专业教学质量、提高学生就业竞争力的必然选择。这一模式旨在整合各方资源，打造一个全方位、多层次、动态适应的教学体系，为高职院校电商专业的发展开辟新的道路，为培养更多优秀的电商专业人才奠定坚实的基础。

基于此，本书围绕高职院校电商专业“岗位、课程、竞赛、证书”综合教学模式这一主题展开详细论述，并进行深入研究。第一章探索教学新航向，点明数字浪潮下电商教育的困境与机遇，扫描国内外教学模式，用多维度研究法探索新模式。第二章深入剖析电商岗位需求，阐述产业演进、岗位细分和胜任力模型。第三章构建以岗定课的课程架构，遵循OBE理念设计课程，升级理论课程并搭建实践导向课程体系。第四章探索以赛促学，阐述竞赛对教学的多重作用、项目筛选和成果转化。第五章规划书证融通路径，展示电商证书，对接课程与证书标准并助力学生考证。第六章阐述实施保障，包括师资队伍、教学资源和制度革新。第七章检验教学成效，构建评估指标体系并运用多种分析方法。第八章梳理成果并展望未来，总结模式成效等并预判趋势。

目 录

第一章　探索电商专业教学新航向

第一节　数字经济背景下我国电商教育的发展

一、数字经济概述

数字经济是继农业经济、工业经济之后的主要经济形态，反映了以信息通信技术为基础的新一代数字技术发展和应用的重要趋势，大力发展数字经济不仅是引领经济发展和产业变革、建设现代化产业体系的核心要素，也是重构新型生产力关系、优化区域生产力布局、构建新发展格局的内在要求。

（一）数字经济的由来

人类社会的发展大致经历了三个阶段，分别是农业社会、工业社会和信息社会。三个社会阶段所表现出来的经济形态分别是农业经济、工业经济和信息经济。而每一种经济形态，都是由相应的技术系统推动而产生的。比如农业经济的推动技术主要为耕种技术等，而工业经济的推动技术主要为蒸汽机技术、内燃机技术和电气技术等，信息经济的推动技术则为计算机技术、网络技术和通信技术等。农业经济、工业经济和信息经济对比分析如表1-1所示。

表1-1　农业经济、工业经济和信息经济对比分析

社会阶段	经济形态	资源	生产力特质	主要推动技术	经济形态
农业社会	农业经济	物质（主要是土地等自然资源）	分散化个体	耕种技术等	以自然经济为主的农业经济
工业社会	工业经济	物质和能量（特别是资本和动力资源）	集中规模化	蒸汽机技术、内燃机技术、电气技术等	以商品经济为主的工业经济

续表

社会阶段	经济形态	资源	生产力特质	主要推动技术	经济形态
信息社会	信息经济	物质、能量和信息（信息资源上升到重要的战略资源的高度）	分布式多元协同	计算机技术、网络技术、通信技术等	以网络经济为主的信息经济

每种经济形态又可以细分为多个阶段，数字经济作为信息经济的延伸，属于信息经济的高级阶段。在数字经济中，数据成为核心资源，如大数据、云计算、物联网、区块链和人工智能等技术发挥了关键作用。随着数字技术的不断发展和应用，数字经济正在引领社会和经济进行深刻变革，塑造新的产业结构、商业模式和生活方式。

迄今为止，国际学界仍无统一的数字经济定义。然而，学者普遍认为数字经济是工业经济向现代化转型的产物，它是以经济全球化为背景、以信息技术为驱动、以知识资源为依托的经济发展形态。

（二）数字经济的内涵

由技术革命、经济形态变迁和商业模式变革带来的数字经济到底是什么？在这个时代中，经济形态有什么样的新变化？又应如何应对？要回答这些问题，首先需要厘清数字经济的内涵。

根据对数字经济概念的界定，可以发现数字经济在经济活动中的参与主体、交易产品以及交易方式等方面都依赖于数字化，都可以通过数字化实现效率的提高。云计算、互联网和大数据等作为数字经济的重要推手和变革力量构成了数字经济的核心。同时，人作为内在驱动力，教育力、环境力、制度力、整合力和分配力作为外在推动力量共同推动了数字经济的发展。而知识型劳动力要素、知识要素、信息要素、金融要素、创新能力要素、核心技术要素、制度要素等数字经济核心要素构成了数字经济的中坚力量，推动了经济进一步发展，并向下一个新模式转型。

总体而言，数字经济具有以下内涵：

(1)以数字技术作为经济活动的标志和驱动力。它具有智能化、知识化的特点。

(2)以数字性思维取代工业化思维。在运行模式、产权制度、分配方式等方面注入了新的思想。

(3)资源配置的主要对象是数字化资源。不同于工业经济时代主要是对土地、石油等短缺资源的配置,在数字经济中,主要通过市场机制对数字化资源进行科学、合理、综合、集约的配置。因此,在数字经济时代,对智力资源(人才和智慧)的占有变得更为重要。

(4)数字经济是融合性经济。它采用现代创新引擎改造传统工业经济,构建新的经济发展形态。

这些特点和内涵共同构成了数字经济的核心特征,推动着经济的进一步发展和转型。我们需要适应数字经济的发展趋势,积极应对数字化带来的机遇和挑战,以实现经济的可持续发展。

作为新一轮科技革命和产业变革的突破口,数字经济是以互联网、云计算、大数据、人工智能等新兴技术为基础,以数字产业化和产业数字化为核心,致力于实现人与自然、人与人之间的和谐相处,实现以人为本、智能互动的现代经济发展新形态。

国内外数字经济风起云涌、发展迅猛。正确认识数字经济的基本状况,对于推动数字经济的发展具有重要意义。通过深入了解数字经济的发展动态,能够更好地把握机遇,积极参与数字经济的建设和发展,进而在数字经济领域中占据制高点,取得更大的发展和竞争优势。

(三)数字经济的特征

与传统经济相比,数字经济具有以下特征。

1.数字化

数字技术渗透到生产、分配、交换和消费等社会再生产的全部环节,数字技术的发展不仅推动了传统产业改造升级,还不断催生出新的产业发展模式、新型产品和技术。

2.效率性

数字技术通过降低信息获取成本,大大降低了经济社会发展中的交易成本,经济活动更少受到时间和空间因素的限制,技术创新、技术扩散、产品开发和价值创造能够实现快速迭代。

3.普惠性

与传统经济相比,数字技术使经济增长、就业和公共服务水平大幅提高,互惠型的发展模式使得企业和个人用户都能够享受到巨大的实惠。

4.融合性

数字经济极大地促进了产业间的融合、生产和消费的融合。在供给侧,产业边界越来越模糊。在需求侧,数字经济下的商业模式将更凸显消费者的中心地位,更加注重消费者的需求和体验。

5.全球化

信息技术已经成为推动全球产业变革的核心力量,并且不断促进创新资源与新的生产模式、商业模式融合,加速推动农业、工业和服务业的转型升级。在经济全球化的背景下,一方面世界各国信息技术竞争日益激烈,另一方面,全球技术交流也日益紧密,在"竞合"的观念下。全球化特征日益凸显。①

(四)数字经济的理论基础

1.宏观经济增长理论

在宏观经济学框架下,凯恩斯理论的基础来自工业社会,宏观经济增长的价值基础亦来自工业标准化生产。货币位于经济增长和发展的中心,社会分工促进分工的阿林·杨格的迂回生产方式难以实现高效运行,经济增长和发展中难以避免出现高成本、高浪费的现象。

根据内生增长理论,技术进步被视为内生要素。在数字经济下,数字技术可以降低经济社会运行成本,推动资本和劳动力边际报酬的增长。在数字技术的作用下,人与人、人与物、物与物的互联互通推动了数据量的爆发式增长。生产者、消费者等不同的市场主体获取信息的便利性有了极大的提高,同时获取相关信息的成本也大幅度降低。此外,在数字经济背景下,数据要素既扩展了生产要素体系,也对传统经济增长理论中的资源配置问题产生了影响。不同的数据借助数字平台在不同经济主体之间实现自由流动,解决了不同经济主体之间信息不对称的问题,不同经济主体之间的资源得以以更低的成本实现合理匹配和优化配置。

数字技术能够促进经济社会运行效率的不断提高。首先,数字技术实现了市场供需的精准匹配,不仅提高了市场效率和透明度,也从优化资源配置、企业创新与转型、促进贸易全球化等方面对宏观经济增长产生了深远影响。其次,随着数字经济的发展,原来价值链上的研发设计、生产制造、营销及售后等环节分化出更为精细与精准的相关环节,分工效率进一步提高。最后,依托数字平台,不同的企业相互依存、互利共生、共同创造价值,协同生产效率得以大幅度提升。

数字经济能够促进传统经济社会的转型升级。首先,数字经济的发展催生

①鲍世超. 时代聚变 数字经济与创新发展[M]. 北京:中国经济出版社,2024.

了新的产业形态，加速了传统产业向数字化和平台化方向转型。传统产业的数字化转型涵盖了生产、供应链和营销等各个方面的数字化升级，而数字化平台则是将传统产业与数字技术相结合，构建以数据为基础的平台生态系统。其次，数字经济与传统制造业的创新融合极大地提高了工厂的生产效率，同时打破了传统的产业边界，不断催生出适应市场需求的新业态和新模式。最后，数字经济推动农业实现数字化转型，使得传统农业逐渐朝着数字化、智能化和信息化的方向发展。农业数字化转型通过应用数字技术和信息技术等手段，提高农业生产效率，保障食品安全，增加农产品的附加值，促进农业的可持续发展。

总之，互联网、物联网、大数据、人工智能和云计算等数字技术的发展，为资源配置过程和机制带来了变革。与传统的标准化生产过程相比，数字技术的发展不仅提高了效率，还带来了更高的附加价值。在这个过程中，基于数字经济的"看不见的手"和"看得见的手"形成了新的组合方式和资源配置机制。例如，基于大数据的"看不见的手"可能转变为具有局部"看得见的手"的功能，而"看得见的手"则由于大数据、人工智能转变为部分"看不见的手"的资源配置效率。因此，市场、政府和社会自组织这三种资源配置机制之间出现了融合创新，社会有形实物资源与社会无形资本之间也发生了融合创新。这种变化正在改变基于工业社会基础的内生经济增长的动力源泉，如大数据和教育等人力资本的融合，重构经济增长的内生逻辑。

2.微观经济消费者理论

在微观经济学框架下，供给与需求是两个基本的经济透视角度，而数字技术的应用则使市场上的供需能够更加准确地匹配。

从供给的角度来看，数字经济时代的产品创新被赋予了全新的内涵。在工业经济时代，商业模式主要是以厂商为中心的B2C模式，即依靠商业资源的供给来创造和驱动需求。这种模式的特点是以制造为核心、大规模标准化生产、广泛传播的大众营销以及消费者被动接受产品。然而，在数字经济时代，产品创新"以用户为中心"，通过"产销合一"模式，企业与消费者共同参与到产品的研发、设计、生产、营销和服务等方面，共同创造价值。在这种模式下，供需能够更加精准地匹配，资源得到高效利用，产品和服务的价值更加突出，市场上的各个主体也更加平等和谐。

同样，从需求的角度来看，数字经济时代的消费者不再是被动的消费者。正如普拉哈拉德在他的著作《消费者王朝：与顾客共创价值》中所描述的那样：消费者由孤陋寡闻变得见识广泛，由分散孤立转变为广泛连接，由消极被动变得积极参与。由于信息对消费者的赋能作用,价值链上的权力逐步转移到C端,消费者首次置身于经济活动的核心地位,这一变化改变了传统经济学中消费偏好和个体行为特征的内涵与界限。

从供给与需求均衡的角度分析,供给与需求的均衡存在性及其均衡变动方向构成经济模型分析的主体内容,数字经济时代的供给与需求均衡变得越来越随机。

由于数字经济下网络外部性和正反馈的作用,商品的价值取决于用户的规模,消费者从使用某种商品或服务中得到的效用取决于其他用户的数量。当其他用户增加导致某一消费者对某种商品的效用增加时,该消费者愿意支付更高的价格。

即使出现了更好的替代产品,由于消费者的路径依赖、锁定效应和转换成本,他们也不太可能在现在使用的次优产品和最优产品之间进行转换。结果是次优产品在市场上占主导地位,从而降低了市场效率,对传统经济学的一般均衡理论提出了挑战。然而,与此同时,由于数字经济中的网络外部性和正反馈效应,新产品更容易传播和被接受,从而减少了消费者的路径依赖、锁定效应和转换成本,降低了原有产品的外部性,进而打破了原有的均衡状态。

因此,在数字经济中,均衡状态失去了唯一性,总体均衡与局部均衡之间的结构或关系可能更多地被二级甚至三级局部均衡取代,类似于福利经济学中寻求帕累托最优转而寻求次优解或三优解的情况。随着数字经济对国民经济的影响不断增强,随机性和复杂性的分析将逐步从微观经济分析的边缘走向核心。

数字经济的出现颠覆了传统企业的盈利方式,融合了"规模经济"与"范围经济"。传统企业的利润主要取决于产品或服务的数量、成本和价格等因素,利润来源于产品或服务本身。然而,数字经济发挥了范围经济的优势,创造了除了企业自身产品外的其他伴生利润来源。"范围经济"是指由企业的范围而非规模带来的经济,也就是当同时生产两种产品的费用低于分别生产每种产品所需成本的总和时所存在的状况。

传统范围经济强调的是产品的相关性,产品相关性越强,范围经济的特征就越明显。而数字经济将产品相关性降至最低,例如,植入广告可能与产品本身没有直接相关性,但极大地拓宽了范围经济的应用范围。

在数字经济下,企业利润从提供商品和服务本身转向了广告发布方支付的广告费用,也就是说,广告费用由其他企业承担,而这种范围经济是在一定规模经济的基础上建立的,市场份额和用户数量是网络企业获取范围经济效益的基础。若缺乏一定的规模,无论是附加广告收入还是其他潜在收益的获得,都无法实现。因此,数字经济充分发挥了规模经济和范围经济的作用,彻底改变了传统的盈利模式。

3.信息经济理论

数字经济是信息经济学的一种具体表现形式和实践应用。在数字经济时代,信息已经成为一种重要的经济资源,数字经济的发展离不开信息资源的支撑,包括用户数据、知识产权等资源的积累和利用。因此,我们看到信息资源的价值不仅在于其本身的内容,更在于如何获取、处理和利用这些信息资源。

信息不对称是信息经济学的一个重要研究领域,它是指在经济交易过程中信息掌握和传递的不对称性。在交易双方中,一方可能掌握更多或更准确的信息。这种不完全信息状态使得市场交易不再是完全透明和公平的,而受到各种不确定性和随机性的影响,可能导致市场出现信息外溢、选择性披露和道德风险等问题。例如,交易前的信息不对称导致"劣币驱逐良币"的现象,而交易后的信息不对称则导致出现道德风险。信息不对称现象在现代经济活动中随处可见,如金融市场、劳动力市场、医疗市场等领域,对经济效率和交易成本产生重要影响。

然而,随着数字化技术的飞速发展,市场交易主体之间的"信息不对称"问题得到了极大的改善。数字化技术使得信息可以被更加高效地收集、存储、传递和分析,从而实现了信息的透明化和公开化。同时,数字化技术还引入了一种去中介化的交易模式,使得个体之间可以直接进行交易,从而降低了信息搜索成本和交易执行成本,重塑了交易成本的内涵。网络平台已经成为交易主体在虚拟环境中获取资源和信息的集散中心,这使得供需双方能够以更低的成本获取所需要的信息。网络平台还能够降低商家为寻找客户或搜索供应商而产生的信息搜索和处理的成本。例如,电子商务平台的兴起使消费者可以直接与卖家进行交易,无须通过中间商或传统零售商。在这种模式下,消费者可以更轻松地获得商品和服务的信息,从而能够更好地做出购买决策。同样,卖家也可以通过电子商务平台更加便捷地接触潜在的客户和市场,从而提高销售效率和竞争力。数字化技术还为交易主体提供了更加便捷的支付、结算和物流服务,进一步降低了交易成本。又如,区块链技术通过智能合约,将交易双方之间的约定和执行过程编码到区块链上,实现了自动化和去中心化的交易。这种方式不仅可以降低交易成本,还可以提高交易的安全性和可靠性,避免了传统中心化交易所面临的信任问题。同时,区块链技术还可以提高交易的透明度,让所有参与者都能够更好地了解交易情况和市场价格，从而更好地参与市场交易。这些新的技术和模式有效地弱化了"信息不对称"假设，促进了市场资源更优化地配置，同时提高了社会效率。

4.网络经济理论

网络经济作为一种新兴的经济形态，改变了传统经济模式，创造了全新的商业机会和增长点。在网络经济中，通过互联网等技术手段，生产者与消费者之间的交流和交易变得更加便捷、高效，同时也推动了数字经济的快速发展，加速了信息化进程。网络经济的出现和快速发展，极大地改变了人们的生产生活方式，人们能够利用互联网、移动通信、大数据、人工智能等新兴技术，以信息为纽带，将生产、交易、管理等各个环节进行数字化、网络化和智能化，形成新的经济模式和生产方式。

网络经济具有渗透性、外部经济性和全球性等特征。信息技术的应用和推广是网络经济取得成功的重要原因之一。通过信息技术，生产者和消费者可以快速连接，从而提高交易效率，这极大地促进了传统产业的数字化和智能化转型升级。从产业分类的角度来看，信息技术已经广泛渗透到传统产业中，如制造业、服务业和金融业等，为这些传统产业注入了新的生机和活力。同时，信息技术也催生了许多新兴产业，如人工智能、区块链和云计算等。在信息技术的推动下，这些新兴产业快速发展，成为经济增长的新引擎。网络信息技术的推动促进了不同产业间的融合和新产业的迅速发展。随着信息技术的不断发展和普及，网络经济已经成为推动经济发展和社会进步的重要力量。

此外，网络经济推动下的全球化是一种新的经济形态，它使不同地区之间的交流和互动更加便捷，促进了全球范围内的贸易和投资活动，同时也加强了国际合作与竞争。网络的普及和信息技术的发展使得全球各地的企业与消费者可以更加轻松地获取信息和资源，从而创造出更多的商业机会，提高了经济活动的速度和规模。网络技术和全球化的融合也为新兴市场和发展中国家带来了更多的机遇与挑战，它们可以通过网络技术更加便捷地接入全球市场。基于网络平台的商业模式促成了生产者与消费者之间的交易，消除了传统商业模式从生产到消费过程中存在的多层营销体系，大幅降低了交易成本，同时也扩大了企业的服务范围。尤其对于小微企业而言，广阔的市场平台可以帮助它们克服规模上的劣势，向全世界的消费者提供服务。

相较于传统工业经济带来的外部非经济性，例如工业生产中的"三废"（废水、废气和废渣）问题，网络经济则主要表现为外部经济性，也就是说，网络经济的发展不仅可以提高经济效益,同时也可以带来环境和社会效益。在网络经济阶段,信息资源是主要资源,而信息资源的再生与重复利用避免了资源的浪费和损耗,实现了资源的可持续利用。与此同时,随着信息技术的不断发展和创新,生产周期不断缩短,使其他行业也受益于网络经济的发展。例如,在物流领域,网络技术的应用极大地提高了物流效率和精确度,从而为整个物流行业带来了巨大的推动作用。

5.数字经济的意义

数字经济作为一种经济形态,是知识经济对传统经济的渗透与重塑。数字经济在知识功能化、个性化、价值化、增值化的基础上,将主体与客体、主观与客观具体地统一起来,形成了一种全面的知识经济形态。

数字经济是对现有知识经济的升华,其理念使知识经济的概念更加全面化、系统化、功能化、可操作化,使其成为一个完整的、真正意义上的经济形态。数字经济对传统经济转型升级提供了清晰的概念、明确的目标和强大的动力,使得传统经济转型升级不再只是一句口号,而是切实可行的实践。

(1)数字经济是对称型经济。经济发展涉及经济主体与经济客体之间的相互作用,这种关系本质上是对称的,也就是相互平衡的关系。经济主体与经济客体之间的对称程度决定了社会系统的有序程度、和谐程度和生产力的发挥程度。产能过剩问题实质上是由于经济主体与经济客体之间的不对称性导致的,而不对称性的程度则决定了经济结构不平衡和产能过剩的深度与广度。传统经济通过产能过剩引发经济危机来自发实现经济结构的"均衡",而数字经济则通过人类的自觉努力来实现经济结构的对称。数字经济是规范性和实证性的统一,是主体性和科学性的统一。

数字经济的发展观就是经济对称发展观,供给侧结构性改革旨在通过宏观与微观、自由与法制、价格与价值、公平与效率、理性与非理性之间的协调,实现经济主体与经济客体的对称转化。在市场经济的有机体中,不同要素在不同时期具有不同的地位,生产力的发展是它们共同作用的结果。生产力是社会系统的整体功能,供给侧结构性改革实质上是社会系统自组织和有序化的过程。整个社会系统的对称有序性决定了是否有利于生产力的发展。供给侧结构性改革的根本目标在于建立对称的社会经济系统,使上层建筑与经济基础、生产关系与生产力相互对称,从而发挥最佳的生产力功能。

(2)数字经济是再生型经济。宇宙是从无到有不断裂变的过程,资源本质上是可以再生的。人类经济发展史就是随着人类征服自然能力的提高,由资源优化配置主导人类经济活动向资源优化再生主导人类经济活动的转化。如果说传统经济是资源配置型经济，数字经济就是资源再生型经济。再生经济的特性是使其成为双赢经济、和谐经济、幸福经济的基础，同时也是经济稳定发展的基础，是实现可持续发展的关键。

作为一种研究优化配置资源的学科，经济学是人类社会发展在特定阶段的产物，但在更广泛的人类社会经济活动中，经济学应该成为资源优化再生与配置的学科。优化配置资源只是实现生产力发展的手段，而生产力的发展则是优化配置资源的目的。

再生型经济的核心在于其结构，包括生产中人与人、人与物的关系和组织。数字经济不仅体现在经济活动中知识的主导地位所带来的资源的再造，同时也体现在思维结构、社会结构、企业结构、生产结构的对称、有序、优化组合带来的资源的裂变与生产效率的指数级增长。这种再生既包括自然资源的再生，也包括社会资源、组织资源、思维资源、文化资源的再生。

(3)数字经济是生态型经济。人类已经发生和正在发生两次创业:第一次创业——生存创业，以实物和能源为生产的主要要素，以不可再生资源的大规模开采和使用为前提，满足人类的基本生存需求。第二次创业——生态创业，信息和知识逐渐成为生产中的主导要素，人类开始追求以最少的实物和能源资源实现生存。此时，人们的生活方式转变为追求生态平衡和可持续发展。

第一次的生存创业解决的是人类的基本生存问题，这个阶段的经济活动不可避免地对自然资源进行大量开采，自然科学在这里成为首要的生产力。然而，第二次的生态创业，则面向的是人类的可持续发展问题，它呼唤人类与自然和谐共存，倡导对自然资源进行更为高效且可持续的利用，人文科学(社会科学)、思维科学、哲学等知识领域的作用在这个阶段变得同样重要，成为新的生产力。生态创业、可持续发展是数字经济的出发点和落脚点。传统经济是由低层的经营活动向高层的经营活动转移的，数字经济是用高层的经营活动统驭低层的经营活动的。数字经济以知识产业为引领，以对人类第一次创业的成果传统产业按生态原则重塑改造为路径，以人与环境的协同为基础，以人类可持续发展为目标，最终致力于促进人类的全面发展。

(4)数字经济是发展型经济。数字经济是强调结构稳增长的经济，而不是总量经济;它的视角更加深远，聚焦于经济结构的对称态及在对称态基础上的可持续发展，而不仅仅是GDP、人均GDP的增长与经济规模的最大化。数字经济是以增长促发展，以发展促增长的经济发展模式。

在数字经济的视域中，增长与GDP并非无关，但关键在于如何将GDP增长正确地定位于发展模式之中，使其成为再生型增长方式的一部分。数字经济追求的是能够推动发展的可持续的高速增长。任何将减速与高效、高速与低效、GDP高速增长与经济过热等概念等同起来，或者错误地将数字经济定义为减速增效、增长速度降温的观念，都是不准确的。数字经济实际上是在准确找到经济增长点，建立经济结构对称状态的基础上，实现经济的高速可持续发展。它包含了高质量GDP的高速可持续增长，即在经济发展过程中的"调结构稳增长"。

6.我国数字经济发展的意义

以计算机、网络、通信为代表的现代信息技术革命催生了数字经济。数字技术正广泛应用于现代经济活动中，提高了经济效率、促进了经济结构加速转变。对于我国来说，数字经济既是经济转型增长的新变量，也是经济提质增效的新蓝海。发展数字经济已成为信息时代的最强音，对我国而言更具有特殊意义。

第一，发展数字经济是贯彻"创新、协调、绿色、开放、共享"五大发展理念的集中体现。数字经济本身就是新技术革命的产物，是一种新的经济形态、新的资源配置方式，集中体现了创新的内在要求。数字经济减少了信息流动障碍，加速了资源要素流动，提高了供需匹配效率，有助于实现城乡之间、区域之间的协调发展。数字经济能够极大地提高资源的利用率，是绿色发展的最佳体现。数字经济的最大特点就是基于互联网，而互联网的特性就是开放共享。

第二，发展数字经济是推进供给侧结构性改革的重要手段。以新一代信息技术与制造技术深度融合为特征的智能制造模式，正在引发新一轮制造业变革；数字化、虚拟化、智能化技术将贯穿产品的全生命周期；柔性化、网络化、个性化生产将成为制造模式的新趋势；全球化、服务化、平台化将成为产业组织的新方式。在服务业领域，数字经济的影响与作用已经得到较好体现，电子商务、互联网金融、网络教育、远程医疗、在线娱乐等已经使人们的生产生活发生了较大的改变。

第三，数字经济是贯彻落实创新驱动发展战略，推动"大众创业、万众创新"的最佳试验场。现阶段，数字经济最能体现信息技术创新、商业模式创新以及制度创新的要求。数字经济的发展孕育了一大批具有发展潜力的互联网企业，成为激发创新创业的驱动力量。众创、众包、众扶、众筹等分享经济模式本身就是数字经济的重要组成部分。

第四，数字经济是构建信息时代国家竞争新优势的重要先导力量。在信息革命引发的世界经济版图重构过程中，数字经济的发展将起着至关重要的作用。信息时代的核心竞争能力将越来越表现为一个国家和地区的数字能力、信息能力、网络能力。

第五，数字经济为消费注入新鲜血液。数字经济时代的到来使人们的生活发生了翻天覆地的变化。数字技术的深入发展与普及不仅孕育出众多新产业，同时也极大地改变了居民的消费方式。近年来，网络购物、外卖服务、短视频直播平台等电商平台迅速发展，线上购物已经成为居民生活消费的重要组成部分。数字交易平台发展势头向好，不断有新的产业领域加入数字平台交易，医疗、交通、工业等数据类别逐渐成为数字交易新热点。由此可见，数字经济的发展在很大程度上改变了居民的消费习惯与消费方式，数字平台交易也随之成了居民消费的主要组成部分之一。

第六，数字经济助推产业数字化转型。数字经济的发展过程实际上是各个产业数字化的过程。数字经济所带来的经济效益吸引了众多企业将发展聚焦于相关领域的技术创新、融合应用与产业化发展，产业数字化转型成为企业发展新趋势。此外，数字技术在居民日常生活中的普遍应用逐渐改变了人们的生活方式与消费方式，传统产业的生产制造方式已经难以适应时代发展与产业变革。因此，通过产业数字化转型提升产业能级、进行产业改革已势在必行。

第七，数字经济拓展就业新空间。当前，数字经济对产业发展产生了深远影响。数字经济不仅助推了产业数字化转型，同时也产生了规模庞大的新兴产业。新产业的不断涌现与产业数字化转型的迫切需求为就业市场创造了新的就业空间。一方面，数字经济催生的新兴产业会带来新的岗位，增加新的就业机会；另一方面，产业数字化转型带来了新的就业需要，转型企业对专业型人才的迫切需求为专业型人才提供了新的就业空间。数字经济通过挤出低技能劳动力，提升了高技能劳动力供给量，实现了就业结构的优化，对我国就业整体结构产生了巨大影响。

二、电子商务与数字经济

数字经济具有高创新性、强渗透性、广覆盖性，不仅是新的增长点，也是改造提升传统产业的支点和构建现代化经济体系的重要引擎。电子商务作为数字经济的重要组成部分，在激发需求端消费潜力、促进流通端提质增效、引导生产端产业转型升级中发挥了重要作用，对推动我国经济实现高质量发展和构建新发展格局具有重大意义。

(一)从电子商务到数字经济

1.互联网经济的起源

互联网经济是基于互联网所产生的经济活动的总和,主要包括电子商务、即时通信、搜索引擎和网络游戏四大类型。

我国互联网经济起步于1995年5月,从此,互联网进入百姓的生活,之后短短几年时间,互联网迅速发展,逐渐变成一种新的经济模式。

从产业发展的角度看,我国互联网经济的发展可以划分为三个阶段:第一个阶段是2000年前后,几大门户网站的创立,信息的互联网成为当时的主流;第二个阶段是2003年至2005年前后,娱乐、游戏等互联网公司相继上市,是互联网的娱乐时代;第三个阶段是2007年至今,电子商务在中国飞速发展,电商企业炙手可热,这是商品的互联网阶段。

2.互联网经济与电子商务

中国从1994年接入国际互联网以来,中国互联网已历经近30年的发展。作为互联网经济最重要的电子商务,自1997年起,也已历经20多年的发展。电子商务具有交易成本低、交易效率高、交易覆盖广、交易协调性强和交易透明度高等一系列明显的优势。中国网购市场交易额也呈快速递增趋势,中国电子商务已步入对移动电子商务市场进行布局的新阶段。移动端作为商家直播和消费者观看的重要渠道,直播电商市场的高速发展带动了移动电商市场交易规模的扩大。

3.数字经济的发展

数字经济可以具体分为两部分:一是数字产业化,是指为产业数字化发展提供数字技术、产品、服务、基础设施和解决方案,以及完全依赖于数字技术、数据要素的各类经济活动。数字产业化分为数字产品制造业、数字产品服务业、数字技术应用业和数字要素驱动业四大类,主要包括计算机通信和其他电子设备制造业、电信广播电视和卫星传输服务、互联网和相关服务、软件和信息技术服务业等,是数字经济发展的基础。二是产业数字化,是指应用数字技术和数据资源为传统产业带来的产出增加和效率提高,是数字技术与实体经济的融合。该部分涵盖智慧农业、智能制造、智能交通、智慧物流、数字金融、数字商贸、数字社会等数字化应用场景。

当前,我国数字产业化和产业数字化处于快速发展阶段。我国数字经济的发展由以电子商务为代表的消费互联网,逐渐向工业互联网转变。产业数字化已成为我国数字经济增长的重要引擎。

（二）数字经济的技术——经济分析

数字经济本质上具有很高的技术属性。因此，在分析数字经济发展时，首先需要探讨数字经济的技术属性带来的影响，之后将技术属性产生的影响扩大化，分析在新兴数字技术广泛应用下的整体经济形态。在这一思路下，数字技术对数字经济发展的促进效应的路径机制可以很大程度上归结于成本。随着数字技术对传统行业的不断渗透，企业成本形成如下新特征：高固定成本与低边际成本。其中，高固定成本来源于两个方面：一是产品的前期研发成本，包括因开发新产品投入的费用、人力、物资等；二是为吸引用户而进行免费、补贴策略所耗费的成本。前者是一种沉淀成本，在投入以后几乎无法收回或者改变。后者是数字经济特性决定的，在网络外部性作用下，可以为企业带来更多收益。以成本理论为基础，数字技术促进数字经济发展的路径机制有以下几个方面。

1.互联：通过构筑新基建推动数字经济发展

"云、网、端"技术的发展支撑新型基础设施建设，简称新基建。数字经济新型基础设施主要是指面向现代化建设和数字经济发展，支撑数据的感知、连接、汇聚、融合、分析、决策、执行和安全等各环节运行，并提供智能化产品和服务的新一代数字基础设施体系。本质上，"云、网、端"技术为设备、生产线、工厂、供应商、产品、客户等主体在虚拟网络空间实现智能互联提供了可能性。在数字技术的加持下，数字经济突破了传统交易方式中时空同步的限制，即在虚拟空间中将交易过程离散为间断性的时间和地点，实现交易行为的时空异步。企业在有限的时空内几乎能与所有互联网所触及的用户进行连接并进行频繁的交易，这削弱了消费者的"位置阻力"，使企业产品销售规模得以扩大。另外，搜索引擎功能有效提高了消费者对商品信息的搜索能力，降低了"搜索阻力"，进一步提高消费规模，促进企业销售扩张。

2.数据：通过丰富新要素推动数字经济发展

大数据技术、区块链技术和隐私计算技术的发展与进步，为数据生产要素化提供有效途径，在保证数据可信、安全的前提下，实现数据的深度挖掘与合规流通。数据成为独立的生产要素，在数字经济发展中的作用越来越明显。从经济运行的微观主体即企业视角分析，产品数据、设备数据、研发数据、工业链数据、运营数据、管理数据、销售数据和消费者数据等产生与投入，将有助于改进生产过程、培育新型产品和拓宽销售渠道，进而促进全要素生产率的优化提高，实现附加值的整体跃迁。随着时间的推移，企业数字化技术应用的范围将不断拓宽，源源不断地产生海量数据，通过数据的分析、挖掘、加工与应用，为企业生产率的提高提供充足的新动能。

3.集成:通过构建新生产/新服务推动数字经济发展

尽管数据已成为关键的新生产要素,但是海量数据的实时涌现引发数据冗余,使经济系统变得更加复杂,带来新的匹配、优化问题。人工智能技术的采纳与应用,可以帮助企业面向目标任务,利用各类优化算法,基于大数据形成数据优化模型,为匹配问题提供集成与优化路径。企业通过集成路径,构建了多种形式的新生产/新服务,增加了信息的有效性。烦琐的数据得以转化成有用的交易信息,降低供需缺口,提高匹配效率。另外,优化算法也产生了新的价格机制,依据供需变化实施动态定价。通过这种溢价算法,可以很好地调节市场上的供需均衡。从交易成本的角度看,优化算法减少了因信息不对称、投机主义和有限理性等造成的搜寻和信息成本、议价成本和决策成本等。可以认为,集成与优化路径既为企业满足消费者多样性需求提供了动力,也为消费者获得多样化服务或产品提供了可能性。

4.融合:通过激发新生产/新服务推动数字经济发展

数字孪生技术协助数据优化模型与物理空间的实体融合,使产业边界逐渐趋于模糊,提高了传统行业企业的跨界经营能力。这不仅使企业增加了产量,也使企业开始关注并构建多样化的新生产/新服务,最大限度地发挥范围经济。企业通过融合路径,依靠在某一种主营业务积累起来的用户,低成本地开展多样化的业务,获得更多的利润来源。目前,典型的互联网企业均具有多样的产品,如主营业务为即时通信的企业,但其同时有邮件、新闻和游戏等多种衍生业务,后者均基于主营业务平台,因此具有较低的成本。同时,企业积累的大量用户资源,也使新业务易于传播和被用户接受。企业通过跨界经营能够在不同行业中合理配置生产资源,缓解资产专用性约束,实现范围经济。

5.创新:通过催生新模式/新业态推动数字经济发展

新兴数字技术广泛应用于研发设计、生产方式、营销方式等领域,数字经济与产业融合产生化学反应和放大效应,不断催生新模式/新业态。从技术创新视角分析,数字技术提高了企业创新能力,有助于企业从传统封闭式的创新模式转向所有部门乃至整个产业链和全社会都参与的开放式创新模式,促进技术创新与商业模式创新。从成本视角分析,数字技术通过提高数据资源开发利用效率并扩大数据资源利用范围,使企业能以较低的成本推行新模式/新业态,并随着规模的扩大形成规模经济效应。从需求视角分析,数字技术的应用挖掘新的消费需求,形成新产品、新商业流程和新服务模式等全新业态。

6.转型:通过形成新经济推动数字经济发展

数字技术的采纳与使用助力企业数字化转型。数字化转型可以弥补很多传统产业的弊端,能够有效推动新经济的出现与发展。从微观企业层面分析,数字化转型助力企业生产要素的合理配置,提高生产要素边际产出率;数字化转型有利于降低企业内部交流和信息获取成本;数字化转型驱动企业组织变革,帮助企业以更加灵活的方式优化资源配置;数字化转型提高企业管理者的预测能力,精准预测消费者偏好、企业经营风险和未来发展方向等,以进行科学决策。从产业集聚视角分析,相关企业为充分利用特定区域的人才、技术和信息等要素会呈现空间集聚倾向,而企业的空间集聚又会进一步强化区域对外部企业不断加入的吸引力。数字企业在空间上不断集聚更易于促进具有区域特色的产业构建,加速新知识、新工艺和信息技术在区域内传播扩散,从而节约企业的信息收集成本和模仿创新的学习成本。

(三)数字产业化与产业数字化

要想加快数字化发展,就要推进数字产业化和产业数字化,推动数字经济和实体经济深度融合。从经济结构来看,数字产业化与产业数字化共同构成了数字经济的核心内容。

1.数字产业化

(1)加快数字基础设施建设。数字基础设施是推进数字经济发展的关键抓手,网络建设规模、信息服务能力和算力设施建设是数字基础设施建设的核心载体。

第一,网络建设规模。我国信息通信网络建设规模全球领先,已建成全球规模最大的5G通信网络。工业和信息化部数据显示,截至2024年12月末,全国5G基站总数达425.1万个,占移动基站总数的33.6%,5G移动电话用户10.14亿户,已占移动电话用户总数的56.7%。网络基础设施加快推进,IPv6地址资源明显增长。根据CNNIC以及国家IPv6发展监测平台数据,截至2024年5月,我国IPv6活跃用户数达7.94亿,占全体网民总数的72.7%。

第二,信息服务能力。我国数字化公共服务效能增强。

第三,算力设施建设。我国算力设施建设不断加快,已达世界领先水平。

(2)数据要素推进数实融合。数据要素赋能作用凸显,推动数字技术和实体经济深度融合,加快推进传统行业数字化转型升级,提高服务水平。

第一,生产端的智能制造。数据要素驱动智能制造的大规模定制,追求低成本、高效率、高质量、高产出和个性化,通过对订单管理、智能生产和个性化定制等环节数据的挖掘与分析，实现精准匹配、产品推介和种类预测等高级功能，提高了企业与客户之间的供需匹配效率，降低物流仓储与库存成本，减少生产资源过度投入的情况。在生产环节中，数据是生产链条的关键，通过采集数据进行管理分析，能够准确、高效地促进制造的智慧化，实现以产品与服务为主导的个性化生产方式，进一步提高企业生产效率与核心竞争力。

第二，流通端的物流优化。在数据要素的支持下，物流企业通过对订单信息、供应链数据等多维数据的收集与分析，逐渐明确用户的消费习惯和消费能力，间接反映出整个市场的真实情况。同时，根据数据分析结果，帮助物流企业深入了解供应链每个环节的运力情况，有针对性地调整业务运行布局，优化资源配置，发挥供应链协同能力，找到实现业务最大化的盈利方式和配置效率。

第三，消费端的精准推送。数据要素可以帮助企业通过深入数据分析，得到宏观经济情况、市场价格波动和营销活动周期等，对产品需求、产品定价和产品种类等进行定性定量测量。通过收集与处理互联网的相关产品数据，准确分析用户购买行为偏好、产品负面评价等，有助于锁定不同客户群体，采取个性化的产品营销策略和渠道选择方式，提高产品的渗透率。尤其是根据不同群体客户对产品的偏好与负面评价数据，完善产品的个性化设计与精准定位，向不同群体客户推送个性化的产品，提高产品销售。

2.产业数字化

数字经济的发展有利于提高我国农业生产力水平，促进我国工业结构优化升级；加速我国发展服务业，进而实现产业结构根本性调整升级。

(1)数字经济与农业现代化。数字经济对农业现代化的影响，主要是通过推广应用互联网络、物联网等信息技术，搭建包括农产品供需信息、交易和支付等服务功能的电子商务平台，并相应配套建设完善城乡之间产品和服务相对接的现代物流体系、金融支撑体系和技术应用服务体系实现的。这有利于真正克服因农产品生产供需不匹配而造成的价格波动过大现象，缓解主要因农产品价格波动而引发通胀的问题；有利于降低农产品供需双方在信息获取方面的不对称，拓宽农产品销售渠道，减少农产品供应链环节以实现农产品有效保鲜并且降低农产品损耗，增加农业生产者收益；有利于推进现代市场经济体制下价格风险防控机制，以有效对冲粮食、油料、棉花和糖类等大宗农产品因生产条件发生重大变化(如气候、地质灾害等)所带来的供需风险及其价格风险，增强农业和农民的抗自然风险能力。

（2）数字经济与新型工业化。加大数字经济在工业特别是制造业和战略性新兴产业领域的推广应用步伐，是在信息化快速发展背景下促进新型工业化与信息化深度融合，工业生产销售与市场密切对接的重要内容。制造业企业借力数字经济可以带来更多的新的商业机会，形成“线上”与“线下”相结合或专业网商与实体企业相结合的新型业态。一方面，企业特别是中小型企业可以进行低成本的产品信息广告和营销，使网络消费者了解企业及产品信息，且给他们提供在网上购买产品和服务的新机会；另一方面，企业可以在线接收特定客户对产品的设计要求，进而根据用户的个性化需求组织订单式生产，推动当前需求市场出现的小批量、个性化的生产销售一体化趋势发展。

（3）数字经济与现代服务业。数字经济可以促进传统服务业向现代服务业转变。一是利用数字经济促进餐饮、娱乐等生活型服务业增长，包括提供网上订购、网上支付、定向广告推送和团购等专业服务。而强化社会信用体系建设和探索共同有益的商业模式，可以促进其规范有序健康发展，以培育可持续的市场环境并稳定忠实客户群。二是数字经济可以显著催生电子商务服务业快速发展。主要表现在电子商务服务种类快速增长和电子商务服务业企业大规模增加两个方面。三是数字经济带动零售业大规模增长。这有利于缓解中西部和农村不发达地区由于交通等基础设施约束和信息闭塞带来的生产销售相脱节问题，推动快递行业的快速增长。

三、数字经济背景下电子商务课程教学改革

在数字经济时代，信息技术飞速发展，全球商业模式和消费者行为不断变化，电子商务成为推动经济转型的重要力量。电子商务课程教学作为培养相关人才的主要途径，需要及时更新和调整，以适应新时代的要求。然而，当前的电子商务课程仍存在内容更新滞后、教学方法单一等问题，无法充分发挥其应有的教学作用。因此，进行电子商务课程教学改革，尤其是在数字经济背景下，是提高学生综合能力、培养创新型人才的迫切需求。

（一）电子商务课程教学改革的目标

1.增强学生的数字经济思维与创新能力

数字经济背景下，电子商务课程教学以培养学生的数字经济思维和创新能力为第一目标。数字经济在变革商业模式的同时，还需要有强烈的创新意识与灵活多变的思维方式参与其中。电子商务课程要在教学中融入数字技术应用，提高学生的数据分析和市场洞察力，有助于学生了解数字化转型所引发的变革，

学会运用新技术来解决现实问题。与此同时，该课程要重视对学生跨界思维的训练，并鼓励学生对电子商务创新应用进行不同视角的思考。学生通过案例分析、创新型项目和团队合作开展教学活动，既可以获得电商平台运作和营销策略的基本知识，又可以激发自己在数字经济时代大环境中的创新潜能，增强适应未来的核心能力。

2.加强实践能力与实际操作的结合

在电子商务课程教学中，还有一个重要目标，就是要加强实践能力与实际操作的结合。在数字经济时代，理论知识学习非常重要，但是实际操作能力是决定学生将来是否能在电子商务领域崭露头角的关键因素。课程改革要更多地纳入实际操作环节，并通过联合企业、组织实训活动、开展项目式学习，使学生能够在真实的工作环境中锻炼并提高实践能力。例如，教师可以建立模拟电商平台，进行数据分析和线上营销，使学生在实际工作中能够深入了解电子商务工作流程及运作机制。另外，教师在教学过程中还应重视对学生问题解决能力、团队协作能力等方面的培养，使他们能直面现实中的商业挑战，提出创新性的解决方案，为他们今后的职业生涯奠定坚实的基础。

3.更新教学内容与方法，符合时代需求

随着科学技术的不断进步以及市场需求的不断改变，电子商务课程教学内容及方法也需要不断更新才能与时代发展同步。一是课程内容需要跟上数字经济发展，涉及大数据、人工智能、区块链等前沿技术并结合电子商务实际案例，这样做有助于学生了解这类技术在电商中的具体运用和今后发展趋势。另外，教学方法应改变传统单向讲授的模式，运用互动式和项目式教学模式。通过线上与线下相结合的混合式教学模式、翻转课堂、情景模拟，强化学生的参与感及学习兴趣，进而增强教学效果。通过更新内容、优化方法可以使电子商务课程更贴近行业发展需要，培养更具竞争力的电子商务专业人才。

（二）数字经济背景下电子商务课程教学改革措施

1.教学内容的调整与优化

（1）加强数字化技术（如大数据、人工智能、区块链）的应用教学。数字经济飞速发展的今天，数字化技术已深入各个行业，特别是电子商务行业，科技的革新促使商业模式不断改变。所以，电子商务课程教学一定要跟上技术潮流，应不断深化大数据、人工智能以及区块链等前沿技术应用的教学，从而提高学生的技术素养以及创新能力。将大数据技术运用于电子商务非常重要，可以通过分析海量用户行为及交易数据来帮助电商平台制定准确的市场营销策略并改善客户体验。教师可以通过阐述如何采集与分析数据来教会学生运用数据挖掘技术对消费者需求进行预测,开展产品推荐以及用户画像分析,加强学生实践能力的培养。人工智能的应用既能提高用户满意度又能极大地降低人工成本。教师在设计课程时,可以介绍机器学习算法、自然语言处理以及计算机视觉,以帮助学生了解它们是如何促进电商平台智能化发展,并且通过项目实践,使学生掌握人工智能在电商中的具体运用。区块链技术运用于电子商务领域主要表现为支付安全、供应链透明化和防伪追溯。教师在教学时,要说明区块链去中心化、不可篡改等特点,并演示它如何确保电子商务交易安全透明加入真实案例研究,可以让学生深入理解区块链是如何促进电商行业信用体系建设和跨境电商便捷支付的。

(2)深入讲解平台型经济与新兴商业模式。在数字经济快速发展的背景下,电子商务领域出现很多创新商业模式,平台型经济与新兴电商模式是其重要驱动力。平台型经济以建设共享平台的方式实现供需双方的直接衔接和资源的优化配置,大大提高商业效率。电商平台在平台中介作用下,将海量商品、卖家与消费者融合在一起,并通过数据分析与算法推荐来进行商品精准匹配与交易撮合。这一商业模式以技术创新带动传统零售行业变革,既能使消费者享受更便利的购物体验,还有助于商家拓展市场、扩大客户基础。另外,社交电商、内容电商以及直播带货等新兴模式通过社交媒体与互联网平台的融合,突破传统商业运营限制,塑造了新的消费场景。这些模式在社交平台中通过用户分享、互动以及口碑传播等方式来推动商品的宣传与营销,改变了传统电商营销方式,使品牌在更加广阔的社交圈内得到有效宣传和扩散,提高消费者信任感及购买欲望。所以,电子商务课程应该对这些新兴商业模式的组成和运作机制进行深刻阐释,尤其要对平台型经济条件下如何以技术创新来增强竞争力进行阐述。教师在课堂上,既要阐述这些商业模式对企业战略、市场营销等产生的影响,又要结合具体实例加以分析,使学生在实践中认识到这些模式所带来的优势和面临的挑战,增强学生的创新思维和市场洞察力,为他们今后的电商从业生涯打下坚实的基础。

2.教学方法的创新

(1)融合线上与线下的混合式教学模式。数字经济背景下,单一的教学方式已经不能满足现代教育灵活性与互动性的需求,特别是电子商务等日新月异的领域。因此,电子商务课程教学应融合线上与线下混合式教学模式并借助数字技术增强学习的灵活性和互动性。线上教学既可通过慕课(MOOC)平台、在线研讨会、直播课程等多种方式，随时随地向学生提供学习资源，又可以实现个性化学习进度，安排以适应学生不同时间、不同场所的学习要求。该线上教学模式加强了学生自主学习能力的培养，可以帮助学生根据个人兴趣及学习进度自主选择相关资源开展深度学习。同时，线上平台通过视频案例分析、互动答疑、线上讨论等形式增加了学生与教师以及同学间的交流，让学生在一个宽松灵活的情境下自主探索，激发了学生的学习兴趣。在线下的教学环境中，教师应特别强调实践操作和团队协作的重要性，可以通过小组讨论、实际操作以及模拟电商平台的应用等多种方式，协助学生将在课堂上学到的理论知识有效地运用到实际生活场景中，进一步发展学生的实际动手和团队协作能力。例如，教师可以带领学生在电商平台上进行实际操作演练，让学生了解产品上架、营销推广直至成交的各个环节，加深对电子商务过程的整体认识。

混合式教学模式将线上线下优势相结合，让学生享受到灵活多样的自主在线学习体验，还通过大量的线下练习提高了操作能力。这样做，学生既能紧跟电子商务的最新动向，又能在实践中积累有价值的工作经验，使他们对今后的职场生涯有充分的准备。这样才能使学生的综合素质、应变能力、创新能力等得以提高。

(2)引入项目式学习与案例教学。引入项目式学习与案例教学是电子商务课程教学改革的一个创新的方法。项目式学习强调以实际项目带动学生学习，要求学生在教师的指导下围绕某一特定电子商务项目展开研究和实践，以提高解决实际问题的能力。这样学生在学习理论知识的同时也锻炼了项目管理、团队合作和资源整合的实际技能。案例教学是通过分析电子商务成功或失败的具体案例，从这些案例中吸取经验，理解电子商务的操作流程和市场的变化。对案例进行分析可以让学生在实际操作时看清其中的复杂之处，发展他们的批判性思维，提高解题能力。教师可以通过指导学生对案例进行不同角度的分析并提出改进方案以进一步提高学生的商业敏感度和应变能力。通过将项目式学习融入案例教学，可以让学生在实际商业情境中学会思考，形成解决问题的综合能力并为入职做充分的准备。

(3)推动跨学科融合，增强学生跨界的思维。数字经济时代电子商务发展已不囿于传统商业领域，它与数据科学、人工智能、法律和市场营销等诸多学科密切相关。所以，促进跨学科融合已经成为电子商务课程教学改革的一个重要发展方向。电子商务课程通过介绍计算机科学、数据分析、法律法规和心理学等相关学科知识，能够对学生的跨界思维进行训练，有助于学生今后更灵活地处理复杂的商业问题。跨学科整合既有利于学生了解电子商务的多维度特性，又有利于提高学生的创新能力与问题解决能力。例如，教师将数据科学和电子商务相结合，学生就可以学习如何使用大数据分析来优化电商平台用户体验；结合法律课程可以让学生认识到电商平台运营存在的法律风险和合规要求；结合心理学能使学生对消费者行为和市场趋势有更深入的了解。通过跨学科融合，可以使学生对电子商务各层面有一个综合了解，形成创新的、多角度思维，从而为走进数字化商业环境做好准备。

3.教学评估的改革

(1)采用多元化的评价方式(如项目、案例、论文等)。传统的考试式评价方式在电子商务课程中往往侧重于知识的记忆与理论的掌握，但这一方式无法全面反映学生的综合能力，尤其是在实际应用和创新思维方面的表现。因此，采用多元化的评价方式是对传统评估模式的有效补充。在电子商务课程中，教师可以通过项目评价、案例分析、论文写作等方式，全面评估学生在知识理解、问题解决、实践操作等方面的能力。例如，项目评价可以通过学生参与真实的电商项目或模拟电商平台的操作，评估他们的团队协作、项目管理和创新能力；案例分析可以通过分析具体的商业案例，考查学生的商业敏锐度和批判性思维；论文写作则能够展示学生对课程内容的深度理解和对某一主题的深入研究。多元化的评价方式能够从多个维度评估学生的综合能力，使学生的学习成果得到更全面和客观的反映，同时激励学生通过多种方式进行思考与实践，提升其综合能力。

(2)强调过程性评估与成果导向相结合。过程性评估与成果导向相结合的教学评估方式，能够更好地促进学生在电子商务课程中的学习和发展。过程性评估侧重于学生在学习过程中不断积累和提高的能力，强调学生在项目、实践、讨论等环节中的参与度和成长。这一评估方式通过持续跟踪学生的学习进度、反馈其学习表现，帮助教师及时发现学生的优点与不足，进行有针对性的指导与调整。例如，在团队项目中，教师可以通过定期检查学生的任务分配、进展汇报、讨论参与等，评估学生在实际操作中的投入程度与学习进展；与此同时，成果导向评估则更侧重于学生最终的学习成果，通常通过期末考试、最终项目报告或展示等方式进行，考查学生在课程结束时的整体能力和知识掌握程度。以上两者结合能够帮助学生在整个学习过程中不断进步，并确保他们能够在结课时展示出良好的知识和实践能力。通过过程性评估与成果导向相结合的方式，电子商务课程能够达到更精准、更持续的教学效果，促进学生全面发展。

数字经济背景下的电子商务课程教学改革，不仅是提高教学质量的必要举措，还是培养具有创新思维与实践能力的电子商务专业人才的关键。通过优化教学内容、创新教学方法及改革评估方式，可以有效提高学生的数字经济素养，帮助他们更好地应对未来电子商务领域的挑战。改革的实施需依托现代技术手段与教育资源的整合，推动教育教学不断适应时代发展。[①]

四、传统电商教育的不足

（一）教学目标的滞后性

1.以理论为主导的目标设定

在传统电商教育理念下，教学目标往往侧重于理论知识的传授。例如，在电商概论课程中，传统教学模式下的教师会花费大量时间讲解电商的基本概念、发展历程等理论性内容，学生更多的是死记硬背概念，对于如何将这些理论应用到实际的电商业务场景中缺乏深入的理解。这种教学目标设定没有充分考虑数字时代电商行业对创新能力和实践应用能力的高要求。

教学目标与市场需求的脱节还体现在对电商新兴业态的关注不足。随着数字时代的发展，如社交电商、跨境电商直播等新兴业态不断涌现。然而，传统教学目标中很少涉及这些新兴业态相关的知识和技能培养，导致学生毕业后进入职场时，对新的电商业务模式感到陌生，难以快速适应工作环境。

2.缺乏对个性化教育的重视

传统电商教育理念下的教学目标是面向全体学生设定的统一标准，没有充分考虑到学生的个体差异，但每个学生都有不同的学习能力、兴趣爱好和职业规划。例如，有些学生可能对电商技术开发更感兴趣，而有些学生则倾向于电商营销方面的工作。但在传统教学目标下，他们都接受相同的教学内容，无法满足个性化发展的需求。

个性化教育的缺失还体现在对不同层次学生的关注不足。在一个班级中，学生的知识基础和学习能力存在差异。传统教学目标没有针对不同层次的学生设置分层的教学目标，导致基础较好的学生可能觉得教学内容过于简单，而基础较差的学生又难以跟上教学进度。

（二）教学内容的局限性

1.基础知识更新缓慢

电商行业是一个发展迅速的行业，新的技术、模式和概念不断涌现。然而，传统电商教育的教学内容更新速度却很慢。例如，在传统电商平台运营课程中，教材中的很多案例还是多年前的传统电商平台案例，对于当前流行的新兴电商

---

①杨燕．数字经济背景下电子商务课程教学改革探析[J]．老字号品牌营销，2024，(24)：231-233.

平台的运营模式(如社交裂变式运营、兴趣电商运营等)缺乏介绍。

电商法律法规的教学内容也存在更新滞后的问题。随着数字时代电商的国际化发展,跨境电商面临着更加复杂的法律法规环境,但传统教学内容中关于国际电商法律法规的内容很少,没有及时跟上国际电商法规的变化,如欧盟的数字服务税对跨境电商企业的影响等方面的内容缺失。

2.缺乏对前沿技术融合的教学

数字时代,人工智能、大数据、区块链等前沿技术与电商行业深度融合,但在传统电商教育的教学内容中,很少涉及这些技术与电商的结合。例如,在一些电商营销课程中,没有教授学生如何利用大数据分析来精准定位目标客户群体,也没有涉及人工智能在客服机器人、商品推荐系统中的应用等内容。区块链技术在电商中的应用,如商品溯源、数字版权保护等方面的知识也没有被纳入传统电商教学内容。这使得学生在面对数字时代电商行业的技术变革时,缺乏必要的知识储备,无法适应企业对电商人才的技术要求。

(三)教师技术知识更新缓慢

1.对新兴电商技术的陌生

许多电商教师在传统电商技术方面有一定的基础,但对于新兴的电商技术了解甚少,如对于电商直播技术,包括直播设备的使用、直播场景的搭建、直播互动技巧等方面,很多教师缺乏实践经验。在教学过程中,只能简单地从理论上介绍电商直播的概念,无法深入地传授实际操作技能。部分教师对虚拟现实(VR)和增强现实(AR)技术在电商中的应用,如虚拟试衣镜、AR商品展示等新兴技术,缺乏足够的了解,这使他们在教学中无法向学生展示这些前沿技术如何改变电商用户体验,限制了学生对未来电商发展趋势的认知。

2.缺乏对技术迭代的跟进能力

电商技术不断迭代,传统的网页电商已转移到移动电商,再到如今的智能电商。然而,部分教师缺乏对这种技术迭代的跟进能力。例如,在移动电商向智能电商转变的过程中,涉及语音识别技术、智能推荐算法等新内容。一些教师往往不能及时学习和掌握这些新技术,在教学中仍然沿用旧的教学内容和方法,导致学生所学知识与行业实际需求存在差距。从电商技术的安全防护方面上看,如数据加密技术、网络安全防范技术等,也在不断更新。如果教师不能及时跟进这些技术的更新,就无法在教学中传授给学生有效的安全防护知识,使学生在面对电商网络安全问题时缺乏应对能力。

(四)教师实践教学能力的不足

1.企业实践经验匮乏

缺乏企业实践经验的电商教师,没有在电商企业实际工作过,这导致在教学过程中,教师无法将企业实际的电商运营流程、管理模式等真实情况传授给学生。例如,在电商供应链管理课程中,教师由于没有在企业中参与过供应链的实际运作,无法向学生详细讲解从供应商选择、采购管理到库存控制、物流配送等各个环节的实际操作要点和可能遇到的问题。

企业实践经验的匮乏还体现在教师对电商企业的企业文化和团队协作模式的不了解上。在电商营销团队组建和管理的教学中,如果没有在企业营销团队中工作过的经验,便不能向学生传授企业中如何进行团队激励、如何处理团队成员之间的矛盾等实际问题,影响了学生的团队协作能力培养。

2.实践教学方法单一

(1)在电商实践教学中,部分教师的教学方法比较单一。例如,在电商模拟实训课程中,教师往往只是让学生按照固定的流程在模拟软件上进行操作,缺乏对学生创新思维的引导。学生只是机械地完成任务,没有深入思考如何优化电商运营流程、提高运营效率等问题。

(2)对于电商项目实战教学,教师缺乏有效的指导方法。在学生进行电商项目开发或运营实践时,教师不能根据学生的不同项目情况提供个性化的指导,往往只是给出一些通用性的建议,无法满足学生在实际项目中的具体需求。

(五)实践教学设施与电商行业发展的差距

1.硬件设施的落后

(1)服务器与网络设备。电商实践教学需要稳定、高速的服务器和网络设备支持。然而,很多高职院校的电商实验室的服务器性能较低,无法满足大量学生同时进行电商平台模拟运营、数据挖掘等实践操作的需求。这会导致在电商数据分析课程中,当学生对大规模电商数据进行分析时,由于服务器处理能力有限,数据处理速度慢,甚至出现系统崩溃的情况。

网络设备方面,校园网络带宽不足,在进行电商直播实践教学时,会出现直播卡顿、画面不清晰等问题。这与电商行业实际的网络要求相去甚远,电商企业为了保证直播的流畅性,往往采用高速、稳定的专线网络,而学校的网络设备无法提供类似的条件。

(2)实验设备的陈旧。电商实践教学中的一些实验设备(如电商物流模拟设备)陈旧。学校的物流模拟货架的结构和功能不能反映当前电商物流行业的先进水平,缺乏自动化、智能化的特点。在实际的电商物流企业中,已经广泛使用自动化立体仓库、智能分拣系统等先进设备,而学校的物流模拟设备还是传统的人工操作模式,无法让学生体验到现代电商物流的高效运作。

电商营销模拟设备也存在类似问题。例如,传统的营销模拟设备缺乏对新媒体营销工具的模拟,如无法模拟电商平台的营销场景,限制了学生对新兴营销渠道的实践操作能力。

2.软件资源的不足

(1)模拟软件的局限性。电商模拟软件是电商实践教学的重要工具,但目前很多模拟软件存在局限性。例如,在电商平台运营模拟软件中,对于电商平台的规则设置比较简单,不能反映真实电商平台复杂的规则体系。像目前较知名的电商平台都有严格的商品上架规则、搜索排名规则等,而模拟软件中的规则简化过度,导致学生在模拟操作中无法真正掌握在实际平台上运营的要点。

模拟软件中的数据更新不及时。电商行业的数据是动态变化的,如商品价格、销量、用户评价等。但模拟软件中的数据往往是固定的或者更新周期很长,学生无法根据实时数据进行分析和决策,影响了学生对电商数据敏感性的培养。

(2)缺乏真实项目资源。在学校的电商实践教学中,缺乏真实的项目资源。学生大多是在模拟环境下进行操作,没有机会参与真实的电商项目。例如,在电商网站建设课程中,学生只是按照教师给定的模板进行网站建设模拟,没有机会参与企业真实的电商网站建设项目,无法了解企业的实际需求、用户体验要求等。缺乏真实项目资源还体现在电商营销实践教学中。学生在模拟软件中进行营销策划,没有与真实的市场和客户接触,而在电商企业中,营销策划需要根据市场调研、客户反馈等真实情况进行调整和优化。学校缺乏真实项目资源使得学生无法真正掌握营销策划的实战能力。

五、高职院校电商教育困局的突破契机

(一)国家政策的扶持

1.教育资金投入政策

近年来,国家出台了一系列政策加大了对教育的资金投入,其中包括对高职院校电商专业的支持。高职院校通过专项教育资金可以改善电商专业的教学设施,购置先进的服务器、网络设备和实验设备等。这些资金的投入有助于缩小学校实践教学设施与电商行业发展的差距,为学生提供更好的学习条件。

教育资金投入政策还体现在对师资队伍建设的支持上。电商教师利用教育

专项资金可以进行培训和进修，及时更新知识，学习新兴的电商技术和教学方法，提高自己的教学水平和实践能力。

2.职业教育改革政策

职业教育改革政策强调产教融合、校企合作。对于电商专业来说，这一政策有助于学校与电商企业建立更紧密的联系。例如，学校可以根据企业的需求调整电商专业的教学内容和课程设置，培养出符合企业需求的电商人才。企业也可以为学校提供实习岗位、实践项目等资源，实现学校与企业的资源共享。职业教育改革政策还鼓励职业院校开展创新创业教育。在电商专业中，这一政策可以激发学生的创新意识和创业能力。学校可以开设电商创新创业课程，提供创业孵化基地等支持，让学生在学习过程中有机会将电商知识应用到实际的创业项目中。

（二）社会力量的参与

电商企业作为社会的重要组成部分，承担着一定的社会责任。很多电商企业积极与高职院校合作，参与电商专业的建设。企业向学校捐赠电商设备，如直播设备、电商软件等，可以改善学校的教学条件。企业派遣资深员工到学校担任兼职教师，还可以将企业的实际工作经验和最新技术传授给学生。

企业与学校的合作还体现在共同开展科研项目上。通过企业与学校的合作研究，可以解决电商行业发展中的一些实际问题，如电商物流的优化、电商营销效果的提高等。同时，学生也可以参与到这些科研项目中，提高自己的科研能力和实践能力。

（三）新技术为电商教育带来的变革机遇

1.人工智能在电商教育中的应用

（1）个性化学习路径规划。人工智能技术可以根据学生的学习情况、兴趣爱好等因素，为每个学生规划个性化的学习路径。例如，在电商课程学习中，人工智能系统可以分析学生在电商概论、电商营销、电商运营等课程中的学习表现，如作业完成情况、考试成绩、课堂参与度等。然后，根据这些数据为学生推荐适合他们的学习内容和学习顺序。对于在电商营销方面表现较好的学生，可以推荐更深入的营销分析课程；而对于在电商运营方面基础薄弱的学生，则推荐先复习基础知识，再进行进阶学习。

个性化学习路径规划还可以根据学生的学习进度进行动态调整。如果学生在某个电商课程模块中的学习速度较快且掌握程度较好，人工智能系统可以提前为学生开启下一个难度更高的课程模块；反之，如果学生在某个模块中学习遇到困难，系统可以为学生提供更多的辅导资源，如在线辅导视频、练习题等，帮助学生克服困难。

(2)智能教学辅助系统。人工智能可以构建智能教学辅助系统，在电商教学中发挥重要作用。例如，在电商实训教学中，智能教学辅助系统可以实时监控学生的操作过程，发现学生在操作中的错误并及时给予提示。在电商客服实训中，如果学生在回答顾客咨询时使用了不恰当的话术，智能教学辅助系统可以立即提醒学生，并提供正确的话术示例。智能教学辅助系统还可以根据学生的操作行为进行分析，提供个性化的教学建议。例如，在电商平台运营实训中，如果学生在商品上架环节花费的时间较长且操作不规范，系统可以分析出学生可能在商品信息整理、图片处理等方面存在问题，然后为学生提供相关的学习资源和操作指南，帮助学生提高操作效率。

2.大数据在电商教育中的应用

(1)教学内容优化。大数据技术可以通过分析电商行业的发展数据，优化电商专业的教学内容。通过对电商企业招聘数据的分析，可以了解企业对电商人才的技能需求。如果发现企业对数据分析技能的要求越来越高，学校就可以在电商专业的教学内容中增加大数据分析课程的比重，或者对现有的数据分析课程进行内容优化，增加与电商实际应用相关的案例和知识点。

大数据还可以分析学生的学习数据，以优化教学内容。通过对学生的课程作业、考试成绩、在线学习行为等数据的分析，可以发现学生在哪些知识点上理解困难，哪些知识点容易掌握。然后，教师可以根据这些数据对教学内容进行调整，对于学生理解困难的知识点，可以增加教学时长、补充更多的案例；对于学生容易掌握的知识点，可以适当精简教学内容，提高教学效率。

(2)教学质量评估。利用大数据技术可以建立更加科学的教学质量评估体系。在电商专业教学中，通过收集学生的学习数据、教师的教学数据以及教学设施的使用数据等，可以全面评估教学质量。例如，通过分析学生的考试成绩分布、成绩变化趋势等数据，可以评估教师的教学效果；通过分析学生在实训课程中的操作数据(如操作准确率、操作速度等)可以评估实训课程的教学质量。

大数据还可以对教学质量进行实时监控。在教学过程中，通过实时收集和分析教学相关数据，可以及时发现教学过程中存在的问题(如教师教学方法是否得当、学生学习积极性是否下降等)，根据这些问题及时调整教学策略，提高教学质量。

3.VR与AR技术在电商教育中的应用

(1)沉浸式学习体验。VR和AR技术可以为电商教育带来沉浸式学习体验。例如,在电商商品展示课程中,利用VR技术可以创建虚拟的商品展示场景,使学生可以身临其境地查看商品的细节、功能等。在电商店铺装修课程中,AR技术可以让学生在真实的环境中模拟店铺装修效果,通过手机或其他设备查看装修后的虚拟效果,及时调整装修方案。在电商营销活动策划课程中,VR技术可以模拟营销活动的场景,学生可以在虚拟场景中体验营销活动的流程、氛围等,更好地理解营销活动的策划要点。这种沉浸式学习体验可以提高学生的学习兴趣和参与度,使学生更加深入地掌握电商知识和技能。

(2)实践操作能力提高。VR和AR技术有助于提高学生的实践操作能力。在电商物流教学中,利用VR技术可以模拟物流仓库的布局、货物的存储和搬运等操作流程,学生可以在虚拟环境中进行多次练习,熟悉物流操作的各个环节。在电商客服培训教学中,AR技术可以模拟不同类型的客户场景,学生可以通过与虚拟客户的交互,提高客服沟通能力和问题解决能力。在电商平台运营教学中,VR技术可以模拟平台的各种运营场景,如商品上架、订单处理、客户关系管理等。学生可以在虚拟场景中进行实际操作,积累运营经验,提高运营能力。

(四)跨学科融合在电商教育突破中的潜力

1.计算机技术与电商教育的融合

(1)电商技术创新。计算机技术的发展为电商教育带来了诸多创新机遇。在电商平台开发方面,计算机技术如编程语言(Java、Python等)和数据库管理技术(MySQL、Oracle等)的应用,使学生能够学习如何构建高效、安全的电商平台。例如,通过学习Java编程语言,学生可以开发电商平台的前端页面和后端逻辑,实现商品展示、用户注册登录、订单处理等功能。

在电商安全方面,计算机技术中的网络安全技术和加密技术至关重要。学生学习网络安全技术可以防范电商平台面临的网络攻击,如DDoS攻击、SQL注入攻击等。加密技术则可以保障电商交易中的数据安全,如用户的支付信息、个人隐私信息等。例如,通过学习SSL/TLS加密协议,学生能够理解如何在电商交易过程中加密数据传输,防止信息泄露。同时,掌握数据挖掘和机器学习算法在电商中的应用,有助于从海量的交易数据中分析用户行为,进行精准营销和个性化推荐。

(2)提高实践能力。计算机技术与电商教育的融合能够显著提高学生的实践能力。学校可以设置综合性的实践项目,让学生将计算机技术与电商知识相结合。例如,开发一个小型的电商系统,学生需要运用数据库管理知识构建商品数据库,使用编程语言实现系统的功能逻辑,并且利用网络技术确保系统的可访问性和安全性。这种跨学科的实践项目不仅能加深学生对电商运营流程的理解,还能提高他们解决实际问题的能力。而且,随着云计算技术的发展,学生可以学习如何将电商系统部署在云端,掌握云服务的使用和管理,为未来在电商企业中的工作奠定坚实的技术基础。

2.市场营销与电商教育的融合

(1)精准营销理念的深化。市场营销学中的精准营销理念在电商教育中有重要的融合价值。在电商环境下,精准营销是可行和必要的。通过对市场细分、目标市场选择和市场定位理论的深入学习,电商专业的学生能够更好地理解如何根据不同的用户群体特征制定精准的营销策略。例如,借助大数据分析技术,将市场细分为不同的消费层次、地域、年龄等群体,针对每个群体的消费习惯和偏好制定个性化的广告推送、促销活动等。这样可以提高营销活动的效果,降低营销成本,提高电商企业的竞争力。

品牌营销也是市场营销与电商教育融合的重要方面。在电商领域,品牌的建立和传播方式与传统营销有所不同。学生需要学习如何利用电商平台的特点,如社交媒体营销等方式来打造和推广品牌。吸引目标客户群体,提高品牌知名度和美誉度。

(2)客户关系管理的强化。市场营销中的客户关系管理(CRM)理论在电商教育中起着关键作用。在电商运营中,客户关系管理涉及从客户获取、客户保留到客户忠诚度提高的全过程。学生要学习如何通过电商平台收集客户信息,如客户的购买历史、浏览行为等,然后利用这些信息进行客户细分,针对不同类型的客户提供个性化的服务和营销。例如,对于高价值的忠诚客户,可以提供专属的折扣、优先配送等服务,以增强客户的忠诚度。

同时,学习如何处理客户投诉和反馈也是客户关系管理在电商教育中的重要内容。在电商环境下,客户可以通过多种渠道(如在线评论、客服热线等)表达不满或提出建议。学生需要掌握有效的处理方法,将负面事件转化为提高客户关系的机会,提高客户满意度,从而促进电商企业的长期发展。

3.物流管理与电商教育的融合

(1)供应链优化。物流管理与电商教育的融合有助于供应链优化。在电商模式下,供应链的效率直接影响到企业的竞争力。学生通过学习物流管理知识,可以理解如何整合供应商、制造商、仓库、配送中心和零售商等环节,实现供应链的协同运作。例如，利用信息技术实现供应链各环节的信息共享，从而减少库存积压、提高配送效率。在电商大型促销活动期间，合理的供应链规划可以确保商品能够及时、准确地送到消费者手中。

物流成本控制也是供应链优化的重要内容。学生要学习如何在满足客户服务水平的前提下，通过优化物流网络布局、选择合适的运输方式等手段降低物流成本。例如，分析不同地区的订单密度，合理设置仓库位置，采用集货配送等方式，可以在不影响配送时效的情况下降低运输成本，提高电商企业的盈利能力。

(2)提高物流服务体验。从提高物流服务体验的角度来看，物流管理与电商教育的融合具有重要意义。学生需要了解如何通过优化物流配送流程，为消费者提供更好的服务。例如，提供实时的物流查询服务，让消费者随时了解自己包裹的状态。同时，学习如何处理物流异常情况，如包裹丢失、延误等，及时向消费者沟通并提供解决方案。

在电商的最后1000米配送方面，物流管理知识可以帮助学生探索创新的配送模式，如智能快递柜、社区配送站等，以提高配送的便利性和效率，进一步提高消费者对电商物流服务的满意度。①

第二节 我国电商教学模式全景扫描

一、我国电商教学模式的发展历程回顾

(一)起步阶段(2000年前后)

1.模仿与探索

在起步阶段，我国的电商教学主要是模仿国外的教学模式。由于电商在国外发展较早，我国的高校和职业院校开始借鉴国外的课程设置、教学方法等。例如，开设类似的电商概论、网络营销等课程，但在教学内容上还比较浅显，很多是直接翻译国外的教材内容，缺乏本土的实际案例和应用。这一阶段的教学实践也处于探索阶段。学校尝试建立电商实验室，但设备和软件都比较简陋。电商实验室的计算机配置较低，模拟软件功能有限，只能进行简单的电商操作模拟，

①张华．校企双元视域下高职电商专业“岗课证赛”人才培养路径研究[J]．黑龙江教师发展学院学报，2022(3):58-61.

如简单的商品上架、订单处理等。而且，师资队伍也比较薄弱，教师大多是从计算机或市场营销等相关专业转行而来，缺乏系统的电商知识和实践经验。

2. 与传统商业学科的关联

在起步阶段，我国的电商教学与传统商业学科有着密切的关联。电商专业往往是在传统商业学科的基础上发展起来的。例如，很多高校的电商专业是从市场营销、国际贸易等专业衍生而来，在课程设置上，也保留了很多传统商业学科的课程，如管理学、经济学等。这种与传统商业学科的关联，一方面为电商教学提供了一定的理论基础，但另一方面也限制了电商教学的独立性和专业性发展。

（二）成长阶段（2000—2010年）

1. 课程体系的初步构建

在成长阶段，我国的电商教学开始构建自己的课程体系。除了保留传统商业学科中的基础课程外，开始增加一些具有电商特色的课程，如电商平台建设、电商支付与结算等。这些课程的设置反映了当时中国电商行业的发展需求，如随着电商平台的兴起，对电商平台建设和运营人才的需求增加。同时，课程的教学内容也逐渐丰富。例如，在电商平台建设课程中，开始涉及网页设计、数据库管理等技术内容。在电商支付与结算课程中，包括国内的支付体系与支付工具的原理和应用。这一阶段的课程体系构建为中国电商人才的培养奠定了初步的基础。

2. 实践教学的发展

在成长阶段，我国的电商实践教学有了一定的发展。学校开始与电商企业建立联系，开展企业参观、实习等活动。例如，学生有机会到知名电商企业参观学习，了解企业的运营模式、企业文化等。一些学校还建立了校内的电商实训基地，配备了相对完善的设备和软件，如模拟电商平台软件、物流模拟软件等。学生可以在实训基地进行电商运营、物流配送等模拟实践，提高自己的实践能力。

（三）成熟阶段（2010年至今）

1. 多元化的课程体系

在成熟阶段，中国的电商教学课程体系呈现多元化的特点。除了传统的电商专业课程外，还开设了许多跨学科的课程，如与计算机科学结合的电商大数据分析课程、与物流管理结合的电商供应链管理课程等。这些跨学科课程的开设满足了电商行业对复合型人才的需求。同时，课程的更新速度加快。随着电商行业的不断发展，新的业态如社交电商、直播电商等不断涌现。电商教学课程也及时跟进，很多学校开设了社交电商营销、电商直播运营等课程。课程内容也更加注重实际应用,结合大量的国内电商企业案例进行教学,提高学生的实际操作能力。

2.深度的产教融合

在成熟阶段,我国的电商教学实现了深度的产教融合。学校与电商企业建立了紧密的合作关系,开展多种形式的合作。例如,企业参与学校的课程设置和教学内容的制定,确保教学内容与企业需求紧密结合。企业还为学校提供实习岗位、实训项目等资源,同时学校也为企业提供人才培训、科研合作等服务。此外,还出现了校企共建电商学院的模式,如某电商企业与一些学校共建了电商学院,这种模式实现了学校和企业资源的深度整合,提高了电商人才的培养质量。

二、国内不同地区电商教学模式的差异

(一)我国沿海地区

1.与国际接轨的教学内容

我国沿海地区的电商教学内容与国际接轨程度较高。由于沿海地区的经济发达,外贸和跨境电商业务繁荣,在电商教学中更加注重国际电商规则、国际贸易政策等内容。例如,在跨境电商课程中,会详细讲解世界海关组织的相关规定、不同国家的关税政策以及国际电商平台的运营规则。沿海地区的电商教学还注重引入国际先进的电商理念和技术,如借鉴电商营销模式的内容营销、社群营销等。同时,也会及时引进国外新的电商技术,如区块链技术在跨境电商中的应用等。这使得沿海地区培养出来的电商人才更具有国际视野和竞争力。

2.外向型人才培养导向

沿海地区的电商教学以培养外向型人才为导向。在课程设置上,会增加外语(如英语、日语、韩语等)课程的比重,特别是商务外语课程。学生需要学习外贸函电、商务谈判外语等内容,以满足外贸和跨境电商业务的需求。在实践教学方面,沿海地区的学校会积极与外贸企业、跨境电商企业合作,开展实习和项目合作。例如,学生有机会到外贸公司参与国际订单处理、报关报检等业务实习,或者到跨境电商企业参与海外市场推广、国际物流管理等项目。这种外向型人才培养导向使得沿海地区的电商人才更适合从事外贸和跨境电商相关工作。

(二)我国内陆地区

1.结合本地产业的教学特色

我国内陆地区的电商教学注重结合本地产业特色。例如,在一些农业大省,电商教学会围绕农产品电商展开。在电商教学中会设置农产品电商营销、农产品供应链管理等课程。学生会学习如何将本地的农产品通过电商平台进行推广

和销售，包括农产品的品牌打造、质量追溯、冷链物流等内容。

在一些工业基地，电商教学会与当地的制造业相结合。例如，在课程中会有制造业产品的电商化课程，学生学习如何将当地的工业产品（如机械装备、电子产品等）在电商平台上进行展示、销售和售后服务。这种结合本地产业的教学特色，有利于推动我国内陆地区的产业升级和经济发展。

2. 区域经济需求导向的课程调整

我国内陆地区的电商教学根据区域经济需求进行课程调整。我国随着内陆地区经济的发展，对电商人才的需求也在不断变化。例如，当我国内陆地区的旅游业发展起来时，电商教学中会增加旅游电商课程，学生会学习如何通过电商平台推广旅游产品、管理旅游订单等。

第三节　多维度研究法解锁电商教学新模式密码及创新亮点

随着互联网、人工智能、大数据等先进技术在电子商务领域的深入应用，电子商务行业发展迅速，已成为第三产业模式与技术创新的新标杆。电子商务的快速增长毫无疑问地创造出大量新岗位，大力促进了社会就业，人才需求呈“井喷”式增长。传统零售百货、商超企业加速进入互联网，纷纷涉足电子商务。电商产业结构的升级调整带来就业结构、工作岗位、人才技能的改变，这对电商专业毕业生的技术技能素质提出了更高的要求。然而，目前培养的电商专业毕业生在知识、能力、素质等方面远远满足不了电商企业的岗位需求。调研企业收集了150家企业对电商专业毕业生的满意度的调研问卷，进行数据分析后发现，半数以上的企业认为电商专业毕业生不能胜任与本专业相关的工作；55%的企业认为毕业生书本理论知识丰富，但是解决实际问题的能力较差；30%的企业认为学校专业知识结构不合理，未能及时将行业新知识、新技术、新应用融入课程教学内容等诸多亟待解决的问题。这就对高职院校电商专业传统人才培养模式及路径提出了新的挑战。

一、高职“岗课赛证”综合育人模式

（一）“岗课赛证”的概念

岗位、课程、竞赛、证书四位一体有机构成了职业院校技术技能人才培养的关键环节，也是学者们研究和探讨的主要内容，只是之前未形成统一的表述，有“岗课证赛”“课岗证赛”“课岗赛证”等多种说法。

“岗课证赛”中的“岗”是指通过一线行业专家群策群力，确定该专业岗位群并制定相对应的学生需要达到的能力目标；“课”是指专业课程建设以国家职业标准中的知识、技能和素质的要求为基准，构建“课证融合”的课程体系；“证”是指将职业等级证书考纲与教学大纲相衔接实现课程与工作过程、职业等级证书的融合；“赛”是指将职业技能大赛作为评定专业能力、检验教学质量、评估专业建设水平，促进各职业院校进行良性互动的有效手段。在“岗课证赛”这种表述里，“岗课证”是重点的实施环节，“赛”的作用并不突出，仅仅是作为辅助手段，起到促进作用。“课岗证赛”和“课岗赛证”中的“课”是指课堂教学，“岗”是指工作岗位，“证”是指各种证书；“赛”是指各级各类教育机构组织的技能比赛。这种表述方式体现了课程本位的特点，也是“岗证赛”的出发点。2021年4月，全国职业教育大会上明确提出，要落实“岗课赛证”综合育人，提高教育质量。自此，表述逐渐统一，关于“岗课赛证”概念的界定也随之明晰。“岗课赛证”中的“岗”是工作岗位，“课”是课程体系，“赛”是职业技能大赛，“证”是多类职业技能等级证书。

综上所述，“岗课赛证”将“岗”作为逻辑起点，将人才培养目标和标准与工作岗位精准对接，以标准本位的岗位要求作为职业教育的入口。同时，将“证”作为逻辑终点，以能力本位的评价作为职业教育的出口，保质保量地为社会输送高素质技术技能人才。在“岗课赛证”的表述中，将“课”与“赛”置于中间，作为衔接的中心环节，这样的表述与之前的“岗课证赛”“课岗证赛”“课岗赛证”相比更为系统化，更为契合职业教育的理念，符合技术技能人才培养规律。

（二）研究背景

我国经济已进入高质量发展阶段，经济发展方式、经济结构和产业结构不断更新升级，对技术技能人才也提出了更高的要求。职业教育作为人才培养的主要教育类型之一，进一步深化职业教育高质量人才培养，实现职业教育高质量发展具有重要战略意义。目前，“岗课赛证”综合育人模式研究的整体情况以及未来研究趋势尚未明晰，因此，有必要对“岗课赛证”综合育人模式进行实践探索，使现有研究成果更好地服务于“岗课赛证”的内涵式发展的需要，为后续进行“岗课赛证”综合育人模式的探索提供参考。

1.响应技能型社会建设的时代诉求

“岗课赛证”的融通强调工作岗位标准、职业院校人才培养课程体系、职业技能大赛与职业技能等级证书的有机衔接与结合，对于加快建设国家重视技能、社会崇尚技能、人人学习技能、人人拥有技能的技能型社会具有重要意义。

2.满足高素质技术技能人才培养的社会需要

“岗课赛证”综合育人是解决职业教育与行业企业相脱离，人才培养不能有效满足行业企业对高素质技术技能人才需求的关键路径。推动“岗课赛证”融合，有利于培养更多适应产业发展需要的高素质技术技能人才、能工巧匠、大国工匠。这一综合育人模式的设计从行业企业工作岗位需求出发，以职业标准为育人模式逻辑起点，坚持德技并修、育训结合，统筹推进专业设置、人才培养方案、课程教材、课堂教学和实习实训等实际环节改革，切实提高人才培养质量。

高职院校大力探索与推进“岗课赛证”综合育人模式，在人才培养上可以实现高职院校与行业企业间有效的供需对接，是职业院校深化校企合作、产教融合的重要举措。与此同时，对于助力我国进一步推进现代职业教育高质量发展具有深远影响。

（三）理论基础

1.协同理论

协同理论（synergetics）是20世纪70年代以来在多学科研究基础上逐渐形成和发展起来的一门新兴的综合性学科，是系统科学的重要分支理论。协同理论主要研究不同事物共同特征及其协同机理，它着重探讨各种系统从无序变为有序时的相似性。协同强调在整个协作过程中，各要素之间相互有序推动的作用，具有跨界性、交叉性。理论创始人哈肯认为，这个学科称为“协同学”，一方面是由于我们所研究的对象是许多子系统的联合作用，以产生宏观尺度上结构和功能；另一方面，它又是由许多不同的学科进行合作，来发现自组织系统的一般原理。

基于协同理论的原理，“岗课赛证”综合育人模式是由“岗”“课”“赛”“证”四个子系统联合运转的主系统，通过四个子系统有序的联结与交互，在宏观层面上产生了特有的结构与功能为育人模式服务。在“岗课赛证”综合育人模式运行的过程中，受内外部因素影响，四个子系统会不断实现自我系统的更新，并且，“岗”“课”“赛”“证”四个子系统在发挥自身系统育人功能的同时，不断与自身之外的其他子系统以不同的交互形式进行协同合作，进行功能之间交互与传递。基于职业教育的跨界性，将"岗课赛证"综合育人模式放置在高职数字媒体技术专业人才培养的论域中，它的构成与运作也在体现着数字媒体技术专业人才培养的学科独特性以及各学科通力合作的交互性。

2.教育机制理论

机制一词来源于希腊文"mechane"，意指"机器的构造和动作原理"。教育机制是教育现象各部分之间的相互关系及其运行方式，包括教育的层次机制、教育的形成机制和教育的功能机制三种基本类型。其中，层次机制包括宏观教育机制、中观教育机制与微观教育机制。微观教育机制是指从教育的各个组成部分着手，充分调动各个组成部分的积极性来发挥教育的作用。

"岗课赛证"综合育人模式其本质上所体现的价值之一就是一种融合型育人机制，它通过具有内在联系的四个核心要素组合，形成了结构化的四位一体的综合育人机制。在"岗课赛证"综合育人模式中，"岗""课""赛""证"即教育的基本的组成单位。"岗课赛证"综合育人模式的运行就是强调"岗课赛证"四个核心元素的有机连接和融会贯通，其"综合性"在育人模式中如何体现，如何发挥四个基本组成单位的整体功能恰恰是研究所需要关注的重点。

立足于教育机制理论，将"岗课赛证"综合育人运行视作微观教育机制的运行，由"岗""课""赛""证"四个核心基本组成单位组合而成，这些基本组成单位之间及其与内外部教育机制之间相互作用，通过衔接和融合，构建科学有效的人才培养运行机制，从而实现最优的育人效果。同时，针对数字媒体人才培养的专门性，研究需要先了解实行"岗课赛证"综合育人模式的内外部各个要素联动和运行规律，并加以优化管理和利用，从而促进"岗课赛证"综合育人模式在数字媒体技术专业人才培养中的高效运行。

3.教育生态理论

1976年，劳伦斯·克雷明首次提出"教育生态学"这一概念。教育生态学主要强调的是运用生态学方法来进行教育研究。国内研究最早起步于20世纪末，在学者吴鼎福、李化树、范国睿等人的引领下，从一开始对宏观教育生态进行探讨，认为教育生态系统是一个"由人、教育、环境构成的充满适应与发展、平衡与失衡、共生与竞争的矛盾运动的社会生态系统"。随着研究进一步深化，研究方向逐渐向微观教育生态深入，在职业教育领域，教育生态学视角多见于高职专业群、课程开发等相关领域中。

教育生态学的相关理论为"岗课赛证"提供了重要的研究视角。"岗课赛证"综合育人模式运行具有绝对运动、相对静止的特点，是处在实时发展变化的系统。其中各生态因子彼此影响、相互作用，从而形成一个具有相关性的有机整体，呈现出一定的生态特性。"教育生态环境是以教育为中心，对教育的产生、存在和发展起制约和调控作用的多元环境体系。大致分三个层次：一是以教育为中心，综合外部自然环境、社会环境和规范环境组成的单个的或复合的教育生态系统；二是以单个学校或某一教育层次为中心构成的，反映教育体系内部的相互关系；三是以学生的个体发展为主线，研究外部环境包括自然、社会和精神因素组成的系统。"①

从教育生态学视角看，"岗课赛证"综合育人模式所处的系统可分为宏观（由综合外部环境如社会环境、政策环境、经济环境等组成）、中观（由劳动力市场环境、行业环境、企业工作环境、高职院校环境等组成）以及微观（由师资、教学资源、课程环境、竞赛环境、实践体系等组成）三大生态系统。高职"岗课赛证"综合育人模式是其中的微观生态环境系统，生态因子主要是"岗""课""赛""证"四元的运行环境和生态主体（即教师主体和学生主体），具有一定层次和结构、内部环境的组成部分与外部环境之间相互联系和作用共同组成的一个有机生态整体。

（四）"岗课赛证"综合育人模式的构成要素、运行机理及各主体角色与功能分析

1."岗课赛证"综合育人模式的构成要素

在"岗课赛证"综合育人模式的运行系统中，"岗课赛证"综合育人模式内"岗""课""赛""证"四个子系统由各自要素构成相对稳定的结构，遵循"岗课赛证"综合育人模式的运行逻辑规律，承担着各自的生态位的责任并发挥相应的功能。在"岗课赛证"综合育人模式中，工作岗位需求是基础，其他三个元素都是围绕它来设计和实施的。专业课程体系的构建和教学内容实施必须符合工作岗位需求，职业技术技能竞赛也是为了更好地满足工作岗位需求，而学历证书和职业技能等级证书则是评价学生是否具备相关技能和知识的标准。

（1）"岗"是高职院校育人目标设计的出发点。"岗"作为"岗课赛证"综合育人模式的逻辑起点，为"课""赛""证"相关要素内容的展开，提供标准本位的岗位要求。首先，"岗"是岗位（群）标准，是劳动力市场需求与企业岗位用工标准的体现。这也是"岗课赛证"综合育人模式的核心，育人目标的设计和育人环节的具体实施以及育人评价的标准都是以工作岗位需求与标准为基础的。它反映了企业对技术技能人才的需求，是高职院校设计育人目标和明确人才培养层次与育人评价标准的基础。

①吴鼎福，诸文蔚．教育生态学[M]．上海：江苏教育出版社，1998.

对于“岗”作用的充分发挥，需要实现与“课”“证”“赛”的有效衔接与沟通。首先，通过“工作任务课程化”，实现“岗课”融通；其次，通过工作任务项目化，实现“岗赛”融通，在满足高职院校育人目标的前提下，将岗位标准与职业技能竞赛赛项设计相结合，设计具有专业性与针对性的竞赛项目与评分标准；最后，通过“课证”对接，实现育人评价综合化，不再视“学历”为人才培养唯一标准，通过职业技能等级证书与学历证书相结合，课程学习效果与竞赛参与情况相结合，从多方位构建育人评价培养框架，完善复合型技术技能人才培养质量保障体系。

(2)“课”与“赛”是高职院校育人过程的关键环节。“课”与“赛”是“岗课赛证”综合育人模式的关键实施环节，两者发挥彼此功能，相互协同支撑起整个育人过程。“课”作为关键环节之一，包括课程体系构建、教材和教学实施具体内容等。课程体系与教学实施必须符合工作岗位需求，能够为学生提供必要的专业技术技能和知识，为学生的职业发展奠定基础。同时，通过职业技能竞赛的形式激发学生的学习兴趣，检验学生的学习成果，提高学生的专业技术技能水平，促进学生自我实现与自我发展。同时，职业技能竞赛也能为企业与学生建立直接沟通与交互的桥梁，实现供需两端精准对接。

对于教师来说，职业技能大赛既是检验教师课程教学成果的“试炼场”，也是教师革新专业知识、深化专业技能、实现自我职业能力提高的“登云梯”。教师通过对竞赛内容的把握与对学生的竞赛指导，可以更好地了解行业企业新动态及其对技术技能人才的新要求，从而实现课程内容、教学方法的与时俱进。对于学生来说，参加职业技能大赛不但可将专业课程所学知识与技能进行应用与展现，还可以切身体会行业企业前沿，这有助于学生明确学习目标，进一步完善个人职业生涯规划，实现专业知识能力提升。

(3)“证”是高职院校检验人才培养质量的终端出口。在“岗课赛证”综合育人模式中，“证”通常是指学历证书、职业技能等级证书以及参加各类职业技能竞赛的获奖证书。这些证书可以证明学生在相应专业领域中所具备的知识和技能水平，也可以证明学生参加过相关实践活动或者赛事达到的竞赛等级标准。高职院校通常将“证”作为衡量学生人才培养质量的重要标准，同时也是学生求职和升学的有力支撑。因此，“证”是高职院校检验人才培养质量的终端出口。

首先，“证”作为能力本位人才培养的终端出口，是“岗课赛证”综合育人模式的主要的育人质量评价标准之一，是对“岗课赛证”综合育人模式的人才培养质量进行检验与保障。通过学生学历证书、职业技能等级证书以及相关职业技能竞赛证书的获得情况，可以评价学生是否达到了高职院校所要求的育人目标和人才规格，检验专业课程体系以及教学内容是否符合行业企业人才培养需要。"证"的获得可以增强学生的岗位核心竞争力和岗位胜任力能力，拓展就业和职业发展的机会。其次，"证"也是衡量学生职业技能水平的重要标志，能够激励学生更加努力地学习专业课程和参加实践活动，提升其职业素养和专业技能水平。最后，职业资格等级证书还可以促进学生对于职业发展的认知和规划，使他们更好地了解职业市场和职业发展趋势，作出更为明智的职业选择。因此，"证"在"岗课赛证"综合育人模式中具有重要的作用，可以协助高职院校为人才培养质量把关，并帮助学生更好地实现职业发展和成长。

2."岗课赛证"综合育人模式的运行机理

"岗课赛证"综合育人模式中的四要素与高职院校环境、企业环境、市场环境共同构成一个整体，并充分展现出整体关联性、动态平衡性、开放性等基本特征。就职业教育生态系统而言，"岗课赛证"综合育人模式的生态化既彰显模式本身的育人功能，又体现出"岗课赛证"综合育人模式的动态发展，还促使学生实现个人的多元化可持续发展，对于构建生态平衡的"岗课赛证"综合育人模式，实现育人模式本身的可持续发展具有重要的建设意义。

"岗课赛证"综合育人模式的构建与运行需要更加系统科学的理论视角去深入审视与分析。因此，以教育生态学为论述视角，辅以协同理论及教育机制理论，展开对"岗课赛证"综合育人模式的运行机理进行应然层面的探究。

（1）内生运行系统："岗课赛证"四元共生共长。"岗课赛证"综合育人模式是处在实时发展变化的相对稳定的系统。"岗""课""赛""证"之间既是独立的有机体又共同构成一个独立的、具有相关性的内生运行系统，呈现出一定的生态特性。"岗课赛证"综合育人模式是将社会发展需求与个体发展需求统筹考量，在此基础上，将职业教育的育人功能和社会功能相结合，从而实现高素质技术技能人才的培养。

"岗课赛证"四个元素之间是相互关联、相互依存的。"岗""课""赛""证"各要素之间共生共长，彼此沟通联系，相互反馈与调控，通过"岗课融通""课赛融合""课证融通"共同构成"岗课赛证"综合育人模式这一有机整体，在整体意义上形成了系统的育人功能。综合来看，促进"岗""课""赛""证"四个元素的协同作用，才能够实现复合型技术技能人才的培养。

①"岗课"融通：工作任务课程化。"岗课"融通是指将真实工作情境中的工作任务与高职院校学校教育中的课程内容有机结合，使学生能够在学校学到与实践相结合的知识和技能，从而更好地适应职业发展。"岗课"融通需要将工作任务

课程化，即将职业实践中的工作任务划分为一系列课程，并将其纳入高职院校教育教学体系中，使学生在课堂上学到与实践相结合的知识和技能。这意味着将工作任务转化为通过学校教育可以习得的课程内容，并将其纳入到课程体系中，让学生在课堂上学习工作领域相关专业知识和关键技能，以便在未来更好地胜任岗位工作任务。"岗课赛证"综合育人模式的开展，可以帮助学生更好地理解和应用所学专业知识，提高他们的工作能力和实际应用能力。此外，学校还可以与相关企业和组织合作，让学生在真实的工作场景中进行实习实训，以提高他们的职业素养和实践经验。

"岗课"融通的实现，可以有效地促进学生将在实践中获得的工作经验和知识与课堂上学到的知识和技能相互补充，从而提高学生的职业素养和未来从事岗位的核心竞争力。

②"课赛"融合：赛教一体化。"课赛"融合是指将职业技能竞赛与课程教学相结合，将职业技能竞赛作为教学的延伸和拓展，使高职院校的学生在参加职业技能竞赛的过程中不仅能够获得实操的机会，还能够加深对所学知识的理解和掌握。赛教一体化是高职院校推进"岗课赛证"综合育人模式促进"课赛"融合的主要举措。通过实现优质职业技能竞赛赛事资源与教学内容相结合，大大丰富了课程内容，对教师职业能力、教学方法的选择、教学内容的更新也提出了新挑战。"课赛"融通的有效衔接，需要高职院校、企业、政府等多方协同合作，共同助力教法、教材与教师师资的改革，促进"课赛"融通的深度发展。

将竞赛纳入课程体系中，将竞赛所需的技能、知识和能力融入教学课程中，使学生在参加竞赛前就已经具备了必要的专业素质和关键技能，从而更好地参加和应对职业技能竞赛，同时也加深了学生对所学知识的理解和掌握。实现赛教一体化的关键在于，需要将竞赛的内容、方式、评价等与教学的内容、方式、评价相结合，使得竞赛成为教学的一部分，与教学相互贯通、相互促进。

通过"岗课赛证"综合育人模式实现"课赛"融合的意义在于能够有效地提高学生的实践能力和职业核心竞争力，满足现代社会对高素质技术技能人才的需求。通过将专业课程与职业技能竞赛相结合，能够让学生在学习专业知识的同时，获得更多的实践经验和技能训练，提高自己的综合素质和创新能力。此外，职业技能竞赛还可以激发学生的学习热情和动力，增强他们的自信心和团队协作能力，促进他们的全面发展。同时，实现"课赛"融合也有助于加强高职院校与社会、行业企业之间的联系，使职业教育更贴近社会需求，培养符合市场需求的高素质技术技能人才，推动技能型社会的建设，促进职业教育高质量发展。

③“课证”融通：育人评价综合化。“课证”融通是指在高职院校中，将核心课程学习和职业资格证书取得相结合。通过一定的学分转换机制，将职业资格证书的学分与核心课程学分相匹配，使学生在取得职业资格证书的同时，也能获得相应的核心课程学分。这样，不仅可以提高学生的职业竞争力，还能提高学生的学习兴趣和动力。通过“课证”融通可以有效实现育人评价综合化，通过将核心课程学习和职业资格证书取得相结合的方式，将学生的职业素养、实践能力和核心课程学习成果等方面的综合表现考核纳入育人评价中，从而实现对学生的全方位评价。

“岗课赛证”综合育人模式的开展要想实现“课证”融通从而促进育人评价综合化，需要高职院校建立科学的学分转换机制，明确不同职业资格证书与核心课程学分的对应关系，从而实现学分的互认。同时，高职院校还需要与相关职业资格证书颁发机构建立合作关系，为学生提供相关的职业资格证书培训和考试服务。

实现“课证”融通对高职院校、对教师、对学生的意义是多方面的。对于高职院校而言，提高高职院校的人才培养质量和专业建设水平；对于教师而言，可以促进其教学理念和教学方法的创新，促进教师教学与职业能力的大幅提升；对于学生而言，可以提高其职业素养和实践能力，增强其就业竞争力，为其未来的职业发展打下坚实的基础。

（2）外部环境系统：开放与适应并存。“岗课赛证”综合育人模式作为有机整体，其内部的生长、发展、进化是其自然属性。“岗课赛证”综合育人模式有效运行的前提是实现核心专业与对接岗位群高度契合，能够保持充分的开放性，积极适应市场诉求的变化，对内部各环节进行有效调整与提高。在“岗课赛证”综合育人模式的自我生长过程中，为提高“岗课赛证”综合育人模式对接相关产业的契合度，就需要依托所对接产业，及时对育人目标，课程内容，赛项设计以及育人评价进行解构与升级。

开放意味着“岗课赛证”综合育人模式不仅仅局限于高职院校教育内生系统的范畴，而是面向社会、行业和市场等多方面进行协同合作，广纳各方面资源，更好地为学生提供真实的职业技能训练和实践机会。例如，在实施“岗课赛证”综合育人模式时，需要企业等外部资源支持，与高职院校内部的师资和学生进行深度融合。

“岗课赛证”综合育人模式内部各生态要素之间、模式与外部环境系统之间不是片面独立存在的，在模式运行过程中，除了模式内部自身的调节、转化与升级,“岗课赛证”综合育人模式与外部环境系统也持续进行着物质循环、能量与信息的交互传递。适应意味着该模式与外部环境相互适应,不断更新和调整自身的育人目标、内容、形式、评价等方面。在实践过程中,行业和市场的发展变化日新月异,“岗课赛证”模式需要不断地更新相关课程、培养目标和评价标准等,以适应变化的外部环境系统。

通过对高职院校人才培养的要求、企业用人单位的诉求、社会高素质技术技能人才的需求的把握,在输送人才的同时可以得到社会多方的反馈并加以完善“岗课赛证”综合育人模式。因此,“岗课赛证”综合育人模式在自我内在发展驱动下,也会随着外部环境系统(高职院校、企业、市场)的变化进行转型升级适应外部环境系统的不断发展变化,由内到外地完成“岗课赛证”综合育人模式的生长与进化。因此,开放与适应并存是“岗课赛证”综合育人模式寓于外部环境系统的运行状态,这也是该模式能够更好地适应职业教育发展需要的重要原因。

(3)内外交互:实现动态平衡。在整个职业教育生态系统中,宏观、中观与微观教育生态系统各层级要素在结构与功能上存在差异性,有其各自的性质与运行规律,且不同层次之间是相互联系、相互作用的。在“岗课赛证”综合育人模式系统内部,“岗”“课”“赛”“证”四要素之间存在着复杂的交互耦合关系,各要素在“岗课赛证”综合育人模式运行过程中的动态变化,以及“岗课赛证”综合育人模式的构建涉及要素过多需要多元主体共同参与其中,具有较强社会情境性是其复杂性的主要体现。“岗课赛证”综合育人模式的复杂性意味着各生态要素一直处于相互分离与转化中,协同发展状态在不动态发展变化中是相对静止的。“岗课赛证”综合育人模式的内外交互是指内生系统和外部环境系统之间的相互作用和影响。为了实现动态平衡,需要在实践中不断开展内外资源与能量的交换,通过与企业、行业、政府等相关方面的沟通和合作,及时了解工作岗位需求和行业发展趋势,将这些信息反馈到育人目标、课程体系、教学实施和职业技能竞赛等方面,以保持内生系统和外部环境系统的协调平衡。

“岗课赛证”综合育人模式需要不断地依靠其内在协调机制来调控这种动态变化,使其达到新的平衡态。新的平衡是极其短暂且不断动态变化的,即动态平衡,复杂性与动态平衡性是促使“岗课赛证”综合育人模式在外部环境变化发展中持续运行与升级的驱动力。“岗课赛证”综合育人模式内生运行系统与外部环境系统的交互的是“岗课赛证”综合育人模式得以平稳运行的关键因素。内部生态运行系统与外部环境系统之间的相互作用,这需要高职院校适时调整育人目标和人才规格,以满足社会需求和行业发展趋势。同时,学生在课程学习和职业技能竞赛中所获得的知识和技能的运用也会对外部环境产生影响,为行业发展和社会进步注入新生力量。此外,高职院校和企业之间的良性合作和交流也是“岗课赛证”综合育人模式运行的重要环节,这需要建立良好的校企合作机制,共同推动职业技术技能人才培养,促进行业发展。

综上所述,“岗课赛证”综合育人模式的内外交互的动态平衡是一个复杂的过程,需要多方共同努力和实践。只有在注重“岗”“课”“赛”“证”四者关系平衡、关注外部环境变化和实现内外系统交互平衡的基础上,才能够实现“岗课赛证”综合育人模式的有效实施。

3.“岗课赛证”综合育人模式中的各主体角色与功能分析

基于教育生态论视角,以“岗课赛证”四元为核心,以内部生态要素为生态主体,以外部生态要素为生态参与者,构建了相互作用、相互联系的“岗课赛证”综合育人模式的生态结构。

根据自然生态系统的构成及运行规律,在职业教育生态系统中,高职院校是“岗课赛证”综合育人模式有效运行的基础,高职院校将政府与企业对于人才的需求的转化为人才培养标准,驱动“岗课赛证”综合育人模式的正常运行,并保证其结构和功能的稳定。同时,教师作为知识的承载者与传授者是确保“岗课赛证”综合育人模式中“课”与“赛”协同育人的重要助力。

学生作为内部生态主体之一,通过吸收和转化学校所提供的“课赛”资源与教育教学成果,实现自我专业知识与技能的提升。学生获得学历证书与相关职业技能等级证书是对“岗课赛证”综合育人模式育人成果的检验;教师通过“岗课赛证”综合育人模式传授相关理论知识与应用技能,并不断从外部环境吸收新内容、新方法并将其有效迁移到育人过程中,实现自我职业能力发展;政府与企业为“岗课赛证”综合育人模式的运行提供指引与支持,保驾护航。

在“岗课赛证”综合育人模式的运行中,不同的主体各司其职,发挥着独特的作用。多元主体共同参与到“岗课赛证”综合育人模式的运行中,这对于形成具有我国特色的职业教育人才培养模式,实现职业教育高质量发展具有深远意义。[①]

①王婧. 高职院校“岗课赛证”综合育人模式探究——以S学院数字媒体技术专业为例[D]. 沈阳:沈阳师范大学,2023.

二、教育学、经济学、信息技术多学科研究视角

(一)教育学视角下的电商专业教学

1.教学目标的设置依据

在教育学的视角下,高职院校电商专业教学目标的设定需要遵循教育规律和学生的身心发展特点。首先,要考虑学生的就业导向,培养出能够满足电商行业岗位需求的应用型人才。例如,电商行业对运营专员、客服专员、营销专员等岗位有大量需求,所以,设置教学目标应明确学生在这些岗位所需的知识和技能,如电商平台的操作、客户沟通技巧、营销策划能力等。其次,要注重学生的全面发展,除了专业技能,还应培养学生的创新思维、团队协作能力和职业素养。这就要求在教学过程中设置相应的课程和活动,如创新项目实践、团队合作课程作业等。

从长远来看,教学目标还应与社会发展需求相适应。随着电商行业的不断发展,新的业态如社交电商、直播电商不断涌现,教学目标要能够预见未来行业的发展趋势,培养学生适应新变化的能力。例如,对于直播电商的兴起,教学目标中应包含学生对直播平台的操作、直播内容策划、直播营销效果评估等方面的知识和技能要求。

2.教学方法的选择与优化

教育学原理为电商专业教学方法的选择提供了理论依据。传统的讲授法在传授基础知识方面仍然有其重要性,如在电商概论、经济学基础等课程中,教师可以通过系统的讲授让学生快速了解电商行业的基本概念、发展历程、经济学原理在电商中的应用等知识。然而,为了提高学生的学习积极性和实践能力,更多的互动式教学方法也应被广泛应用。

案例教学法是电商专业教学中常用的方法之一。教师可以收集国内外知名电商企业的案例,让学生进行分析讨论。通过案例分析,学生可以深入了解电商企业的运营策略、面临的问题及解决方案,提高学生的分析问题和解决问题的能力。项目驱动教学法也是非常有效的教学方法,教师可以根据电商行业的实际项目需求,设计一系列的项目任务,如开发一个小型电商网站、策划一次电商营销活动等。学生以小组形式完成项目任务,在项目实施过程中,学生不仅掌握了电商专业知识和技能,还培养了团队协作能力和项目管理能力。

(二)经济学视角下的电商专业教学

1.电商市场结构与竞争分析

从经济学的视角来看,电商专业教学需要让学生深入理解电商市场的结构和竞争态势。电商市场具有其独特的市场结构,既有大型综合电商平台,也有众

多的垂直电商平台，如专注于母婴产品的、专注于美妆产品的，等等。在教学中，教师要引导学生分析不同类型电商平台的市场定位、目标客户群体、竞争优势和劣势等。例如，通过分析电商平台海量的商品资源、多样化的商家类型和广泛的客户群体，以及正品保证、快速物流配送等优势，让学生理解它们在市场中的竞争地位。同时，要让学生掌握分析电商企业竞争策略的方法。在电商市场中，企业的竞争策略包括价格策略、产品差异化策略、服务差异化策略等。以价格策略为例，学生要学习如何分析电商企业的定价机制，如成本加成定价、竞争导向定价等方法。在产品差异化方面，要了解企业如何通过产品创新、品牌建设等手段来吸引客户。

2.电商经济效率与资源配置

电商行业的经济效率是教学中的一个重要内容。学生需要学习如何衡量电商企业的经济效率，如通过分析企业的生产效率、交易效率、资源利用效率等指标。例如，对于电商平台的商家来说，如何提高库存周转率、降低运营成本就是提高生产效率的关键。在交易效率方面，要分析电商平台的支付系统、物流配送系统等对交易完成速度和成本的影响。

在资源配置方面，要让学生理解电商企业如何在人力资源、物力资源和财力资源上进行合理配置。例如，电商企业如何根据不同的业务需求招聘和培养合适的人才，如何在仓储、物流设施等物力资源上进行投资布局，以及如何进行资金的筹集和分配。通过对电商经济效率和资源配置的学习，学生可以更好地理解电商企业的运营管理和发展战略。

(三)信息技术视角下的电商专业教学

1.电商技术体系的构建

信息技术是电商专业的核心支撑，在教学中要让学生全面了解电商技术体系的构成。首先，网络技术是电商的基础，学生要学习网络协议、网络安全、网络拓扑结构等知识。例如，理解TCP/IP协议在电商数据传输中的作用，以及如何通过防火墙、加密技术等保障电商网络的安全。其次，数据库技术是电商数据存储和管理的关键，学生要掌握数据库的设计、创建、查询、更新等操作。在电商平台中，商品信息、客户信息、订单信息等都存储在数据库中，学生要学会如何通过数据库技术进行有效的数据管理。

电商系统开发技术也是重要的组成部分。学生要学习编程语言如Java、Python等，以及电商系统开发框架如Spring、Django等。学习这些技术后，学生能够参与电商系统的开发和维护工作。如开发一个简单的电商网站，包括商品展示、购物车功能、订单处理等模块。此外，移动互联网技术在电商中的应用也不容忽视，学生要了解移动电商的特点、开发技术和运营模式，如开发移动端的电商应用程序，优化移动端的用户体验等。

2.新技术在电商中的应用

随着信息技术的不断发展，新的技术如人工智能、大数据、区块链等在电商中的应用日益广泛。电商教学中，要让学生紧跟技术发展的步伐，学习这些新技术在电商中的应用和创新。例如，人工智能在电商中的应用包括智能客服、个性化推荐系统等，学生要学习如何利用人工智能算法，如机器学习算法，构建智能客服系统，提高客户服务效率和质量。同时，大数据技术在电商中的应用也非常广泛，如市场分析、客户细分、精准营销等。因此，学生要掌握大数据的采集、存储、分析和可视化技术，通过对电商数据的分析，挖掘客户的需求和行为特征，制定精准的营销策略。区块链技术在电商中的应用也具有很大的潜力，如商品溯源、供应链金融等。学生要了解区块链的基本原理，如去中心化、不可篡改等特性，以及如何将区块链技术应用到电商业务中，提高商品的安全性和供应链的透明度。通过对新技术在电商中应用的学习，学生可以培养创新意识和创新能力，为未来的电商行业发展作出贡献。

三、实证研究法在电商教学中的应用

（一）数据收集方法

1.问卷调查法在电商教学中的应用

问卷调查法是实证研究中常用的数据收集方法之一，在电商教学中具有重要的应用价值。教师在研究电商专业学生的学习需求和学习满意度时，可以设计详细的问卷。问卷可以包括学生对电商课程设置的满意度、对教学方法的偏好、对实践教学环节的期望等方面的问题。通过对大量学生的问卷调查分析，可以了解学生的真实想法和需求，为教学模式的改进提供依据。

在研究电商企业对人才的需求时，也可以采用问卷调查法。问卷可以针对电商企业的人力资源部门或业务部门负责人，询问他们对电商人才在知识、技能、素质等方面的具体要求，了解企业对电商运营人才在平台操作熟练程度、营销策划能力、数据分析能力等方面的要求，以及对客服人才在沟通技巧、问题解决能力等方面的要求。这些调查结果可以帮助高职院校调整电商专业的教学内容和课程设置，使培养出的学生更符合企业的需求。

2.访谈法在电商教学中的运用

访谈法是一种深入了解研究对象的有效方法。在电商教学中，访谈法可以用于多个方面。例如，对电商专业教师进行访谈，可以了解他们在教学过程中遇到的困难和挑战，如教学资源的不足、学生学习积极性不高的原因等。同时，通过访谈教师，可以获取他们对教学模式改革的建议和想法，如希望增加哪些实践教学环节、如何改进教学方法等。

对电商企业的从业者进行访谈也是非常有意义的。可以访谈企业中的电商运营、营销、技术等不同岗位的人员，了解他们在实际工作中对在学校所学知识和技能的运用情况，以及他们认为学校教学中还存在哪些不足之处。例如，企业的电商运营人员可能会提到在学校时缺乏对实际电商平台运营中突发问题的应对教学，营销人员可能会指出学校的营销课程与实际市场的营销手段存在差距等。这些访谈结果可以为电商教学模式的优化提供宝贵的参考。

（二）数据分析与电商教学模式优化

1.描述性统计分析在电商教学中的作用

描述性统计分析是对数据进行初步整理和分析的重要方法。在电商教学中，通过对问卷调查和访谈收集到的数据进行描述性统计分析，可以得到很多有价值的信息。例如，对学生的学习成绩进行描述性统计分析，可以了解学生在不同课程中的整体学习水平，如平均成绩、最高分、最低分等。通过对这些数据的分析，可以发现哪些课程是学生普遍掌握较好的，哪些课程是学生学习困难较大的。

在对教师教学情况的分析中，描述性统计分析可以用于分析教师的教学工作量、教学效果评价等方面。例如，计算教师的平均教学工作量、不同教师教学效果评价的分布情况等。这些分析结果可以帮助学校合理安排教师的教学任务，同时也可以发现教学效果优秀的教师，总结他们的教学经验并进行推广。此外，通过对电商企业人才需求调查数据的描述性统计分析，可以直观地了解企业对电商人才各项能力要求的重视程度，为高校电商专业教学内容的调整提供依据。

2.相关性分析与回归分析对电商教学模式改进的意义

相关性分析和回归分析在电商教学中具有重要意义。相关性分析可以用于研究教学因素与教学效果之间的关系。例如，分析教学方法与学生学习成绩之间的关系，通过计算相关系数，可以判断不同教学方法对学生学习成绩的影响程度。如果发现项目驱动教学法与学生的实践操作能力成绩有较高的相关性，那么就可以在教学中进一步加强项目驱动教学法的应用。

回归分析则可以建立教学因素与教学效果之间的定量关系模型。例如,以学生的综合素质成绩为因变量,以课程设置、教学方法、实践教学环节等为自变量,建立回归方程。通过回归方程,可以预测在不同的教学因素组合下学生的综合素质成绩,从而为教学模式的优化提供定量的决策依据。例如,如果回归分析结果表明增加实践教学环节的比重可以显著提高学生的综合素质成绩,那么学校就可以适当增加实践教学的时间和资源投入。

四、比较研究法对不同教学模式的对比分析

(一)课程设置的差异

在国内高职院校的电商教学中,课程设置存在着一定的差异。一些高职院校注重理论课程的完整性,设置了较为系统的电商理论课程,如电商概论、电子商务经济学、电子商务法律等。这些课程能够让学生全面了解电商行业的基本概念、经济学原理和法律规范。一些高职院校则更倾向于实践课程的强化,例如设置了电商网站建设实践、电商营销实战、电商客服实训等课程,通过大量的实践课程让学生快速掌握电商实际操作技能。在课程的深度和广度方面也有不同。部分高职院校的课程设置深度较深,如在电商数据分析课程中,会深入讲解数据分析的算法、模型和工具,要求学生掌握较为复杂的数据分析技术,而有些高职院校则注重课程的广度,在电商专业课程中涵盖了多个领域的知识,如电商、物流、营销、计算机技术等方面的基础知识,旨在拓宽学生的知识面,使学生对电商行业有一个全面的了解。

(二)教学方法的区别

不同高职院校在电商教学方法上也存在区别。有些高职院校采用传统的课堂讲授法为主,教师在课堂上系统地讲解知识,学生主要是被动地接受知识。这种教学方法在传授基础知识方面有一定的优势,但可能会导致学生学习积极性不高,缺乏实践活动。一些高职院校则大力推行项目驱动教学法,以实际的电商项目为导向,让学生在项目实施过程中学习知识和技能。例如,让学生分组完成一个电商网站的建设项目,在项目实施过程中,学生需要学习网页设计、数据库管理、营销策划等多方面的知识。还有部分高职院校采用案例教学法,通过分析实际的电商企业案例来教学。教师会选择国内外知名的电商企业案例,让学生进行分析讨论。这种教学方法可以提高学生的分析问题和解决问题的能力,但对教师的案例选择和引导能力要求较高。

五、行动研究法推动教学模式改进的步骤

(一)问题诊断阶段

1.教学现状的调查与分析

在行动研究法的问题诊断阶段,首先要对电商专业的教学现状进行全面的调查与分析,包括对课程设置、教学方法、教学资源、学生学习效果等方面的调查。例如,通过问卷调查学生对课程设置的满意度,发现很多学生认为电商专业课程中理论课程过多,实践课程过少。同时,通过对教师教学方法的观察和分析发现,部分教师仍然以传统的讲授法为主,缺乏与学生的互动和对学生实践能力的培养。对教学资源的调查可以发现,学校的电商实验室设备是否存在老化、软件更新不及时等问题,影响了学生的实践操作体验。在学生学习效果方面,通过分析学生的考试成绩、实践作业完成情况等,可以发现学生在某些关键知识和技能方面存在掌握不牢固的情况,如电商数据分析能力、电商营销策划能力等。这些调查结果为后续找出教学模式中存在的问题提供了依据。

2.问题的确定与聚焦

在对教学现状进行调查分析后,需要确定和聚焦教学模式中存在的问题。例如,根据前面的调查结果,可以确定实践教学环节薄弱是电商教学模式中的一个关键问题。这个问题具体体现在实践课程的比重不足、实践课程与理论课程脱节、实践教学资源匮乏等方面。同时,教学方法的单一也是一个重要问题,教师过度依赖传统讲授法,缺乏创新的教学方法来激发学生的学习兴趣和提高学生的实践能力。另外,课程设置与企业需求的脱节也是需要聚焦的问题。通过与电商企业的沟通和对企业人才需求的分析,发现学校的课程设置没有充分考虑到企业对电商人才在新的电商业态(如直播电商、社交电商)方面的知识和技能要求。这些确定和聚焦的问题将成为行动研究后续步骤的重点改进对象。

(二)方案设计阶段

1.教学目标的重新审视与调整

在方案设计阶段,首先要对电商专业的教学目标进行重新审视和调整。基于前面确定的问题,如实践教学环节薄弱和课程设置与企业需求脱节等问题,教学目标应更加注重学生的实践能力培养和对新的电商业态的适应能力。例如,将教学目标调整为培养能够熟练掌握电商平台操作、具备电商营销策划能力、适应直播电商和社交电商等新的电商业态的应用型人才。

教学目标的调整还应考虑到学生综合素质的提高,包括创新思维、团队协作

能力和职业素养等方面，这意味着在教学过程中要融入更多培养学生综合素质的元素。例如，在课程项目中设置团队合作任务，以提高学生的团队协作能力；鼓励学生提出创新性的电商营销方案，以激发他们的创新思维；同时通过职场模拟等活动来提高学生的职业素养。

2.教学方案的具体设计

在重新调整教学目标后，需要进行具体的教学方案设计。对于课程设置方面，要增加实践课程的比重，可以设置专门的直播电商实践课程、社交电商运营课程等。这些课程要与理论课程紧密结合，如在直播电商实践课程中，同时教授直播电商的理论基础(如直播平台的算法、用户流量获取原理等)。

在教学方法上，要采用多样化的教学方法。除了传统的讲授法外，还要大力推广项目驱动教学法、案例教学法和模拟教学法等。以项目驱动教学法为例，可以设计一个完整的电商项目，从电商平台的搭建、商品的选品与上架、营销推广到客户服务等环节，让学生分组完成。案例教学法可以选择一些新的电商成功案例，如新兴的社交电商品牌的崛起案例，让学生进行深入分析。模拟教学法可以模拟真实的电商企业运营环境，让学生在模拟环境中进行决策和操作，提高他们的实际应对能力。

在教学资源方面，要对学校的电商实验室进行升级改造，更新硬件设备和软件系统。同时，要加强与电商企业的合作，建立校外实习基地，为学生提供更多的实践机会。例如，与当地的直播电商基地合作，让学生能够参与到真实的直播电商运营中，了解行业的最新动态。

(三)行动实施阶段

1.教学改革的具体行动

在行动实施阶段，按照设计好的教学方案开始教学改革的具体行动。在课程设置方面，按照新的课程计划开设课程。例如，在新的学期开始时，正式推出直播电商实践课程和社交电商运营课程。教师要精心准备这些课程的教学内容，编写合适的教学大纲和教案。

在教学方法上，教师要积极转变教学风格，采用多样化的教学方法。以项目驱动教学法为例，教师要合理分组，明确每个小组的任务和要求，在项目实施过程中给予学生必要的指导和监督。对于案例教学法，教师要引导学生深入分析案例，鼓励学生发表不同的观点和见解。在模拟教学法中，教师要创建逼真的模拟环境，让学生充分参与模拟企业运营。

在教学资源方面，学校要尽快完成电商实验室的升级改造工作，确保新的实践课程能够顺利开展。同时,要积极与电商企业沟通协调,安排学生到校外实习基地进行实习。例如,组织学生到合作的直播电商基地进行为期一个月的实习,让学生在实习过程中积累实际工作经验。

2.教学改革过程中的监控与调整

在教学改革的实施过程中,要进行过程监控与调整。通过定期收集学生的反馈意见,如每周进行一次学生意见调查,了解学生对新的课程设置、教学方法和实习安排的满意度和遇到的问题。学生可能会反映直播电商实践课程中的某些教学内容难度过高,或者实习基地的工作安排不合理等问题。根据学生的反馈意见和教师在教学过程中的观察,及时对教学方案进行调整。如果发现直播电商实践课程中的教学内容难度过高,可以适当简化部分内容或者增加一些前置知识的讲解。对于实习基地的工作安排不合理问题,可以与企业协商重新调整实习计划。同时,也要对教师的教学质量进行监控,通过听课、教学评价等方式,确保教师能够按照设计好的教学方法进行教学。

(四)效果评估阶段

1.评估指标的确定

在效果评估阶段,首先要确定评估指标。对于电商专业教学模式的改进效果评估,主要可以从学生的学习成果、教师的教学满意度和企业的人才满意度等方面来确定指标。学生的学习成果方面可以包括学生的考试成绩、实践作业的完成质量、获得的相关证书数量等。例如,比较教学改革前后学生在电商营销课程中的考试成绩是否有提高,学生在电商项目实践作业中的完成质量是否有提升,以及学生获得如电子商务师证书等相关证书的数量是否增加。在教师的教学满意度方面,可以通过教师的自我评估、同行评价和学生评价等方式来确定指标。例如,教师自我评估对新的教学方法的掌握和运用程度,同行评价教师在教学改革中的创新和协作精神,学生评价教师的教学效果是否有改善等。在企业的人才满意度方面,可以通过企业对实习学生的评价、对毕业生的录用和使用反馈等方式来确定指标。如企业对实习学生在实践操作能力、创新思维等方面的评价,以及企业对毕业生在工作岗位上的表现是否满意等。

2.评估结果的分析与总结

根据确定的评估指标,收集相关数据并进行分析。如果从学生的学习成果来看,发现教学改革后学生的考试成绩有了明显提高,实践作业的完成质量也显著提高,获得相关证书的数量也有所增加,这说明教学改革在提高学生学习成果方面取得了一定的成效。从教师的教学满意度方面来看,如果教师的自我评估、同行评价和学生评价都显示出较高的满意度，说明新的教学方法和教学方案得到了教师的认可。从企业的人才满意度方面来看，如果企业对实习学生和毕业生的评价都较好，表明教学改革后的电商专业学生更符合企业的需求。通过对评估结果的分析，可以总结教学模式改进的成功经验和不足之处，为进一步的教学改革提供参考。例如，如果发现学生在某一特定知识领域的掌握仍然不够理想，那么在后续的教学改革中可以针对这一问题进行改进。

六、多维度研究法融合的策略与方法

（一）跨学科团队的组建

1.成员构成与职责

跨学科团队的组建是多维度研究法融合的重要策略之一。跨学科团队成员应包括教育学专家、经济学专家、信息技术专家以及电商行业的企业专家等。教育学专家的职责在于从教育教学规律出发，对电商专业的教学目标、教学方法、教学评价等方面进行深入研究和指导。例如，他们可以根据学生的身心发展特点和学习规律，提出合理的教学目标设定建议，以及适合电商专业学生的教学方法，如如何提高学生的学习积极性和实践能力等。经济学专家可以为电商专业的教学提供经济学视角的分析。他们负责研究电商市场的经济结构、企业的竞争策略、资源配置等方面的内容，并将这些知识融入教学内容中。例如，在讲解电商企业的运营管理时，经济学专家可以分析企业在不同市场结构下的定价策略、成本控制策略等，让学生更好地理解电商企业的经济运营逻辑。信息技术专家则专注于电商技术体系的构建、新技术在电商中的应用等方面，他们要确保学生能够掌握电商相关的信息技术知识，如网络技术、数据库技术、电商系统开发技术等，并将最新的信息技术成果引入教学中，如人工智能、大数据、区块链等技术在电商中的应用。

电商行业的企业专家的作用不可忽视，他们了解电商企业的实际需求和行业发展趋势，可以为教学内容和教学模式的改进提供来自企业一线的建议。例如，企业专家可以根据企业对电商人才的实际需求，对课程设置提出调整建议，如增加某些企业急需的知识和技能课程，同时也可以为实践教学环节提供指导，如如何开展有效的企业实习、项目合作等。

2.团队协作机制

为了确保跨学科团队的有效协作，需要建立良好的团队协作机制。首先，要建立定期的沟通会议制度，例如，每周召开一次跨学科团队会议，在会议上各成员汇报自己的工作进展、遇到的问题以及下一步的工作计划。通过这种沟通方式，团队成员可以及时了解整个项目的进展情况，协调工作安排，避免出现工作重复或脱节的现象。其次，要建立资源共享平台。这个平台可以用于共享研究资料、教学资源、企业案例等。教育学专家可以将收集到的先进教学方法资料上传至平台，经济学专家可以分享电商经济分析报告，信息技术专家可以提供最新的电商技术教程，企业专家可以上传企业实际案例等。通过资源共享，团队成员可以相互学习，拓宽视野，提高工作效率。最后，还要建立明确的任务分工和责任制度，确保每个成员都清楚自己的工作任务和责任，对于工作成果进行明确的考核和评价，激励团队成员积极参与团队工作。

（二）研究方法的综合运用

1.不同研究方法的结合点

在多维度研究法融合中，要找到不同研究方法的结合点。例如，教育学中的行动研究法与实证研究法有很多结合点。行动研究法强调在教学实践中发现问题、解决问题并不断改进教学模式，而实证研究法中的数据收集方法（如问卷调查法、访谈法）可以为行动研究法中的问题诊断提供数据支持。通过问卷调查学生对教学模式的满意度、访谈教师和企业专家对教学现状的看法等，可以准确地找出教学模式中存在的问题，为行动研究法后续的方案设计、行动实施和效果评估提供依据。

比较研究法与经济学中的分析方法也有结合点。比较研究法对不同教学模式的对比分析可以借鉴经济学中的市场结构分析方法。例如，在比较国内外电商教学模式时，可以像分析电商市场结构一样，分析不同教学模式的特点、优势和劣势。从教学理念、课程体系、教学资源等方面进行深入剖析，就如同分析电商企业在市场中的定位、竞争策略等。这种结合可以使比较研究法更加深入和全面，更好地发现不同教学模式之间的差异和可借鉴之处。

信息技术的研究方法与其他学科的研究方法也可以相结合。例如，在研究新技术在电商中的应用时，可以采用实证研究法中的实验法。通过设置实验组和对照组，比较在教学中应用新技术（如人工智能辅助教学）和未应用新技术的教学效果，收集相关数据进行分析。同时，也可以结合教育学中的教学评价方法，对学生在接受新技术教学后的知识掌握程度、技能提升情况和综合素质发展进行评价。

2.综合运用的实施步骤

综合运用不同研究方法的实施步骤如下。

首先，在研究项目启动阶段，根据研究目标确定需要运用的研究方法。如果研究目标是改进电商专业的教学模式以提高学生的实践能力和就业竞争力，那么可能需要综合运用教育学中的行动研究法、实证研究法，经济学中的相关分析方法以及信息技术的研究方法等。

其次，在数据收集阶段，根据确定的研究方法进行数据收集。如运用实证研究法中的问卷调查法和访谈法收集学生、教师和企业专家的意见和建议，运用经济学中的市场调研方法收集电商市场和企业的相关数据，运用信息技术的调研方法收集电商技术发展趋势等数据。

再次，在分析阶段，将不同研究方法收集到的数据进行综合分析。例如，将行动研究法中的教学问题分析、实证研究法中的数据统计分析、经济学中的市场结构和竞争分析以及信息技术中的技术应用分析等结合起来，找出教学模式中存在的问题、市场需求与教学内容的差距、新技术应用的可能性等。

最后，在方案制定和实施阶段，根据综合分析的结果制定教学模式改进方案，并运用行动研究法进行方案的实施和效果评估。在这个过程中，要不断根据评估结果调整方案，以实现教学模式的持续优化。

七、电商教学新模式在教学方法、内容、评价方面的创新

（一）教学方法的创新

1.混合式教学法的应用

在教学方法方面，电商教学新模式大力推广混合式教学法。混合式教学法将传统的课堂教学与在线教学相结合。在课堂教学中，教师可以进行面对面的知识传授、案例分析、课堂讨论等活动。例如，在电商营销课程中，教师可以在课堂上讲解营销的基本理论知识，分析国内外知名电商企业的营销案例，组织学生进行课堂讨论，分享自己的营销创意。

在线教学部分则为学生提供了更多的自主学习资源和学习空间。学校可以利用在线课程平台，上传教学视频、电子教材、在线测试题等学习资源。学生可以根据自己的学习进度和需求，随时随地进行在线学习。例如，学生可以在课后观看未理解的知识点的教学视频，进行在线测试来检验自己的学习成果，还可以通过在线平台与教师和同学进行交流互动。混合式教学法不仅提高了教学效率，还满足了不同学生的学习需求。

2.情境模拟教学法的创新应用

情境模拟教学法在电商教学新模式中有创新的应用。教师可以根据电商行业的实际业务场景，创建逼真的教学情境。例如，模拟一个电商企业的运营场景，包括电商平台的搭建、商品管理、营销推广、客户服务等环节。学生分组扮演

不同的角色,如电商运营经理、营销专员、客服人员等。在这个模拟情境中,学生要根据自己的角色职责,做出相应的决策和操作。运营经理要负责制定平台的运营策略,营销专员要策划营销活动,客服人员要处理客户的咨询和投诉等。通过这种情境模拟教学法,学生能够更好地将理论知识应用到实际操作中,提高他们的实际业务能力和团队协作能力。

(二)教学内容的创新

1.融入新的电商业态知识

在教学内容方面,电商教学新模式积极融入新的电商业态知识。随着社交电商、直播电商等新的电商业态的兴起,教学内容要及时跟上行业发展的步伐。例如,在电商概论课程中,增加对社交电商和直播电商概念、特点、运营模式等方面的介绍。在电商营销课程中,要教授学生如何在社交平台上进行电商营销,如何策划一场成功的直播电商营销活动等知识。同时,要关注跨境电商的发展趋势,在课程中加入跨境电商的相关知识。包括跨境电商的政策法规、市场环境、物流配送、支付结算等方面的内容。让学生了解跨境电商的运作流程和面临的挑战,为学生未来从事跨境电商相关工作奠定基础。

2.强化数据分析与人工智能知识

电商教学新模式下的教学内容还强化了数据分析与人工智能知识。在电商行业中,数据分析能力越来越重要,因此,在教学内容中要增加数据分析课程的深度和广度。学生要掌握数据采集、清洗、分析和可视化等技术,如学会使用Python语言进行数据处理,利用Excel进行简单的数据可视化。

人工智能知识也成为教学内容的重要组成部分。学生要了解人工智能在电商中的应用,如智能客服、个性化推荐系统等。学生还要学习如何构建简单的智能客服系统,掌握个性化推荐算法的基本原理。教师要通过强化数据分析与人工智能知识,使学生能够适应电商行业的智能化发展趋势。

(三)教学评价的创新

1.多元化评价主体的引入

在教学评价方面,电商教学新模式引入了多元化评价主体。传统的教学评价主要由教师进行,电商教学新模式除了教师评价外,还增加了学生自评、同学互评和企业评价等评价主体。学生自评可以让学生对自己的学习过程和学习成果进行反思和评价。例如,学生可以评价自己在电商项目中的贡献、自己的知识和技能掌握程度等。同学互评可以促进学生之间的相互学习和交流。例如,在小组项目中,同学可以评价其他成员的团队协作能力、工作态度等。企业评价则是从企业的角度对学生的学习成果进行评价。企业可以根据学生在实习期间的表现、对企业实际项目的完成情况等进行评价。多元化评价主体的引入可以使教学评价更加全面、客观。

2.过程性评价与结果性评价相结合

电商教学新模式采用过程性评价与结果性评价相结合的方式。过程性评价关注学生的学习过程,包括课堂表现、作业完成情况、项目参与度等方面。例如,在电商课程中,教师可以根据学生在课堂上的发言次数、质量,作业的完成准确性、及时性,项目中的参与积极性、团队协作能力等方面进行过程性评价。

结果性评价则主要关注学生的学习成果,如考试成绩、实践作业的完成质量等。通过将过程性评价与结果性评价相结合,可以更全面地评价学生的学习情况,激励学生在学习过程中不断努力,提高学习效果。①

八、校企双元视域下高职电商专业“岗课证赛”人才培养路径

电子商务专业处在经济和技术发展的前沿,校企协同的双元育人模式适应目前电子商务行业发展趋势,是培养符合时代发展要求的技能人才的有效途径。在人才培养上要在实践中引入校企协同双元育人模式,在人才培养和教学改革中将企业岗位能力、电商专业课程、职业资格证书、电商技能竞赛等有机结合起来,探索校企合作背景下高职电商专业“岗课证赛”创新型人才培养的实施路径,为电商企业培养德艺双馨的技术技能人才。

(一)高职院校电商专业人才培养现状

电商企业存在人才缺口,经调研分析,出现这种现象的主要原因来自两个方面:一是电商人才输出与企业的实际岗位需求不匹配;二是互联网的快速发展,使得企业对电商人才的技术技能要求和职业素养要求提高,这都会在一定程度上影响人才供需。从高职院校电商专业方面分析,其在人才培养方面普遍存在如下问题。

1.人才培养目标与企业岗位脱节

电子商务行业技术发展迅速,行业知识更新迭代快,岗位要求变化快,实战技能要求标准高,电商专业人才培养方案中需及时融入电商行业的新技术、新规范、新技能、新应用。但是,很多高职院校未能及时对电商行业发展进行调研,未及时了解目前电商行业企业对人才的实际需求,人才培养目标定位对接行业企

---

①韩晶晶. 基于专创融合的高职电商专业“岗课赛证创”综合育人模式探析[J]. 烟台职业学院学报,2024(2):59-63.

业不精准，致使人才培养方案和课程体系设置与行业企业实际需求存在严重脱节的问题。

2.课程体系设置不合理，行业证书融入低

目前，多数高职电商专业的课程体系设置仍以学科为基础，重视理论知识的系统性与完整性，对学生职业素养、技术技能的培养力度不够大，职业教育特色不够鲜明。所以，应鼓励学生要在获得学历证书的同时，积极考取相关职业技能等级证书。然而，当前多数高职院校在制定教学大纲的过程中，未能有效地将职业技能等级证书的考核要求、考试内容合理地融入电商专业课堂教学规划当中，没有达到教学内容与证书考核内容的高度契合，存在课证分离的现象，这就导致学生考证通过率低，学生就业对口率低。

3.实践教学脱离职场实际，人才培养质量不高

电子商务专业注重实践操作，对学生的实际动手能力要求较高。为了加强学生的专业知识和技能培养，大多数高职院校都建立了实训室、实训基地，购买了实战项目模拟教学软件。由于模拟软件对真实的商务活动进行了简单化、固定化和程序化处理，实战模拟软件相对于真实的商业环境仍有一定的差距，学生通过模拟训练仅可对电商知识有浅层次的感性理解，很难做到融会贯通。为了加强学生的实践实训练习，有的学校引入了真实的电商平台进行实训。学生进行实战练习时，虽然开网店是免费的，但是在进行营销推广时基本都是付费操作。所以，学生仍然没有办法进行真正的实战训练，对电商核心运营推广技能的实战依然是停留在理论层面上。学生的实践教学环节较难完整地参与真实电商运营全过程，对企业真实实战技能仍一知半解，未能达到人才培养目标。

4.专业教师缺乏企业实战经验，校企合作水平低

目前，“双师型”教师匮乏、师资力量薄弱是影响电商专业人才培养的关键因素。学校里的专业教师有丰富的课堂教学经验，掌握系统理论知识，但大多缺少一线企业工作经历，无相关企业实战经验，实践操作能力不强。教师在教学过程中更注重教授专业知识，实践教学一般作为辅助教学内容，因此，实践教学环节有很大的局限性。再者由于电商行业高速变化的特殊性，专业知识更新迭代快，许多教师在实践教学方面跟不上变化需求，在这样的情况下教师很难培养出动手实践能力强的学生。同时，多数高职院校进行校企合作的深度不够，大多以签订合作协议、到企业开展参观活动为主，缺乏实质性合作活动；合作育人责任不明，企业合作动力不足；校企协同育人机制不健全；育人成效不显著，校企合作内涵有待提高。

(二)“校企协同、岗课证赛”人才培养模式内涵设计

“校企协同、岗课证赛”是一种全新的人才培养模式,其人才培养模式设计理念是:以校企合作为基础,以岗位能力为本位,以技能大赛为引领,融入行业标准,将职业资格证书与课程内容相融合,实现人才培养目标与岗位实际需求相匹配,完成高素质高技能新型复合人才的培养。

1.校企协同双元育人人才培养模式的内涵

学校与企业合作,深化产教融合,双方共同设计人才培养标准、研制人才培养方案;共同开发项目课程和校本教材、共建教学资源库;共同进行教学设计和教学实施;共同开展教学改革和科研课题研究;共同组织教学考核和教学评价。在实施校企协同育人的过程中,注重引导学生领悟企业精神,融入企业文化,充分利用校内外的高水平、智能化、数字化的实训室和实训基地,培养学生的职业素养,提升学生的技术技能水平。

2.“岗课证赛”四维人才培养模式的内涵

“岗课证赛”是一种全新的人才培养模式,其关键四要素为“企业岗位、专业课程、职业资格认证、电商技能大赛”。依照“企业岗位工作任务、理实一体化实战项目教学、职业资格证书培训、电子商务技能大赛”四要素组织教学实施,即通过“课岗对接、课证融合、课赛融通”的方式实现人才培养。

(1)课岗对接。到企业进行实地走访调研、座谈交流,充分听取、征集企业专家、岗位员工的意见和建议,根据企业真实岗位的实际要求,明确电子商务核心工作岗位,然后对照岗位需求和职业资格标准,确定学生应该具备的核心技能,归纳总结核心技术能力,明确学生需要具备的专业知识、技术技能和职业素质。以此为基础,建立课程体系、优化教学内容,设计实战项目任务,有效对接专业课程与岗位真实工作任务,增强学生的实战能力和岗位适应能力。

(2)课证融合。学生通过参加电商相关职业资格考试并获取证书,可增加就业砝码。因此,学校在制定教学大纲、设计教学内容时,就要考虑融入职业资格考试内容,使学生在学习正常教学内容的同时也达到了考证的要求。学生掌握了职业岗位能力的同时也实现了专业课程与职业资格证书的融合,既能调动学生上课和考证的积极性,又能提高学生资格证书的通过率,增强学生的综合竞争力,可促进学生就业。

(3)课赛融通。“课赛融通”已成为多数高职院校改革创新人才培养的重要途径。将大赛标准融入课程标准、将大赛项目融入人才培养方案、将大赛内容融入课程教学内容、将大赛方式融入实训教学过程,将大赛评价融入课程考核评价是

"课赛融通"的内涵。鼓励指导学生参加电子商务技能大赛、跨境电子商务大赛、"互联网+"创新创业大赛等。通过参赛,不断磨炼学生的能力、思维、心态、毅力等综合素质,提高学生技能水平,激发学生学习兴趣,提高教师教学水平,达到以赛促学、以赛促教的目的,提高人才培养质量。

(三)校企双元协同育人视域下"岗课证赛"人才培养模式实施路径

1.构建校企产教融合、校企合作协同育人机制

引入行业、企业专家,成立电子商务专业建设委员会,建立健全校企合作的管理流程和管理机制,充分发挥校企协同的整体优势。在办学过程中,校企双方共同商讨制定电商专业人才培养目标和人才培养方案;根据产业发展和企业的需求共建课程体系、教学内容;共建校内外实习实训基地、共同合作开发教学资源库;实行"双导师"制度,聘请企业兼职导师承担课程教学工作,组织学生到企业进行认知学习、顶岗实习等;共同制定人才评价标准和考核体系。育人机制促使企业参与到人才培育全过程,校企双方真正实现了"合作办学、共同育人、共促就业、合作共赢、共创未来"。

2.创新"校企协同、岗课证赛"人才培养模式

校企双方秉着"校企合作,协同共赢"的理念,共同培养高素质复合型技术技能型人才。在电商专业建设和人才培养过程中,引入企业优质资源、领先技术和先进企业文化,构建电子商务专业"双元协同、岗课证赛"人才培养新模式。采用校企双元育人机制,双方参照职业标准,共同确定岗位责任、明确岗位工作内容、搭建课程体系。通过课岗对接,课证融合,课赛融通的模式,把工匠精神和职业素养贯穿于人才培养全过程。学生通过技能学习、岗位实习锻炼,可以真正成为企业需要的高素质技术技能型人才。

3.构建"课岗证赛"课程体系,提高学生核心竞争力

从企业岗位、职业资格证书、技能大赛三个方面的能力入手,校企共同搭建以职业素质培养为基础,以技术技能培养为核心的"课岗证赛"一体化课程体系。具体可参考以下几点。

(1)将理论教学与实训教学相结合,构建公共基础课、专业基础课、专业核心课、专业选修课、综合实训课、素质拓展课六大模块的课程内容。

(2)建立与职业标准对接的课程体系,将电商行业的新知识、新技能纳入教学内容,强化学生实习实训。

(3)将电子商务数据分析、网店运营推广"1+X"技能证书的职业资格标准融入课程教学内容,增强学生学习课程的成就感和积极性,实现课程与职业资格

证书融通。

(4)将平台运营、营销策划、视觉表达、物流管理、客户服务、数据分析等职业岗位能力要求融入课程教学全过程,实现课程与岗位融通。

(5)将电子商务技能大赛、市场营销技能大赛、“互联网+”技能大赛等技能竞赛关键知识点融入课程,能有效激发学生的学习兴趣、提高学习效率。

(6)“课岗证赛”一体化课程体系能激发学生的创新意识、提高学生创新能力,实现课程与大赛的融合,可以提高电商人才的培养质量与学生就业的核心竞争力。

4.建设完善的实践教学体系,提高学生技术技能水平

电子商务专业对学生的实际动手操作能力要求较高,是实践性极强的一门学科,在人才培养过程中尤为注重学生实践实训技能的训练和培养。实践教学的内容应贴近企业工作任务及职业岗位能力需求,把职业资格标准、企业真实岗位、电商技能大赛等因素及时融入实践教学。在实践教学中应注重模拟企业的真实工作任务、真实工作场景,把企业的实战项目作为学习任务进行模块学习,来培养学生解决处理工作实际问题的综合能力。另外,建设校内实践实训基地时应尽可能地接近实际的工作场景,让学生在学校就能体验企业实际工作的职业环境,充分保障学生专业技能训练和操作的真实性。学校还可以在当地政府和行业协会的帮助下,积极开发校外实训基地,让学生融入真实的职场氛围和工作流程,为企业提供实践经验更丰富、更匹配的人才。

5.建立专兼教师“结对子”帮扶机制,打造“双师型”教学团队

师资队伍建设是电商专业人才培养模式创新的重要组成部分。新时代教师队伍建设的核心任务是提高教师的“双师素质”和打造创新型教学团队。教师队伍建设,以校企合作为切入点,通过企业实践、挂职锻炼或顶岗实习等方式,鼓励教师到电商企业一线承担电商运营、客服等实际工作,丰富教师的实践经验,促进教师技能提高。以学校和企业教师共同开展教育教学活动为支撑点,聘请合作电商企业的专家直接参与学校的教学工作,承担部分实践类课程,丰富企业专家的教学经验,提高教学能力。以校企合作开发课程为着力点,校企教师共同开发高水平特色校本教材,共同建设教学资源库。以校企合作开展科研为创新点,校企教师共同开展电商领域的科学研究和技术应用研究、共同开展与职业教育相关的教学改革研究,共同申请教学科研课题,提高教师的教学和科研水平。建立专兼教师“结对子”的帮扶机制,校内教师向企业兼职教师传授教学经验、教学技巧,提高教学能力和教学水平;企业教师向校内教师传授实操经验,帮助教师

提高实践动手能力，最终实现专兼结合、优势互补。

在深化校企合作，探索产教融合，协同育人视域下，高职院校电商专业构建“岗课证赛”一体化的人才培养模式是人才培养与专业建设的改革和创新，也是当前职业教育改革发展的主旋律。校企协同视角下的“岗课证赛”育人机制，改变了传统的教学方式，紧密结合企业岗位能力、电商专业课程、职业资格标准、电商技能竞赛，创新教学理念、改革教学方法、优化课堂教学。突出强化实践实训教育，达到“教、学、做、训”一体化的目的，提高技术技能型人才培养的质量和社会服务能力，推动高职电子商务专业建设，为我国电商行业健康可持续发展输送人才。

第二章　洞察电商职场:岗位需求深度解析

第一节　电商产业的动态演进:从传统电商到新兴电商形态崛起

一、电子商务概述

电子商务,英文为"Electronic Business"或者"Electronic Commerce"。电子商务是伴随着电子互联网的发展,兴起的新型的交易方式,本质上是在互联网上完成的交易的统称。

(一)电子商务的概念

电子商务是在互联网时代,伴随着网络化、信息化、数字化的发展,交换、消费等商务活动借助电子信息技术,通过网络平台进行交易的产物。从国内外来看,关于电子商务的概念智者见智。

世界贸易组织在《电子商务与世界贸易组织的作用》中提出:"电子商务是通过电子通信网络进行产品的生产、广告、销售和分配。"经济合作与发展组织《电子商务的定义和统计》认为,狭义的电子商务是通过计算机网络技术进行的商品交易;广义的电子商务的范围涵盖服务领域。1997年11月,在法国巴黎举行的世界电子商务会议认为,电子商务是指对整个贸易活动实现电子化。

我国有学者认为,电子商务可以简单地被认为是利用电子手段来进行的商务活动。也有学者认为电子商务有广义和狭义之分。狭义电子商务是指基于互联网而开展的商品与服务交易活动。广义电子商务,不仅包括基于互联网而开展的商品与服务交易活动,还包括基于互联网而开展的其他各种商务活动。一般而言,电子商务指的是狭义上的电子商务。

2019年施行的《中华人民共和国电子商务法》第二条将电子商务界定为:"通过互联网等信息网络销售商品或者提供服务的经营活动。"

(二)电子商务的特征

1.技术性

电子商务的快速发展依托于现代信息与计算机网络通信技术,电子商务活动必须借助于现代信息技术和互联网。没有了现代信息技术和互联网,电子商务就成为无根之木、无源之水。尤其是在当前网络安全受到严重威胁的背景下,与信息安全、网络安全相关的网络安全技术更是必不可少的。

2.便捷性

传统的商务活动在有形的市场中进行,商务活动主体之间的洽谈、签约等商务往来需要采用面对面的方式进行,由于受到时间、地域、气候、交通等影响,一项交易从洽谈到履约往往在较长的时间内才能完成,商务活动的效率低下。电子商务借助互联网极大地克服了商务活动的时间、空间、地域、气候、交通等限制,大大拓宽了人们从事商务活动的时空范围,节省了人、财、物等交易成本,提高了商务活动的效率。

3.虚拟性

虚拟性是指电子商务交易场所的无形性。电子商务交易的市场是网络虚拟的交易市场,即无形市场。在网络虚拟的无形市场中,电子商务活动的主体可以不受空间、时间的限制,根据自身的需要和时间条件,获取产品、销售者、运输等与交易相关的信息,进行网上对话、交流,达成交易。

4.跨地域性

跨地域性是指电子商务活动的主体从事商务活动不受空间距离的影响,往往位于不同的地域范围之内。电子商务的产生,为商务活动的主体借助于网络虚拟的无形市场从事跨地域性的商务活动创造了条件,使得位于不同城市,甚至是不同国家的商务主体可以在网络虚拟空间进行商务活动。

5.国际性

网络的无国界性,使电子商务具有国际性特征。电子商务使得商务活动跨越国界,世界变成平的,跨境电子商务蓬勃发展。

(三)电子商务的分类

按照不同的标准,电子商务可以划分为不同的类型。

1.按照电子商务的交易主体划分

按照电子商务交易主体的不同,可以将电子商务分为B2B、B2C、C2C等。

(1)B2B(企业—企业)。B2B(Business-to-Business),即企业与企业之间的电子商务,是指通过网络进行信息的交换、传递,开展交易活动的商业模式。

(2)B2C(企业—消费者)。B2C(Business-to-Customer),即企业与消费者(个人)之间的电子商务。除了B2C交易网络平台之外,还有一些企业的官网,如航空公司的官网、家电企业的官网等,也提供B2C网络交易。

(3)C2C(消费者—消费者)。C2C(Customer-to-Customer),即消费者(个人)与消费者(个人)之间的电子商务。其特点是大众化交易、交易量大。

2.按照电子商务交易的对象划分

按照电子商务交易的对象不同,电子商务可以分为商品电子商务和服务电子商务。

(1)商品电子商务。商品电子商务是指通过互联网等信息网络销售商品的经营活动。

(2)服务电子商务。服务电子商务是指通过互联网等信息网络提供服务的经营活动。服务电子商务大致可以分为三种类型:电商交易服务、支撑服务和衍生服务。

①电商交易服务。电商交易服务是指以促进网上交易为目的的电子商务交易平台服务,又分为企业间交易服务(B2B)和网络零售交易服务(B2C和C2C)。企业间交易服务是指为企业双方在网上买卖提供平台交易的服务,包括中小企业B2B、规模以上企业B2B两种交易类型。

②支撑服务。支撑服务是指围绕电子商务的物流、资金流及信息流等方面而开展的服务。如电商物流服务、电子支付服务、电商信息技术服务、认证服务等。电子支付服务是指第三方支付服务企业为电子商务中的商家、消费者等提供在线货币支付、资金清算、查询统计等相关支付交易功能的服务,并向商家收取一定的服务费。电子商务物流服务是指为电子商务活动提供的储存、运输、包装、装卸搬运、流通加工、配送、信息处理等服务,特指由第三方专业物流服务商提供的服务,其中,快递服务是目前中国零售电子商务中最广泛采用的物流服务方式。电子商务信息技术服务是指为客户搭建电子商务平台并提供技术支持,或为已有的电子商务平台提供平台规划、开发、测试、维护及运营服务,属于信息技术外包服务(ITO)范畴。认证服务包括证书签发、证书资料库访问以及网络身份认证、可靠电子签名认证、可信数据电文认证、电子数据保全、电子举证、网上仲裁等服务。

③衍生服务。衍生服务是指伴随着电子商务应用的深入发展而催生的各类专业服务,包括电子商务代运营服务、电子商务营销服务、电子商务咨询服务、电子商务教育培训服务等。电子商务代运营服务是为企业提供全托式电子商务服

务的一种服务模式，即指传统企业以合同的方式委托专业电子商务服务商为企业提供部分或全部的电子商务运营服务。电子商务营销服务是网络营销的一种，是借助互联网、移动互联网平台完成一系列营销环节，辅助客户实现营销目标，包括营销方案设计、互联网媒体筛选、传播内容策划及效果监测等。电子商务咨询服务是指电子商务咨询服务机构通过对已从事电子商务工作或即将从事电子商务工作的企事业单位或政府的有关电子商务业务进行诊断、提出相应解决方案、协助执行落实方案，以提高客户的经济或社会效益，并从中收取一定的服务费。电子商务教育培训服务是指专业教育培训机构（包括大学等教育机构）为电子商务从业者、电商企业、在校学生等相关人员和机构提供电子商务理论实务、实践操作等教育培训服务。

3.电子商务的其他类型

（1）农村电子商务。农村电子商务是指通过网络平台嫁接各种服务于农村的资源，拓展农村信息服务业务、服务领域。

（2）旅游电子商务。旅游电子商务是旅游业信息化、电子化发展的产物。旅游电子商务的概念于20世纪90年代由瑞佛·卡兰克塔第一次提出，由约翰·海格尔进一步发展。在国外沿用较广的旅游电子商务的定义是，通过先进的信息技术手段改进旅游机构内部和对外的连通性，即改进旅游企业之间、旅游企业与供应商之间、旅游企业与旅游者之间的交流与交易，改进企业内部流程，增进知识共享。国内关于旅游电子商务的广泛定义是，旅游电子商务是指通过先进的网络信息技术手段，实现旅游商务活动各环节的电子化，以电子手段进行旅游宣传营销、开展旅游售前售后服务；通过网络查询，预订旅游产品并进行支付；旅游企业内部流程的电子化和管理信息系统的应用等。

（3）跨境电子商务。广义上的跨境电子商务为电子商务在进出口贸易及零售中的应用，包括进出口跨境电商、跨境电商（B2B、B2C、C2C）以及9710、9810等海关监管代码和相关服务商。狭义上的跨境电子商务是指跨境零售电商，分属于不同关境的交易主体，借助互联网达成交易、支付结算，并通过跨境物流将商品送达消费者手中的交易过程，包括9610、1210、1239等海关监管代码模式。

（4）社交电子商务。社交电子商务是商务的一种新型业务模式，是以人际关系为纽带，借助社交媒体传播途径，以“社交互动”“用户自生内容”等手段来辅助商品购买，同时将关注、分享、互动等社交化元素应用于交易过程中的购物模式。社交电子商务根据对电商中人、货、场流转和运营的差异，主要分为拼购类、会员分销类、内容直播类及社区团购类四种类型。

(5)直播电子商务。近年来,随着直播电商行业"人、货、场"扩展,直播电商规模快速增长。综合性电商平台、短视频平台、社交平台加大对直播电商的投入,推动直播电商加速发展,达人带货、店主直播、导购直播等多样化的直播电商形式纷纷涌现。

二、我国电子商务的发展历程

我国电子商务起步的时间相对较晚,一般认为我国电子商务的萌芽出现在20世纪90年代。纵观我国电子商务的发展历程,自20世纪90年代以来,我国电子商务从萌芽时期起,大致经历了四个阶段:起步阶段、快速发展阶段、高速增长阶段和高质量发展阶段。当前,我国电子商务的发展已经步入高质量发展阶段。

(一)起步阶段

我国电子商务的起步阶段大致从1996年到2003年,经过近十年的发展历程,我国的电子商务取得了一定的进展,电子商务基础设施已经初具规模,发展环境初步建立。这一阶段电信业基础设施从薄弱到建设了遍布全国的光纤骨干网和城域网,实现了技术的跨越式发展,电信用户规模不断扩大,电子商务的网络技术基础初步形成,电子商务网站出现。

1996年,中国国际电子商务中心(CIECC)成立,同年9月中国电子进出口总公司成为中国国际电子商务网的第一个用户。中国银行开通了国内第一家网上银行。

20世纪90年代中后期,在互联网用户规模持续扩大的基础上,风险资本进入互联网产业,各类电子商务网站纷纷出现,主要门户网站开始推出电子商务业务。B2C网站大量出现,开始在网上销售图书、软件、票务、旅游等商品和服务。一批B2B网站开始为企业间电子商务提供交易平台。

(二)快速发展阶段

我国电子商务的快速发展阶段大致从2004年到2015年。电子商务从起步阶段经过近十年的发展进入快速发展阶段,该阶段电子商务成为我国国民经济发展的强大推动力,电子商务应用有了空前发展。该阶段电子商务发展的主要特征有电子商务交易总额增长势头强劲、网络零售交易额快速增长、跨境电子商务蓬勃发展、第三方互联网支付交易额持续增长。

(三)高速增长阶段

2016—2020年,我国电子商务进入高速增长阶段。该阶段电子商务发展实现规模、效益双丰收,电子商务与实体经济融合创新态势不断深化。随着《中华人民共和国电子商务法》的施行，电子商务活动经营规则化、市场竞争秩序法治化，电子商务营商环境不断改善，电子商务普及率进一步提高。该阶段电子商务发展的主要特征有：网络购物成为我国居民消费的重要渠道、农村电商实现跨越式发展、电子商务与实体经济融合创新态势不断深化。

（四）高质量发展阶段

2021年至今，我国电子商务开始步入高质量发展阶段。伴随着新技术应用的日益深入，新兴资源要素重要性逐渐凸显，短视频、自媒体直播等新模式新业态层出不穷，助力电子商务持续性增长。绿色发展是构建现代化经济体系的必然要求，是电子商务高质量发展的重要内容。2021年，电子商务企业在建立健全绿色运营体系，数据中心、仓储物流设施、产业园区绿色转型升级，协同推进塑料包装治理和快递包装绿色供应链管理，促进资源循环利用、促进节能减排等方面主动适应性不断增强。电子商务领域在践行绿色发展理念污染防治促进碳达峰、碳中和等方面作出了突出贡献。

目前，我国电子商务高质量发展取得显著成效。电子商务新业态新模式蓬勃发展，企业核心竞争力大幅增强，网络零售持续引领消费增长，高品质的数字化生活方式基本形成。电子商务与第一、第二、第三产业加速融合，全面促进产业链供应链数字化改造，成为助力传统产业转型升级和乡村振兴的重要力量。电子商务成为经济社会全面数字化转型的重要引擎，成为就业创业的重要渠道，成为居民收入增长的重要来源，在更好地满足人民美好生活方面发挥重要作用。

三、传统电商模式的发展特点

（一）平台化运营模式

1.电商平台的搭建与整合

在传统电商发展历程中，平台化运营是其重要的特征之一。电商平台的搭建是一个复杂而系统的工程，它涉及多个技术层面的整合。首先，在硬件方面，需要强大的服务器群组来支撑海量数据的存储与处理。如大型电商平台，其服务器遍布全球多个数据中心，以确保不同地区用户访问的稳定性。这些服务器要具备高速的数据读写能力，能够应对每秒数以万计的订单处理、商品信息查询等操作。

在软件方面，电商平台需要一套完善的操作系统和管理系统。操作系统要能够兼容多种软件应用，管理系统则要涵盖商品管理、订单管理、用户管理等多个模块。以商品管理模块为例，它需要能够实现商品的上架、下架、库存管理、价格调整等功能。同时,平台还要整合支付系统、物流查询系统等外部接口,为用户提供一站式的购物体验。

2.电商平台对商家和消费者的聚合作用

电商平台对商家和消费者具有强大的聚合能力。对于商家而言,平台为他们提供了一个低门槛、广覆盖的销售渠道。商家无须像传统实体店那样投入大量资金进行店面装修、选址等工作,只需在平台上注册店铺,上传商品信息即可开展销售业务。例如,许多中小微企业通过入驻电商平台,将自己的产品推向了全国乃至全球市场。电商平台上丰富的商家资源也形成了一种规模效应,吸引了更多的消费者。

对于消费者来说,电商平台将众多商品和服务集中在一个虚拟的空间里,方便他们进行比较和选择。消费者可以在电商平台上轻松浏览不同品牌、不同价格区间的商品,并且可以查看其他消费者的评价和反馈。这种聚合效应使得消费者能够以更低的成本获取更多的商品信息,从而做出更明智的购买决策。

(二)以商品交易为核心

1.商品种类的多样化发展

传统电商的核心是商品交易,随着发展,商品种类呈现出多样化的趋势。从早期的书籍、服装等少数品类逐渐扩展到几乎涵盖所有生活领域的商品。在初期,电商平台上主要以标准化程度较高的商品为主,如电子产品、办公用品等。因为这些商品的规格、质量等比较容易界定,适合线上交易。后来,随着物流配送体系的完善和消费者信任度的提高,生鲜、家居用品、美妆等品类也大量涌入电商市场。

不同品类的商品在电商平台上的销售模式也有所不同。例如,对于生鲜类商品,电商平台需要建立快速的冷链物流体系,以确保商品的新鲜度。而对于美妆类商品,则更注重品牌推广和用户评价管理。这种多样化的商品种类满足了不同消费者的需求,也推动了传统电商市场的不断扩大。

2.价格竞争与促销策略

在传统电商中,价格竞争是一种常见的现象。由于电商平台降低了商家的运营成本,使得商家能够以更低的价格提供商品。商家之间为了争夺市场份额,常常会开展价格战。例如,在一些电商购物节期间,商家会大幅降低商品价格,吸引消费者购买。

促销策略也是传统电商吸引消费者的重要手段。促销策略包括满减、赠品、折扣券等多种形式。满减策略可以刺激消费者增加购买金额,例如"满100减20"的活动,会让消费者为了达到满减标准而购买更多商品。赠品策略则是通过赠送一些小礼品来增加商品的附加值，吸引消费者购买。折扣券可以吸引消费者再次购买，提高消费者的复购率。

四、新兴电商形态的兴起背景

（一）技术创新的推动

1.移动互联网技术的普及

新兴电商形态的兴起离不开移动互联网技术的普及。随着智能手机的广泛应用，人们的上网习惯逐渐从PC端向移动端转移。移动互联网具有随时随地接入的特点，使得用户能够在碎片化的时间里进行购物。例如，消费者可以在乘坐地铁、公交时，利用手机浏览电商App，查看商品信息并下单购买。

移动互联网技术还为新兴电商形态提供了更好的用户体验。例如，通过手机的摄像头、定位功能等，可以实现商品的AR展示、基于位置的服务等。AR展示可以让消费者更直观地看到商品的效果，如在购买家具时，可以通过AR技术将家具虚拟摆放在家中，查看是否合适。基于位置的服务则可以为消费者推荐附近的商家、优惠活动等。

2.大数据与人工智能技术的应用

大数据和人工智能技术在新兴电商形态中发挥着重要作用。大数据技术能够收集和分析海量的用户数据，包括用户的浏览历史、购买行为、偏好等。通过这些数据，电商企业可以实现精准营销。例如，根据用户的购买历史和浏览偏好，为用户推荐他们可能感兴趣的商品。

人工智能技术则可以应用于客服、物流等多个环节。在客服方面，智能客服机器人可以自动回答用户的常见问题，提高客服效率。在物流方面，人工智能可以优化配送路线，提高物流配送的效率和准确性。

（二）消费需求的转变

1.个性化消费需求的增长

现代消费者的个性化消费需求不断增长，这促使了新兴电商形态的兴起。消费者不再满足于千篇一律的商品，而是希望能够购买到符合自己个性、品位的产品。例如，一些消费者会定制带有自己名字或独特图案的服装、饰品等，而新兴电商形态为满足这种个性化需求提供了平台。

个性化推荐系统是新兴电商形态满足个性化需求的重要手段。通过分析用户的个性化数据，系统可以为用户推荐独特的商品。同时，一些新兴的电商平台还支持用户参与产品的设计和定制，让用户能够真正实现个性化消费。

2.便捷化消费体验的追求

消费者对便捷化消费体验的追求也是新兴电商形态兴起的重要原因。传统电商在购物流程、配送速度等方面存在一些不足，新兴电商形态则在这些方面进行了改进。例如，一些新兴电商平台提供了一键下单、极速配送等服务。

新兴电商形态还通过整合线上线下资源，为消费者提供更便捷的消费体验。例如，线上下单，线下自提或配送的模式，既方便了消费者，又提高了电商企业的运营效率。

五、传统电商向新兴电商转型过程中的关键因素

（一）技术升级与数字化转型

1.技术架构的更新换代

在传统电商向新兴电商转型过程中，技术架构的更新换代是关键因素之一。传统电商的技术架构可能存在一些局限性，如在处理大规模并发访问、实时数据处理等方面。新兴电商需要采用更先进的技术架构，如微服务架构、云计算等。微服务架构将电商系统拆分成多个独立的微服务，每个微服务可以独立开发、部署和扩展。这使电商系统更加灵活、可维护。云计算则为电商企业提供了强大的计算和存储能力，降低了企业的硬件成本。例如，一些中小电商企业通过使用云计算服务，能够快速搭建和扩展自己的电商平台。

2.数据治理与数字化运营

数据治理是转型过程中的重要环节。传统电商企业可能存在数据分散、数据质量不高的问题。在新兴电商形态下，需要建立完善的数据治理体系，包括数据的采集、存储、清洗、分析等环节。通过有效的数据治理，企业可以实现数字化运营。

数字化运营可以通过数据驱动的决策来提高企业的运营效率和竞争力。例如，通过分析用户数据，企业可以优化商品推荐、定价策略等。同时，数据治理也有助于企业保护用户隐私，遵守相关法律法规。

（二）商业模式创新

1.社交电商模式的探索

商业模式创新是传统电商向新兴电商转型的重要途径，社交电商模式是其中的一个探索方向。社交电商将社交网络与电商相结合，利用社交关系进行商品推广和销售，如某小程序电商就是一种典型的社交电商模式。

在社交电商模式中，用户可以通过分享商品链接、推荐商品等方式获得收

益，这激发了用户的积极性。同时，社交电商也借助社交网络的传播优势，扩大了商品的销售范围。例如，一些美妆品牌通过社交电商模式，在社交平台上进行推广，取得了很好的销售效果。

2. 内容电商模式的发展

内容电商模式也是新兴电商的一种重要模式。内容电商通过优质的内容来吸引用户，然后将用户转化为消费者。例如，一些电商平台上的达人通过制作精美的视频、图文等内容，介绍商品的使用方法、特点等，引导用户购买。

内容电商模式的发展离不开优质内容的创作。电商企业需要与创作者、网红等合作，打造有吸引力的内容。同时，内容电商也需要建立有效的内容分发机制，将内容推送给目标用户。

六、新兴电商形态对市场结构和消费行为的影响

（一）对市场结构的影响

1. 市场竞争格局的变化

新兴电商形态的出现改变了市场竞争格局。传统电商市场主要由少数大型电商平台主导，新兴电商形态则为更多的中小电商企业和创业者提供了机会。新兴电商形态也加剧了市场的竞争程度。由于进入门槛相对较低，新的电商企业不断涌现，市场上的竞争更加激烈。这促使企业不断创新，提高产品和服务质量，以获得竞争优势。

2. 产业链的整合与优化

新兴电商形态对产业链进行了整合与优化。在传统电商模式下，产业链各环节之间的联系相对松散。新兴电商形态通过整合上下游资源，提高了产业链的协同效率。例如，一些新兴电商平台直接与生产厂家合作，减少了中间环节，降低了商品成本，同时也提高了产品的供应速度。

新兴电商形态还推动了物流、支付等配套产业的发展。例如，为了满足新兴电商的极速配送需求，物流企业不断优化配送网络，提高配送效率。支付企业也不断创新支付方式，提高支付的安全性和便捷性。

（二）对消费行为的影响

1. 消费决策过程的改变

新兴电商形态改变了消费者的消费决策过程。在传统电商模式下，消费者主要通过商品详情页、评价等信息来作出决策。新兴电商形态下，消费者受到更多因素的影响。例如，在社交电商中，消费者可能会因为朋友的推荐而购买商

品。内容电商中的优质内容也会影响消费者的决策。消费者可能会因为一篇详细的产品评测文章或一个有趣的产品使用视频而决定购买。这种改变使得企业需要更加注重在社交、内容等方面的营销。

2.消费频率和消费金额的变化

新兴电商形态对消费者的消费频率和消费金额也有影响。由于新兴电商提供了更加便捷的购物体验和更多的促销活动,消费者的消费频率可能会增加。一些新兴电商平台每天都会推出限时特价商品,吸引消费者频繁购买。在消费金额方面,一方面,由于新兴电商提供了更多高价值的商品和服务,如高端定制产品、增值服务等,可能会促使消费者增加消费金额;另一方面,一些促销活动也会刺激消费者增加单次购买金额,如组合套餐、满额包邮等活动。

七、不同类型电商企业在产业演进中的应对策略

(一)大型电商平台企业

1.战略布局调整

大型电商平台企业在产业演进中需要进行战略布局调整。首先,要加大对新兴技术的投入,如大数据、人工智能等。在人工智能领域投入大量资源,开发智能客服、个性化推荐等应用,以提高用户体验和运营效率。

其次,要拓展业务领域。如从传统的3C产品电商平台,拓展到生鲜等多个领域,构建了全品类的电商平台。同时,大型电商平台企业还要加强国际市场的开拓,如在全球多个国家和地区开展业务,通过本地化运营来提高市场份额。

2.生态系统建设

大型电商平台企业要注重生态系统建设。一方面,要吸引更多的商家入驻平台,为商家提供更好的服务和支持。如为商家提供了店铺装修、营销推广等多种服务,帮助商家提高销售额。另一方面,要加强与物流、支付等合作伙伴的协作,构建完整的生态链。如与众多电商平台合作,提供安全便捷的支付服务。

(二)中小电商企业

1.差异化竞争策略

中小电商企业在产业演进中要采取差异化竞争策略。由于在规模和资源上无法与大型电商平台竞争,中小电商企业要寻找自己的特色和优势。例如,一些中小电商企业专注于某一特定品类的商品,如专门销售手工艺术品的电商企业,通过提供独特的产品和个性化的服务来吸引消费者。中小电商企业还可以利用

新兴电商形态，如社交电商、内容电商等，进行差异化营销。如在社交平台上建立自己的粉丝群体，以进行精准营销。

2.灵活的商业模式创新

中小电商企业要具备灵活的商业模式创新能力。可以尝试与其他企业进行合作，实现资源共享、优势互补。同时，中小电商企业还可以根据市场需求和自身特点，探索新的商业模式，如共享经济模式下的电商应用等。

八、电商产业演进对人才需求结构的改变

（一）技术类人才需求的增长

1.软件开发与维护人才

随着电商产业的演进，对软件开发与维护人才的需求不断增长。在新兴电商形态下，电商平台需要不断进行软件升级和功能扩展。开发新的移动应用功能，如AR购物功能、语音搜索功能等，需要软件开发人才具备先进的移动开发技术。同时，电商平台的稳定运行也离不开软件维护人才，他们要能够及时处理软件故障、漏洞等问题，确保平台的正常运行。这些人才需要掌握多种编程语言和开发工具，如Java、Python、Android开发工具等。

2.大数据与人工智能人才

大数据与人工智能在电商产业中的应用越来越广泛，因此，对大数据与人工智能人才的需求也日益增加。大数据人才要能够收集、存储、分析海量的电商数据，为企业的决策提供支持。如通过分析用户数据来优化商品推荐算法。人工智能人才则要能够开发智能客服、智能物流调度等应用，他们需要掌握机器学习、深度学习等人工智能技术，能够将这些技术应用到电商业务场景中。

（二）营销类人才需求的变化

1.社交营销人才与内容营销人才

电商产业演进使得社交营销与内容营销人才成为热门需求。在新兴电商形态下，社交营销和内容营销的重要性日益凸显。社交营销人才要能够利用社交平台进行商品推广，例如，在网络平台上策划营销活动，提高品牌知名度和产品销量。

内容营销人才要能够创作优质的内容，如撰写吸引人的产品文案、制作精美的产品视频等。他们需要具备良好的文案写作能力、视频制作能力和创意策划能力。

2.跨境营销人才

随着跨境电商的发展，对跨境营销人才的需求也在增加。跨境营销人才要了解不同国家和地区的市场环境、文化习俗、法律法规等。例如，在进行欧美市场的跨境营销时，要了解当地的消费习惯、节日文化等，以便制定合适的营销策略。他们还要掌握跨境电商的运营流程，包括国际物流、支付结算、海关报关等环节。跨境营销人才的语言能力也很重要，要能够熟练运用英语等外语进行商务沟通。

（三）运营管理类人才需求的转型

1.数字化运营管理人才

在电商产业演进过程中，对运营管理类人才的需求从传统模式向数字化转型。数字化运营管理人才要能够利用数据进行运营决策。例如，通过分析销售数据来调整商品库存、定价策略等。他们还要掌握数字化运营工具，如电商平台的后台管理系统、数据分析工具等。数字化运营管理人才要能够优化电商企业的运营流程，提高运营效率。

2.供应链管理人才

随着电商产业对产业链整合的重视，供应链管理人才的需求也发生了变化。供应链管理人才要能够整合上下游资源，确保商品的稳定供应。例如，在新兴电商形态下，要能够与生产厂家、物流企业等建立紧密的合作关系。他们还要具备应对突发事件的能力，能够及时调整供应链策略，确保商品的供应不断档。供应链管理人才要能够优化供应链成本，提高企业的竞争力。[①]

九、用新技术高质量发展新电商

纵观人类文明的演化，就是从个体生存到群体协同的进步，也对应着人类所生存空间维度的变化。自近代文明产生以来，人类经历了三次工业革命和五次商业变革，科技创新促进了人类商业活动从传统商务、传统电商到新电商的进步。下面重点对以人工智能为代表的新技术在以新电商为代表的新实体经济领域的深入应用进行研讨，提出数字平台在新经济领域的核心作用，强调群体智能在构建基于大数据、大模型和大服务的数字平台中的关键效应；初步探讨用元宇宙构建三元空间的同态，并通过融合物质、精神和信息三大文明来实现共同富裕的愿景。

---

①许仲生．电子商务产业集群的形成、演变及发展探析[J]．技术与市场，2023(1)：119-123.

(一)人类文明演变:从一元空间到三元空间

人类在地球上的生存演变经历了千百万年的过程。现代人类古文明的分界约在5000年前(或许更长或更短时间,考古界对此有不同观点)。

从古文明前及其更早阶段的人类生存活动,一般认为与其他动物的生存状态并无二致,仅局限于人类的一元物理空间,记为H_1(P),即Human和Physical的首字母标记,这里的下标“1”表示空间的维度(下同)。所谓物理空间,就是人类(包括晚期智人阶段)早期生存的实体空间。人类是地球表面的产物,原始的人作为个体处于地球表面这个物理空间里,与其他动物一样,不存在什么复杂的社会关系、组织形态、经济活动及思想体系等社会和文化类元素。

5000年前开始的古文明阶段一直延续到18世纪,这期间人类才真正进入近代文明阶段。从古文明到近代文明的转型过程中,人类在物理空间的基础上逐步形成另一个空间,即社会空间H_1(S)(Social)。地理学家约翰斯顿(R.J.Johnston)的观点认为,社会群体感知和利用的空间,即人类在物理空间的基础上逐步有意识地进行社会组织、开展社会活动、规范社会行为等组合而成的一个空间,这也是人类有别于地球上其他动物的主要标志,是人类文明产生和不断进步的过程体现。

综上,古文明以来,人类发展从早期单纯的一元空间扩展到如图2-1所示的二元空间H_2(P,S)。从某种角度思考,物理和社会这两个空间恰好对应了现代社会所提倡的物质文明和精神文明这两个世界。

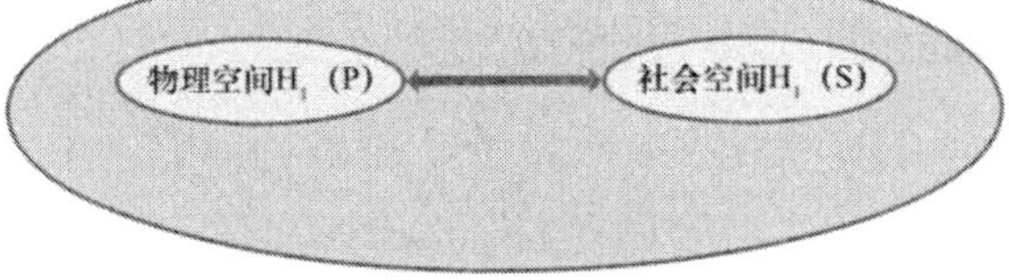

图2-1 二元空间

18世纪中后叶至20世纪中叶,是人类从近代文明快速进入现代文明的重要时期,这期间爆发性增长的科技创新带动了人类的三次工业革命和五次商业变革。第一次工业革命以纺织业为代表,形成了从手工业工场到社会化生产的规模效应,蒸汽机和工业机床的发明和铁路网络的修建为其主要标志。人类的电子化商业应用最早也可以追溯到这个时期。19世纪中叶,电报、传真和电话的先后发明和推广应用,让人类开始享受利用电子手段进行商业活动跨越时空的便利,而商业市场的进步则体现在从城市百货到连锁体系的建立。第二次工业革命是以电气工业为代表的新兴工业起步,形成了现代发达的工业经济及相应的商业贸易体系,电动机和内燃机的发明和高速公路网络的修建为其主要标志。19世纪后叶至20世纪前叶的科技创新,从早期的无线电、中期的电视到后期的卫星,让人类从模拟到数字、从音频到视频开展沟通,其商业市场的进步体现在从超市到大型购物中心的形成。第三次工业革命也称信息革命,以计算机和互联网的发明为主要标志,也包括生物、航空航天、能源和材料等新科技,形成了一大批创新型的面向现代农业、现代制造业以及以信息技术支撑的现代商贸与服务体系。信息化初期(计算机开始应用,但互联网尚未诞生阶段)的商贸领域,电子数据交换(Electronic Data Interchange,EDI)和电子资金转账(Electronic Funds Transfer,EFT)已经成为企业间开展商贸活动的标准工具。电子商务则是互联网横空出世后,最早得以大规模普及应用的领域,它改变了数千年形成的传统商业模式。这种改变既体现在网络用户、网商、网企和网络平台这类创新的名称和它们所产生的商业模式上,也体现在传统商业体(从路边小店到大型商场)与电子商务不断融合的深度上。

表2-1大致表述了近代文明以来,人类三次工业革命与五次商业变革所对应的经济特征、基础设施与产业关联。

表2-1 三次工业革命与五次商业变革的特征与关联对应

工业革命	制造业场景	商业通信	商业市场	五次商业变革的经济特征	主要基础设施	产业间关系
第一次	集中式作业、大批量、产业链	电报、传真、电话	百货店	结构规模化	铁路+火车	分离关系
			连锁店	流通组织化		线性关系
第二次	流水线作业、精细化、效益驱动	无线电、电视、卫星	超市	服务自主化	高速公路+汽车	并行关系
			大型购物中心	区域集聚化		
第三次	分布式作业、个性化、网络制造	计算机、互联网	平台	需求个性化	信息高速公路+平台	融合关系

以计算机和互联网为代表的第三次工业革命开启以来,信息化在人类所有生存相关的领域都得到广泛应用。特别是进入21世纪以来,由大数据驱动的智能时代到来,人类生存的基本要素需求已经从农业化时期的物质、工业化时期的

能源延伸到信息化时期的数据。因此可以说，人类已经走进到一个全新的三元空间$H_3(P,S,C)$这一更广阔的天地。这里的C(Cyber)就是信息空间$H_1(C)$。信息空间及由它产生的创新在人类文明发展的进程中正在扮演越来越重要的角色。关于信息空间$H_1(C)$的内涵，将在后面的讨论中展开。

(二)群体智能驱动新实体经济：从传统电商到新电商

如上所描述，人类文明带来商业领域从传统商务到电子商务的进步。电子商务是互联网1994年进入中国后，最早的互联网应用领域之一，它在中国的近30年发展大致经历了三个阶段，即从无到有的电子商务概念认可（从商业网页、网站到网商），从点到线的电子商务产业链兴起（从购物平台、支付平台到物流平台）、从线到网的电子商务经济体成型（越来越专业化和精细化的电商服务平台群网）。上述三个阶段在这里概称为传统电商或电子商务1.0。

近年来，以人工智能、大数据、云计算、5G、物联网、机器人、VR/AR、Web3.0、区块链和数字孪生等为代表的数字化新技术开始在各行各业得到应用，传统电商也有了脱胎换骨的颠覆性变革。电子商务作为一个新兴经济体，已经开始成为融合实体空间和数字空间的新实体经济的核心产业，这里不妨称此为电子商务2.0，也就是如今都在提及的新电商。

与传统电商相比，新电商的“新”不仅体现在其应用规模（从百亿、千亿到万亿级）、应用深度（如按需定制的农业种植和制造业设计生产）、覆盖区域、应用模式（如跨境电商、社区电商、直播电商等）、商业模式（从B2B、B2C、C2C到C2B、C2M）和服务模式（从“人找货”到“货找人”）等方面的变化，更关键的，它已经成为数字化新技术正在开启的，新一轮创新大潮的一个缩影。在从传统电商到新电商的转型过程中，可以深刻地看到新技术所起的关键作用。这里以人工智能为例进行介绍。

2017年7月20日，国务院正式发布《中国新一代人工智能发展规划》，这是21世纪发布的第一个有关人工智能的国家发展规划。规划提到我国人工智能重点发展的五大方向，即大数据智能、群体智能、跨媒体智能、混合增强智能和智能自主系统。其中，群体智能的关键是重点突破基于互联网的大众化协同、大规模协作的知识资源管理与开放式共享等技术，建立群智知识表示框架，实现基于群智感知的知识获取和开放动态环境下的群智融合与增强，支撑覆盖全国的千万级规模群体感知、协同与演化。人工智能(AI)也正在从20世纪中叶开始的AI 1.0快步进入如今的AI 2.0阶段。

传统电子商务在近30年的发展过程中，AI 1.0在其中的应用可以说是从无到有、从少到多、从弱到强。如个性化推荐、智能客服机器人、虚拟现实网购、智能识别支付和智能物流配置等,都是AI 1.0逐步开发引入并得到应用的一些电商场景,但这些应用基本上属于传统电子商务应用在交易前、交易中和交易后不同阶段的信息量扩容和效率提升,都属于智能个体的应用。各个应用间大多没有建立起关联度,因此,也不可能产生出颠覆性的商业模式创新。AI 2.0在AI 1.0的基础上通过协同,将为同一明确目标而自主行动的一群智能个体在共享平台上根据一定的共识和规则进行深度学习和演化,进而形成群体智能。群体智能在新电商领域有着广泛的应用,如传统电子商务一直强调三流,即信息流、资金流和物流。虽然三流的基础设施在电子商务1.0发展过程中已经建立,然而三流之间(包括流内各系统间)的业务流程协同在新电商面向高质量发展中,会产生很多新的问题和应用瓶颈,这些问题就需要群体智能来解决。当今是一个万物互联的时代,任何一个有形产品(商品),只要有必要都应该将其连接起来(无论是有线还是无线)。每一个连接的产品就可能是一个智能个体。再厉害的智能个体,其作用也会受到个体的局限。因此,个体与个体之间的智能或一类产品与另一类产品之间是否具有智能关联或无缝操作,就是下一步应用的关键。以物流交通领域为例,每一辆汽车未来可能有上百个传感器(无人驾驶汽车将会多达数千个),它们的连接方式与功能决定了这辆汽车的智能化程度。这一单类群体智能的应用,一般局限于单辆汽车本身。而物流行业最需要解决的是拥堵,拥堵涉及的因素不仅仅在于汽车和道路的数量,也包括经济发达程度、重要事件(灾害和竞赛等)以及环境变化等因素,需要将这一系列的智能个体连接起来,当然至少需要将所有的汽车联网(车联网)、所有公路联网(路联网)、其他相关衔接(如内河水运、海运和空运等)联网,也包括所有相关管理部门的控制(如收费)和应急处理进行智能联网。从单类群体智能到双类群体智能,再到循环群体智能,是未来包括物流在内的所有行业都需要解决的共性问题。

(三)数字平台创新商业文明:从传统市场到数字市场

传统商务活动的主体媒介是市场,人类自古文明开启就可能有物物交换的原始市场存在,通过市场的自由调节来满足人类在$H_1(P)$空间对于物理产品的需求。进入古文明时代有了国家和城邦等相应的组织,就逐步形成用政府调节的手段来保障交易在$H_2(P,S)$空间里公平公正地开展。当然除了市场和政府调节以外,还需要人类的道德约束调节起作用,因为交易过程中并不是任何小微矛盾或摩擦都需要政府来调节裁决。

进入近代文明,开始了工业革命,商业市场相应地经历了百货、连锁、超市和大型购物中心等不同业态(见表2-1),它们均属于物理空间所对应的传统市场平台,而社会空间在其中扮演了市场平台运行的机制保障及其相应的服务功能。

从传统商务到电子商务的一个重要转变,就是交易环境从传统市场开始转移到数字平台为核心的数字市场。数字平台可以看成是新电商系统中的基础设施。这个以群体智能为驱动的信息空间 $H_1(C)$ 中元素所构建起来的数字市场无论广度、力度和深度远比传统市场要大得多。如前文所描述的,数字平台涉及三个基本关键要素,即市场交易双方群体所形成的规模、供需信息在市场中的交流程度,以及交易过程中的安全、公正和方便等环境保障与服务措施。这三个基本要素的规模和复杂程度都远远超出传统市场。如数字平台在竞争过程中所暴露出来的"网络虚假宣传""持续低价补贴"等与传统市场不同的商业信用问题。更有网络购物节期间并发处理流量的技术问题(如2020年网络购物节峰值时,每秒需要处理58.3万笔支付账单的吉尼斯世界纪录)。基于这三个基本要素的数字平台正在给以新电商为代表的新商业带来一个全新的挑战。未来的商业竞争就是基于数字平台的数字市场竞争,它正在带来一场新商业文明的创新革命。从这个意义上说,也正是这类需求推动了第四次工业革命的快速开启。

数智化时代的信息空间 $H_1(C)$ 在三元空间 $H_3(P,S,C)$ 里占有极其重要的地位。信息空间由用数字化形式实时记录物理空间和社会空间中的各类信息以及它们之间的关联组合而成,人类在世间发生的任何事件和活动在信息空间里都有其对应。简单地用数学语言描述,信息空间就是由无数个大小数字平台(小到手机App,大到百度或ChatGPT等)作为元素以及它们的关联所组成的一个集合体。这里,每一个数字平台也可以看成是一个数字空间。

下面举两个新电商相关的数字平台场景。

1.从专业平台到综合平台

传统电子商务应用的平台主要依赖三类场景:便于信息交流的人际网平台、便于商品买卖的内容网平台以及便于搜索查询的知识网平台。一些平台都各自有相应智能个体群的信息互动、购物交易和管理服务三大功能,以自激励的机制迅速发展。基于深度学习的人工智能的成功应用,使三元空间中信息空间的作用越来越大。一方面智能个体的增强和平台共享程度的提高,使平台呈现出"你中有我、我中有你"的局面;另一方面,就是平台的水平和规模也在发生变化,从专业性平台向综合大平台转型。

ChatGPT就是一个很好的例子,它不仅是一个搜索各类信息的平台、一个任意时间的聊天平台、一个有强大语言处理和问题分析能力的个人助理平台,还能够进行写作、翻译、编程、制作脚本和撰写电子邮件等从简单到复杂的各项工作。更关键的是,它的功能仍然在快速发展中,从2018年推出ChatGPT 1.0时的1.17亿个参数量、2019年ChatGPT 2.0时的15亿个参数量,到2020年ChatGPT 3.0时的1750亿个参数量,再到ChatGPT 4.0达到100万亿个参数量,这个数字恰好就是一个人大脑皮层的突触总数。可见相比,人工智能自学习功能之强大和群体智能应用前景之广阔。

2.面向个性化服务的信用平台

新电商与传统电商的一个重要变化是更多地面向个性化和精细化的需求(传统电商主要强调大批量和快节奏),因此,对于服务质量的要求也更高。信用问题一直是困扰中国电子商务向纵深发展的一个关键瓶颈,个性化和精细化要求有更高的信用保障。区块链是目前解决信用问题的主要手段之一,其本质是通过构建一个数字化信用平台(信用体系)来满足个性化的服务需求,从而达到价值传递的目标。所谓"信用",就是对某人、某事的品质属性或陈述的真实性的相信或依赖。而"服务",简单地说,就是"行动、过程和表现"。无论是信用还是服务,它们都具有一种社会资本、公共利益、公共商品和心理期望等特征。由此可见,信用平台的构建不仅是技术问题,还涉及社会性层面。目前,区块链在新电商中的应用还局限于单类群体智能。如某电商平台在网络购物节期间所开展的身份认证、商品溯源(如葡萄酒)、供应链金融和知识产权保护等,都属于区块链在各自领域的单项应用,即单类智能,还没有将其连接成双类群体智能,更没有实现循环群体智能应用。

(四)新时期的新电商呼唤高质量的新人才

在面向中国式现代化的新时代和以数字经济为特征的新经济大势下,坚信新电商定将在"国内国际双循环"相互促进的新发展格局中发挥更大的作用。因此,新时代下新电商的高质量发展征途,必须由人工智能、大数据、云计算、物联网、区块链和元宇宙等新技术引领,通过构建数字化的大平台、智能化的大模型、跨境式的大市场、联通化的大物流、个性化的大服务、群体智能的大贸易,让新电商融入新经济更广阔的大空间里。而这就需要一大批掌握新技术应用的高质量新人才,这些新人才要求具有创新性的思维和复合型的知识。通过高校、企业、行业和政府间的紧密合作,构建起面向国内国际双循环相互促进的新发展格局的未来新电商人才培养创新模式,为中国式现代化作出应有的贡献。

第二节　核心岗位图谱绘制:运营、营销、客服、技术等岗位细分

一、电商运营岗位的职能范围与层级划分

(一)职能范围

1.流量获取与管理

在电商领域,流量是运营的关键要素之一。电商运营岗位需要深入了解各种流量来源渠道,如搜索引擎优化(SEO)。通过优化商品标题、关键词描述、店铺页面结构等元素,提高店铺在搜索引擎中的自然排名,从而吸引更多的免费流量。例如,合理选择热门且精准的关键词,对于销售运动服饰的店铺,“透气跑步T恤”“轻便运动短裤”等关键词就很有针对性。同时,社交媒体也是流量的重要来源。运营人员要善于利用社交媒体平台,制定社交媒体推广策略。例如,发布吸引人的产品图片、短视频,结合有趣的文案和话题标签,引导用户关注店铺并进入购买页面。

流量的留存和转化也是运营人员的重要工作。通过优化用户体验来提高流量留存率,如改善网站或App的页面加载速度、简化购物流程等。以购物流程为例,减少不必要的步骤,让用户能够快速找到想要的商品、轻松下单付款。对于流量转化,运营人员可以设置各种促销活动,如限时折扣、满减优惠等,吸引用户下单购买。还可以根据用户的浏览历史和购买行为进行个性化推荐,提高用户购买的可能性。

2.供应链管理

库存管理是供应链管理中的重要环节。电商运营岗位需要实时监控库存水平,确保商品的库存数量既能满足市场需求,又不会造成过多积压。对于热门商品,要根据销售数据和市场趋势及时补货。例如,在销售旺季来临前,提前预估销售量,增加库存。同时,对于滞销商品,要采取相应的促销策略或者及时调整采购计划。

供应商管理也不容忽视。运营人员要与供应商建立良好的合作关系,确保商品的质量、供货的及时性和价格的合理性。定期评估供应商的表现,与优质供应商进行长期合作。例如,与供应商协商更好的采购价格、付款条件等,同时要求供应商提供高质量的商品,并保证按时交货。

(二)层级划分

1.初级运营

初级运营人员主要负责执行基础的运营任务。例如,按照上级的要求进行商品信息的录入和更新,包括商品的价格、库存数量、图片等信息。他们需要熟练掌握电商平台的后台操作流程,能够准确地完成商品的上、下架操作。在数据收集方面,初级运营人员要收集和整理一些基础的数据,如每日的订单数量、访客数量等,并简单地进行数据报表的制作。初级运营人员还承担着部分客户反馈的收集工作。当客户对商品或服务提出疑问或建议时,他们要及时记录并向上级汇报。同时,协助处理一些简单的售后问题,如退换货的初步处理,向客户解释退换货的流程和政策。

2.中级运营

中级运营人员在流量获取方面承担更多的责任,他们要深入分析流量数据,不仅仅是了解流量的来源和数量,还要分析流量的质量。例如,通过分析不同渠道流量的转化率、跳出率等指标,确定哪些渠道的流量价值更高,从而调整推广策略,加大对高价值流量渠道的投入。在营销活动策划方面,中级运营人员能够独立策划一些小型的营销活动,如针对特定商品系列的促销活动,他们要考虑活动的目标、预算、推广渠道等多方面因素,制定详细的活动方案并组织实施。在供应链管理上,中级运营人员要参与库存预警机制的设置。根据历史销售数据和市场预测,设定合理的库存预警值,当库存接近预警值时及时通知相关部门。他们还要协助与供应商进行谈判,争取更有利的合作条件。例如,在采购价格的谈判中,提供详细的市场分析数据,以支持降低采购成本的要求。

3.高级运营

高级运营人员负责制定整体的运营战略,他们要根据市场趋势、竞争对手情况和公司的资源状况,确定电商业务的长期发展方向。例如,决定是否要开拓新的市场领域、推出新的产品线等。在品牌建设方面,高级运营人员要塑造和维护品牌形象,通过各种运营手段提高品牌知名度和美誉度。这包括制订品牌推广计划、管理品牌在不同渠道的形象展示等。

高级运营人员还要协调各个部门之间的工作,确保运营战略的有效实施,他们要与营销部门、客服部门、技术部门等密切合作,解决部门之间的协作问题。例如,当技术部门进行系统升级时,要确保升级过程不会影响运营工作的正常开展,同时要协调营销部门调整推广策略以适应新的系统功能。

二、电商营销岗位的不同营销渠道与策略重点

(一)搜索引擎营销(SEM)

1.渠道特点

搜索引擎营销具有精准性高的特点。当用户在搜索引擎中输入特定的关键词时,营销广告能够精准地展示给有需求的用户。例如,当用户搜索“高端智能手机”时,销售高端智能手机的商家广告就有机会展示在搜索结果页面。这种精准性可以提高广告的点击率和转化率。同时,搜索引擎营销的效果可衡量性强。通过各种工具,如某网站推广的后台数据统计功能,可以清晰地看到广告的展示次数、点击次数、转化率等数据,从而方便营销人员评估广告效果并进行调整。

搜索引擎营销的流量潜力巨大。搜索引擎是用户获取信息的重要入口,每天都有大量的用户使用搜索引擎进行购物、查询信息等活动。例如,某网站每天的搜索量数以亿计,这为电商营销提供了广阔的流量来源。

2.策略重点

关键词策略是SEM的核心。营销人员需要深入研究用户的搜索习惯和需求,选择合适的关键词。关键词可以分为核心关键词、长尾关键词等。核心关键词竞争激烈,但流量大,如“手机”;长尾关键词针对性更强,虽然流量相对较小,但转化率可能更高,如“适合老年人使用的大屏幕手机”。要根据预算和营销目标合理搭配关键词。

广告创意的设计也非常重要。广告标题要吸引用户的注意力,简洁明了地传达产品或服务的卖点。例如,××手机,超高清屏幕,超长续航,超值体验。广告描述要详细且有说服力,包括产品的功能、优势、价格等信息。同时,要设置合理的出价策略,根据关键词的竞争程度和营销目标,确定每次点击的出价,以保证广告的展示位置和效果。

(二)社交媒体营销

1.渠道特点

社交媒体具有用户基数庞大的特点。以微信为例,拥有数十亿的用户,这为电商营销提供了广阔的潜在受众。社交媒体还具有互动性强的特点,用户可以在平台上与品牌、其他用户进行互动。例如,在微博上,用户可以对品牌发布的内容进行评论、转发,品牌也可以及时回复用户的评论,建立良好的互动关系。

社交媒体的传播速度快。一条有趣的营销内容可能在短时间内被大量用户转发和传播,形成“病毒式”传播效应。如发布的某产品推荐视频,可能在几个小

时内就获得数百万的播放量和大量的点赞、评论。

2.策略重点

内容营销是社交媒体营销的关键。要制作有吸引力、有价值的内容，如有趣的短视频、精美的图片、实用的文章等。例如，对于美妆品牌，可以制作化妆教程视频，吸引目标用户的关注。要根据不同的社交媒体平台和目标受众调整内容风格。

（三）电子邮件营销

1.渠道特点

电子邮件营销具有针对性强的特点。营销人员可以根据用户的注册信息、购买历史等对用户进行分类，然后向不同类别的用户发送有针对性的营销邮件。例如，向老客户发送新产品推荐邮件，向潜在客户发送优惠活动邀请邮件。电子邮件营销的成本相对较低，与其他营销渠道相比，不需要支付高额的广告费用。

电子邮件营销的内容可定制性强。可以根据不同的用户群体和营销目的定制邮件内容，包括邮件的主题、正文、图片等。同时，电子邮件营销便于跟踪和分析。通过邮件营销工具，可以查看邮件的打开率、点击率、转化率等数据，从而评估营销效果。

2.策略重点

邮件列表的建立和维护是电子邮件营销的基础。要通过合法的方式收集用户的电子邮件地址，如在网站上设置注册表单，吸引用户注册。同时，要定期清理无效的邮件地址，保持邮件列表的有效性。

邮件内容的设计要吸引人。邮件主题要简洁明了，能够吸引用户打开邮件。例如，“××独家优惠，限时抢购！”邮件正文要简洁、有逻辑，突出产品或服务的卖点，并设置明确的行动呼吁，如“点击这里立即购买”。同时，要注意邮件的排版和视觉效果，避免内容过于杂乱。

三、电商客服岗位的服务流程与沟通技巧要求

（一）服务流程

1.售前服务

咨询接待是售前服务的第一步。客服人员要在最短的时间内响应客户的咨询，通常要求在数秒内做出回应。当客户询问产品信息时，客服人员要准确、全面地回答。例如，客户询问一款笔记本电脑的配置，客服人员要详细告知处理器型号、内存大小、硬盘容量、屏幕分辨率等信息。同时，客服人员要主动了解客户

的需求,通过提问的方式引导客户,如"您是用于办公还是用于玩游戏呢?"

产品推荐也是售前服务的重要环节。根据客户的需求和预算,客服人员要为客户推荐合适的产品。如果客户预算有限,客服人员可以推荐性价比高的产品;如果客户追求高品质,客服人员可以介绍高端产品。在推荐产品时,要客观地介绍产品的优缺点,让客户做出理性的决策。

2.售中服务

订单处理是售中服务的关键部分。客服人员要协助客户完成订单的下单、付款等流程。当客户在下单过程中遇到问题,如支付失败,客服人员要及时排查原因并提供解决方案。例如,告知客户检查支付方式是否正确、银行卡余额是否充足等。同时,客服人员要及时确认订单信息,包括商品名称、数量、收货地址等,确保订单信息的准确性。

物流跟踪也是售中服务的一部分。客服人员要及时向客户反馈商品的物流状态,让客户了解商品的运输进度。当遇到物流延迟等情况时,客服人员要主动向客户解释原因,并提供预计的送达时间。

3.售后服务

退换货处理是售后服务的常见问题。客服人员要了解客户退换货的原因,按照公司的退换货政策进行处理。如果是产品质量问题,要及时为客户办理退换货手续,并向客户道歉;如果是客户自身原因,如不喜欢产品,客服人员要耐心解释公司的退换货政策,在符合政策的情况下为客户办理退换货。

客户投诉处理是售后服务的重点。客服人员要以积极的态度对待客户投诉,认真倾听客户的诉求,不要急于辩解。在了解客户投诉的原因后,要及时提出解决方案。如果问题不能立即解决,要告知客户处理的进度和预计的解决时间。

(二)沟通技巧要求

1.语言表达技巧

(1)客服人员的语言要简洁明了,避免使用过于复杂的词汇和句子。例如,在回答客户问题时,直接说"这款产品的电池续航时间大约为8小时",而不是说"这款产品的电池续航时间在正常使用情况下能持续8个小时左右"。

(2)语言要礼貌、热情,使用礼貌用语,如"您好""谢谢""请"等。

(3)措辞要准确。在介绍产品或服务时,不能夸大其词,要如实描述。例如,不能将普通的充电速度描述为"超快充电",除非有确切的数据支持。

(4)客服人员还要注意语气的把握，根据不同的客户情况采用不同的语气。对于比较着急的客户，要用沉稳、安抚的语气；对于比较友好的客户，可以用轻松、愉快的语气。

2.倾听技巧

客服人员要认真倾听客户的话语，不要中途打断客户。例如，当客户在讲述产品使用问题时，要耐心听完，然后再做出回应。在倾听过程中，要注意捕捉客户话语中的关键信息，如客户提到的问题点、需求点等。同时，要通过点头、表示理解等方式给予客户反馈，让客户感受到被尊重。理解客户的情绪也是倾听技巧的重要部分。如果客户很生气，客服人员要先安抚客户的情绪，再解决问题。例如，说“您先别生气，我们一定会为您解决问题的”。

3.问题解决技巧

客服人员要具备快速分析问题的能力。当客户提出问题时，要迅速判断问题的类型和严重程度，然后提出相应的解决方案。如果是简单的问题，如产品使用方法的疑问，要直接给出答案；如果是复杂的问题，如产品出现故障，要引导客户进行一些简单的排查，如重启设备等，然后再根据排查结果进一步解决问题。

在解决问题的过程中，要与客户保持良好的沟通，告知客户解决问题的步骤和进度。例如，在处理产品故障时，告诉客户“我们正在为您检查故障原因，请您稍等”。

四、电商技术岗位的技术类型与技能要求

(一)前端开发技术类型与技能要求

1.HTML/CSS

HTML(超文本标记语言)是构建网页结构的基础。电商技术人员需要熟练掌握HTML标签的使用，能够准确地构建网页的框架。例如，使用<div>标签来划分网页的布局区域，使用<img>标签来插入图片，使用<p>标签来添加段落文字等。同时，要理解HTML的语义化，使网页结构更加清晰、易于维护。

CSS(层叠样式表)用于控制网页的样式。技术人员要掌握CSS的选择器、属性和值的用法，能够对网页进行样式设计。例如，通过设置color属性来改变文字颜色，通过设置background-color属性来改变背景颜色，通过设置margin和padding属性来调整元素的间距。要学会使用CSS框架，如Bootstrap，提高开发效率。

2.JavaScript

JavaScript是一种脚本语言,用于为网页添加交互功能。电商技术人员要掌握JavaScript的基本语法,如变量声明、数据类型、函数定义等。例如,使用var或let来声明变量,使用function来定义函数。能够运用JavaScript操作DOM(文档对象模型),实现网页元素的动态操作。例如,通过document.getElementById方法获取网页元素,然后修改其属性或内容。还要掌握JavaScript的事件处理机制,如click事件、mouseover事件等,为网页元素添加交互效果。

(二)后端开发技术类型与技能要求

1.编程语言

Python是后端开发中常用的编程语言之一。在电商领域,Python可用于编写服务器端脚本、数据处理等任务。技术人员要掌握Python的基本语法、数据结构(如列表、字典、元组等)和控制流语句(如if-else、for循环等)。例如,使用Python编写一个简单的订单处理脚本,根据订单状态进行不同的操作。同时,要熟悉Python的一些常用库,如Django或Flask,用于构建Web应用程序。

Java也是一种广泛应用于后端开发的编程语言。Java具有跨平台性、安全性高等特点。技术人员要掌握Java的面向对象编程概念,如类、对象、继承、多态等。能够使用Java编写企业级的应用程序,如电商平台的后台管理系统。要熟悉Java的开发环境和工具,如Eclipse或IntelliJ IDEA,以及Java的各种框架,如Spring框架。

2.数据库管理

MySQL是电商应用中常用的数据库管理系统。技术人员要掌握MySQL的安装、配置和基本操作,如创建数据库、表,插入、查询、更新和删除数据等操作。要理解数据库的设计原则,如规范化、数据完整性等。同时,要能够使用SQL语句进行复杂的数据查询和处理,如多表联查、分组查询等。除了MySQL,NoSQL数据库如MongoDB也在电商领域有应用。MongoDB是一种非关系型数据库,适合处理大量的非结构化数据。技术人员要掌握MongoDB的基本概念如文档、集合等以及其基本操作如插入、查询、更新和删除数据。要了解MongoDB在电商场景中的应用,如存储用户的行为数据等。

五、各部门之间的协作关系与信息流走向

(一)运营与营销部门的协作关系与信息流走向

1.协作关系

运营部门为营销部门提供数据支持。运营人员通过分析店铺的运营数据,如流量数据、销售数据等,为营销人员提供决策依据。例如,运营人员发现某个商品的流量很高但转化率很低,就可以将这个信息反馈给营销人员,营销人员可以针对这个商品调整营销策略,如优化广告文案或者调整价格。

营销部门为运营部门带来流量和品牌曝光。营销人员通过各种营销渠道进行推广活动,吸引更多的用户关注店铺,从而为运营工作提供更多的流量基础。同时,营销活动也有助于提高品牌知名度,有利于运营人员进行品牌运营工作。

2.信息流走向

运营部门将店铺的基础数据,如商品信息、库存信息、用户数据等,传递给营销部门。营销人员根据这些信息制定营销策略。例如,根据商品的库存情况制定促销活动,根据用户的地域分布调整广告投放的地域范围。营销部门将营销活动的效果数据,如广告的点击率、转化率等,反馈给运营部门。运营部门根据这些反馈数据来调整运营策略,比如,如果某个营销活动带来的流量转化率很高,运营人员可能会加大对该活动相关商品的库存管理投入,确保商品供应充足,或者优化商品展示页面以进一步提高转化率。

(二)运营与客服部门的协作关系与信息流走向

1.协作关系

运营部门为客服部门提供业务背景和产品知识支持。运营人员对商品的特点、促销活动内容等信息了如指掌,他们将这些信息传递给客服人员,使得客服人员能够准确回答客户的咨询。例如,运营人员告知客服人员某款商品正在进行限时特价活动,客服人员就能及时向客户传达这个优惠信息,提高客户下单的可能性。

客服部门为运营部门反馈客户需求和问题。客服人员在与客户的日常沟通中,能够直接了解到客户对产品的期望、不满以及对服务流程的建议等,他们将这些信息汇总反馈给运营部门,运营人员根据这些反馈来优化商品的选择、改进运营流程或者调整营销策略。例如,客服人员反馈很多客户询问某类特定功能的商品,但店铺目前没有提供,运营人员就可以考虑引入这类商品。

2.信息流走向

运营部门将商品的详细信息、促销政策、用户权益等信息传递给客服部门，客服人员依据这些信息为客户提供服务。客服部门将客户的需求信息、投诉内容、对产品和服务的反馈等传递给运营岗位。运营部门根据客服反馈的信息，分析问题产生的根源，如若是产品问题，可能会与供应商协商改进；如果是服务流程问题，则会优化内部流程。

（三）运营与技术部门的协作关系与信息流走向

1.协作关系

运营部门为技术部门提供业务需求。运营人员基于对市场趋势和用户需求的理解，向技术人员提出功能需求，例如，运营人员发现用户在移动设备上的购物体验不佳，便向技术人员提出优化移动端页面布局和加载速度的要求，技术人员根据这些需求进行技术开发和优化。

技术部门为运营部门提供技术支持和解决方案。技术人员开发和维护的电商平台，其稳定性、性能等直接影响运营工作的开展。当运营过程中遇到技术问题，如服务器故障、支付接口异常等，技术人员要及时解决，确保运营工作能够正常进行。

2.信息流走向

运营部门将业务需求，包括功能改进需求、用户体验优化需求、新业务拓展需求等信息传递给技术部门。技术部门将技术实现方案、项目进度、技术故障及修复情况等信息反馈给运营岗位。例如，技术人员告知运营人员移动端页面优化项目的预计完成时间，以及在开发过程中遇到的技术难点和解决措施。

（四）营销与客服部门的协作关系与信息流走向

1.协作关系

营销部门的推广活动影响客服部门的咨询量和客户类型。例如，一场大规模的营销推广活动可能会吸引大量新客户前来咨询，客服人员需要应对这种突然增加的工作量和不同类型客户的咨询。同时，客服部门对客户反馈的收集有助于营销部门调整营销策略。如果客服人员发现很多客户是因为某个营销广告的误导而前来咨询，需要向营销人员反馈此问题，营销人员就需要修改广告内容。

客服部门通过良好的服务有助于提高营销活动的转化率。当客服人员为客户提供优质的服务，解答客户的疑虑，客户会更倾向于购买营销活动推荐的产品，从而提高营销活动的效果。

2.信息流走向

营销部门将营销活动的内容、目标受众、优惠信息等传递给客服部门,以便客服人员能够更好地服务客户。客服部门将客户对营销活动的反馈,如对广告的理解程度、优惠活动的吸引力等信息反馈给营销部门。营销部门根据客服反馈的信息,对营销活动进行调整和优化。

(五)营销与技术部门的协作关系与信息流走向

1.协作关系

营销部门为技术部门提供营销需求,营销活动需要特定的技术功能支持,如个性化推荐系统、精准营销工具等。技术人员根据这些需求开发相应的技术功能。技术部门为营销部门提供技术手段实现营销目标。例如,技术人员开发的搜索引擎营销工具可以帮助营销人员更精准地投放广告,提高广告效果。

技术部门的技术创新也可能为营销部门带来新的营销思路。例如,新技术如VR或AR的应用,营销人员可以利用这些技术开展新的营销体验活动,吸引更多的用户。

2.信息流走向

营销部门将营销需求,包括功能需求、数据需求等传递给技术部门。技术部门将技术开发成果、技术更新情况、技术可行性分析等信息反馈给营销部门。例如,技术人员告知营销人员个性化推荐系统的开发进度、测试结果以及在实际应用中可能存在的技术限制。

(六)客服与技术部门的协作关系与信息流走向

1.协作关系

客服部门为技术部门提供用户反馈的技术问题。客服人员在与客户沟通中收集到的关于产品技术故障、平台使用问题等信息,及时反馈给技术部门,以便技术人员进行修复和优化。技术部门为客服部门提供技术解决方案和培训支持。技术人员开发的知识库、常见问题解答等工具,帮助客服人员更好地解决客户的技术问题。

当技术部门进行系统升级或新功能推出时,需要客服部门提前了解相关信息,以便能够为客户提供准确的解答。同时,客服人员在这个过程中的用户反馈也有助于技术人员进一步完善系统。

2.信息流走向

客服部门将用户反馈的技术问题、系统使用体验等信息传递给技术部门。技术部门将技术解决方案、系统更新信息、客服培训资料等反馈给客服部门。例如,技术人员将新功能的操作指南、可能出现的问题及解决方法等资料提供给客服人员,客服人员根据这些资料为客户提供服务。

六、新兴电商形态下岗位职能的新变化与扩展

(一)社交电商中的岗位职能变化

1.运营岗位

在社交电商中,运营岗位的流量获取方式发生了显著变化。传统电商运营主要依赖搜索引擎优化、广告投放等方式获取流量,而社交电商运营则更侧重于社交平台的运营。例如,运营人员需要深入研究社交平台的算法和规则,通过创建有吸引力的社交内容,如短视频、图文帖子等,吸引用户关注并引导他们进入电商平台。运营人员还要善于利用社交平台的社群功能,建立和管理品牌社群,通过社群运营提高用户的忠诚度和活跃度。

商品推荐与选品策略也有所不同。在社交电商中,商品推荐更加注重社交化因素。运营人员要根据社交平台用户的喜好、社交关系等因素进行商品推荐。例如,分析社群成员的聊天内容,了解他们的消费需求和偏好,然后有针对性地推荐商品。同时,选品要更加注重个性化和小众产品,以满足社交平台用户追求独特性的需求。

2.营销岗位

营销渠道和方式在社交电商中有了新的拓展。除了传统的广告营销手段,社交电商营销更加注重社交互动营销。例如,开展社交电商直播,营销人员通过直播平台与顾客实时互动,展示和推销商品。在直播过程中,营销人员可以与观众进行问答、抽奖等互动活动,提高用户的参与度和购买欲望。

品牌营销在社交电商中更强调口碑传播。营销人员要通过激励用户分享、好评等方式,营造良好的品牌口碑。例如,设置用户分享奖励机制,如用户分享商品链接并成功促成购买后,可获得一定的奖励。同时,要及时处理用户的负面评价,维护品牌的正面形象。

3.客服岗位

客服沟通方式在社交电商中有了新的变化。除了传统的在线客服聊天工具,客服人员还需要在社交平台上与用户进行沟通。例如,在品牌社群中回答顾

客的问题,这种沟通方式更加公开透明,需要客服人员具备更好的应变能力和沟通技巧。客服人员还要关注顾客在社交平台上的反馈,包括对商品的评价、对服务的吐槽等,及时进行回应和处理。

客服岗位在社交电商中还承担着部分营销职能。例如,客服人员可以在与顾客沟通的过程中,巧妙地推荐相关商品,或者引导顾客参与营销活动。这就要求客服人员不仅要具备良好的服务意识,还要了解营销知识和技巧。

4.技术岗位

技术岗位在社交电商中需要开发更多与社交互动相关的功能。例如,开发社交电商直播功能,包括直播推流、互动功能(如点赞、评论等)、商品展示与购买链接集成等功能。还要开发社群管理功能,如社群成员管理、消息推送、社群活动创建等功能,以满足社交电商运营的需求。

数据安全和隐私保护在社交电商技术开发中变得更加重要。由于社交电商涉及大量的用户社交数据,技术人员要采取有效的技术措施确保数据的安全存储和合法使用。例如,采用加密技术对用户数据进行加密,建立严格的数据访问权限管理机制等。

(二)直播电商中的岗位职能变化

1.运营岗位

在直播电商中,运营岗位负责直播活动的策划和组织,这包括确定直播的主题、时间、参与人员等,如根据不同的节日或热点话题策划相应的直播主题。运营人员还要协调与主播、供应商等各方的关系,确保直播活动的顺利进行。

流量运营在直播电商中更加注重直播平台内的流量获取和留存。运营人员要研究直播平台的推荐算法,通过优化直播标题、封面、标签等元素,提高直播的曝光率。同时,要通过设置直播互动环节,如抽奖、问答等,提高观众的留存率和参与度。

2.营销岗位

营销岗位在直播电商中的主要职能是与主播合作进行产品推广。营销人员要根据产品特点和目标受众选择合适的主播。例如,美妆产品可以选择美妆类主播,数码产品可以选择数码科技类主播。营销人员还要与主播共同策划直播内容,包括产品展示方式、优惠活动等,以提高产品的销售量。

在直播电商中,营销岗位要更加注重实时营销效果的监测和调整。通过直播平台提供的数据工具,实时监控产品的点击量、购买量等数据,根据数据变化及时调整营销策略,如调整产品价格、增加赠品等。

3.客服岗位

客服岗位在直播电商中的响应速度要求更高。由于直播过程中观众可能随时提出问题,客服人员要在最短的时间内做出回应。客服人员要与主播密切配合,主播在直播中提到的产品信息、优惠活动等,客服人员要及时准确地解答观众的疑问。

客服人员在直播电商中还需要处理大量的订单咨询和售后问题。因为直播电商往往会在短时间内产生大量的订单,客服人员要高效地处理这些订单相关的问题,包括订单查询、物流跟踪、退换货处理等。

4.技术岗位

技术岗位在直播电商中负责保障直播的技术稳定性,这包括直播的视频流传输稳定性、音频质量等方面。技术人员要确保在高并发情况下(大量观众同时观看直播),直播不会出现卡顿、掉线等技术问题。

技术人员还要开发与直播电商相关的特色功能。例如,开发直播中的虚拟试衣功能,让观众能够在直播中虚拟试穿服装,提高购物体验;开发直播商品秒杀功能,通过技术手段确保秒杀活动的公平性和准确性。①

第三节　岗位胜任力模型构建:知识、技能、素养多维度剖析

一、电商岗位所需的基础知识体系

(一)商业基础知识

1.经济学原理

在电商领域,经济学原理的应用无处不在。首先,供求关系决定了商品的价格和销量。例如,当某款热门电子产品供不应求时,其价格往往会上涨,同时销量可能会因为有限的供应量而受到限制。电商从业者需要理解这种关系,以便在采购、定价和库存管理方面做出合理决策。其次,机会成本的概念也非常重要。对于电商企业来说,选择一种营销渠道或经营策略意味着放弃其他的可能性,因此,需要权衡不同选择所带来的潜在收益和损失。例如,将资源投入到社交媒体营销可能意味着减少在搜索引擎营销方面的投入,从业者需要评估哪种

①殷彬,陶安. 电子商务核心岗位能力要求分析——基于高校人才培养视角[J]. 北京工业大学学报(社会科学版),2016(1):71-77.

选择更有利于企业的长期发展。

成本—收益分析是电商运营中的重要工具。企业需要考虑在电商平台上开展业务的各项成本,如商品采购成本、平台服务费用、营销成本等,并与预期的收益进行比较。只有当收益大于成本时,业务才具有可持续性。此外,市场结构的知识有助于理解电商行业的竞争格局。例如,在垄断竞争的电商市场中,众多商家提供类似但略有差异的产品,这就要求电商从业者通过产品差异化、优质服务等手段来吸引消费者。

2.市场营销基础

了解目标市场是市场营销的首要任务。电商从业者需要明确产品或服务的目标受众,包括他们的年龄、性别、地域、消费习惯等特征。例如,针对年轻消费者的时尚电商品牌,其营销策略可能侧重于社交媒体推广和潮流元素的运用。产品定位也是关键,是将产品定位为高端、中端还是低端,直接影响到价格策略、品牌形象塑造等方面。例如,高端美妆品牌往往强调品质、独家配方和奢华的包装。

营销组合(4P理论)是电商营销的重要框架。产品(Product)方面,要关注产品的功能、质量、外观等属性,确保产品能够满足目标市场的需求。价格(Price)的制定要考虑成本、竞争状况和消费者的心理价位,如在促销期间采用折扣定价策略吸引价格敏感型消费者。渠道(Place)在电商中主要涉及电商平台的选择和物流配送的安排。促销(Promotion)则包括广告、公关、促销活动等手段,如利用电商平台的广告位、开展限时特价活动等。

(二)信息技术基础知识

1.计算机网络基础

电商的运行离不开计算机网络。从业者需要了解网络协议,如TCP/IP协议,它是互联网通信的基础。了解IP地址的分类和作用,有助于解决网络连接和安全方面的问题。例如,在设置电商服务器时,需要正确配置IP地址以确保服务器能够被外部访问。域名系统(DNS)也是重要的概念,它将易于记忆的域名转换为IP地址。对于电商网站来说,选择一个简洁、易记的域名对于吸引用户至关重要。网络拓扑结构的知识有助于设计电商企业的内部网络。例如,采用星型拓扑结构可以提高网络的可靠性,当某个节点出现故障时,不会影响其他节点的正常工作。网络安全是电商运营的重中之重,从业者需要了解网络攻击的类型,如黑客攻击、病毒入侵等,并掌握防范措施,如防火墙的设置、加密技术的应用等。

2.数据处理与管理基础

在电商中,数据是宝贵的资产。从业者需要掌握数据收集的方法,如通过网站的用户注册、订单记录、用户浏览行为等方式收集数据。数据的整理和清洗也非常重要,去除重复、错误的数据,确保数据的准确性和完整性。例如,在进行用户画像分析之前,需要对收集到的数据进行清洗。

数据库管理系统(DBMS)的基础知识是必不可少的。了解关系型数据库(如MySQL)和非关系型数据库(如MongoDB)的特点和适用场景,能够根据企业的需求选择合适的数据库。例如,对于订单管理等结构化数据,可以选择关系型数据库;而对于用户行为数据等非结构化数据,非关系型数据库可能更合适。同时,要掌握基本的SQL查询语句,以便对数据库中的数据进行查询、分析和管理。

二、运营岗位的专业技能

(一)平台运营技能

1.电商平台规则掌握

不同的电商平台都有各自的规则,运营人员必须深入了解。以某电商平台为例,其商品上架规则要求提供准确的商品信息,包括标题、图片、描述等内容。运营人员要确保所上架的商品信息符合平台规定,否则可能会受到处罚,如商品下架或店铺扣分。同时,平台的搜索排名规则也是运营的关键。了解平台的搜索算法,如关键词权重、店铺权重等因素,有助于运营人员优化商品标题和店铺页面,提高商品在搜索结果中的排名。

平台的促销活动规则也需要熟练掌握。例如,电商平台的大促活动有一系列的报名条件、活动时间安排和促销形式要求。运营人员要提前规划,按照规则准备好相关商品、制定促销价格,并在活动期间确保店铺的运营符合要求,以充分利用促销活动带来的流量和销售机会。

2.店铺页面优化

店铺页面的布局和设计直接影响用户的购物体验。运营人员要注重页面的视觉效果,选择合适的色彩搭配、字体和图片风格。例如,对于时尚类电商店铺,可以采用明亮、时尚的色彩和高清晰度的产品图片来吸引年轻消费者。页面的导航栏要简洁明了,方便用户快速找到所需商品。例如,设置清晰的商品分类导航,如男装、女装、童装等。商品详情页的优化也是至关重要的。要详细、准确地介绍商品的功能、特点、使用方法等信息。例如,对于电子产品,可以提供详细的参数表、操作指南和用户评价截图。同时,要优化页面的加载速度,避免用户因为长时间等待而流失。可以通过压缩图片、优化代码等方式提高页面加载效率。

(二)数据分析技能

1.数据指标解读

运营人员需要熟悉各类电商数据指标。流量指标如访客数(UV)、页面浏览量(PV)等反映了店铺的流量情况。例如,通过分析不同时间段的UV和PV数据,可以了解用户的访问高峰和低谷,从而调整运营策略,如在高峰时段加大推广力度。转化率是衡量运营效果的关键指标,它是指完成特定动作(如购买、注册等)的用户数与总访客数的比率。例如,如果商品的购买转化率较低,运营人员需要分析是商品本身的问题、页面设计的问题还是营销推广的问题。客单价反映了每个客户的平均购买金额。运营人员可以通过分析客单价,制定相关策略,如推出组合套餐、满减活动等,以提高客单价。复购率则体现了客户的忠诚度,高复购率说明客户对店铺的产品和服务满意。运营人员要关注复购率的变化,分析影响复购率的因素,如产品质量、售后服务等。

2.数据挖掘与预测

运营人员要掌握数据挖掘技术,从海量的数据中发现有价值的信息。例如,通过关联规则挖掘,可以发现哪些商品经常被一起购买,从而进行商品推荐。例如,在超市类电商中,如果发现某两种商品经常被同时购买,就可以将这两种商品放在一起推荐或进行组合促销。基于历史数据的预测分析也是运营的重要技能。例如,通过分析过去几年的销售数据,预测下一个销售旺季的销售量,以便提前做好库存准备、人员安排等工作。

三、营销岗位的创意营销技能

(一)内容创作技能

1.文案撰写

营销文案的撰写需要吸引消费者的注意力并促使他们采取行动。标题的创作要简洁有力、富有吸引力。文案的正文要突出产品的卖点,采用生动、易懂的语言。文案的风格要根据目标受众和营销渠道进行调整。在社交媒体上,文案可以更加轻松、幽默、互动性强,而在官方网站上,文案可能需要更加正式、专业。同时,要注意文案的逻辑结构,采用问题—解决方案、故事叙述等方式,引导消费者购买产品。

2.视觉内容创作

视觉内容在营销中具有强大的吸引力。对于图片创作,要掌握摄影技巧和图像处理软件(如Photoshop)的使用。例如,拍摄产品图片时,要注意光线、角度和背景的选择，使产品看起来更具吸引力。制作宣传海报时，要运用色彩搭配、排版和视觉元素的组合，传达产品的核心信息。例如，一张美食海报可以用鲜艳的色彩展示食物的美味，用简洁的文字介绍菜品的特色。

视频创作也是重要的视觉内容创作技能。要掌握视频拍摄、剪辑和特效制作的技巧。例如，制作一个产品宣传视频，可以从不同角度展示产品的使用过程，添加合适的音乐、字幕和特效，增强视频的感染力。同时，要根据不同的平台要求，制作不同时长和格式的视频。

（二）活动策划技能

1.创意活动构思

营销活动的构思需要创新和独特性。例如，结合节日和热点话题开展主题营销活动。在情人节期间，可以策划“爱的告白”主题活动，鼓励消费者购买产品送给爱人，并设置有趣的互动环节，例如，设置爱情告白墙，消费者可以在上面分享自己的爱情故事，有机会获得免费产品或优惠券。还可以借鉴其他行业的创意，如将游戏元素融入营销活动中。例如，开展“电商大冒险”活动，消费者通过完成不同的任务（如浏览特定商品、邀请好友等）来获得积分，积分可以兑换奖品或折扣。

针对不同的目标受众策划个性化的活动。对于年轻消费者，可以策划时尚、潮流、充满挑战的活动；对于老年消费者，则可以策划注重健康、实惠、简单的活动。

2.活动执行与评估

在活动执行方面，要制订详细的活动计划，包括活动时间、活动流程、人员安排、资源调配等。例如，在开展大型促销活动时，要提前安排好客服人员的值班表，确保在活动期间能够及时回答消费者的问题。同时，要做好活动的宣传推广工作，利用各种营销渠道进行宣传，如社交媒体、电子邮件、短信等。

活动评估是活动策划的重要环节。通过分析活动的各项数据指标，如参与人数、销售额、转化率等，评估活动的效果。例如，如果活动的参与人数较少，需要分析是宣传推广不到位、活动吸引力不够，还是时间安排不合理等原因。根据评估结果，总结经验教训，为下一次活动策划提供参考。

四、客服岗位的情绪管理与问题解决技能

（一）情绪管理技能

1.自我情绪调节

客服岗位经常会遇到各种压力和挑战，客服人员需要具备良好的自我情绪调节能力。当遇到客户的抱怨、投诉甚至辱骂时，要能够控制自己的情绪，避免

与客户发生冲突。例如,客服人员可以通过深呼吸、暂停片刻等方式来平静自己的情绪。同时,要树立正确的心态,将客户的不满视为改进工作的机会,而不是对个人的攻击。

保持积极的工作态度也有助于情绪管理。客服人员可以通过自我激励的方式,如设定小目标、奖励自己等,来提高工作的积极性。例如,每成功解决一个复杂的客户问题,就给自己一个小奖励,如喝一杯喜欢的咖啡或休息几分钟。这种积极的心态有助于在面对困难客户时保持良好的情绪状态。

2.客户情绪应对

客服人员要善于识别客户的情绪状态。通过客户的语气、用词等方面判断客户是愤怒、焦虑还是满意。例如,当客户使用大量感叹号和激烈的言辞时,很可能是处于愤怒状态。针对不同的情绪状态,客服人员要采取不同的应对策略。对于愤怒的客户,要先安抚情绪,表达理解和歉意,如“您先别生气,我非常理解您的感受,我们一定会为您解决问题的”。对于焦虑的客户,则要尽快提供解决问题方案,让客户感到安心。

(二)问题解决技能

1.问题分析能力

客服人员要能够快速准确地分析客户提出的问题。当顾客描述一个复杂的问题时,客服人员要抓住关键信息,梳理问题的逻辑关系。例如,顾客说电脑在使用过程中突然死机,客服人员要进一步询问电脑的型号、使用时间、是否有异常提示等信息,以便准确判断问题的原因。同时,要对问题进行分类,判断是产品本身的问题、使用操作的问题还是其他外部因素导致的问题。

根据问题的类型和严重程度制定解决方案。对于简单的操作问题,客服人员可以直接提供操作指导,如“您可以尝试重启电脑,然后按以下步骤进行操作……”对于产品故障等较为严重的问题,要按照公司的售后服务流程,如安排维修、换货等,并及时向顾客反馈处理进度。

2.多方案提供与沟通

在解决顾客问题时,客服人员要尽量提供多种解决方案供客户选择。例如,当顾客想要更换商品但没有合适的尺码时,客服人员可以提供等待补货、选择其他类似产品、退款等多种解决方案,并详细介绍每种方案的优缺点。在与顾客沟通解决方案的过程中,要确保顾客理解并接受方案。采用通俗易懂的语言,避免使用专业术语,必要时可以通过举例、画图等方式进行解释。

五、技术岗位的编程语言与系统开发技能

（一）编程语言技能

1.前端编程语言

HTML（超文本标记语言）是构建网页结构的基础。技术人员需要熟练掌握HTML标签的使用，如<div>用于划分页面区域，<img>用于插入图片，<a>用于创建超链接等。CSS（层叠样式表）用于控制网页的样式，要掌握CSS的选择器、属性和值的用法，如通过color属性设置文字颜色，background-color属性设置背景颜色等。JavaScript是一种脚本语言，用于为网页添加交互功能。掌握JavaScript的基本语法，如变量声明（var或let）、函数定义（function）等，以及操作DOM（文档对象模型）来动态修改网页元素的能力，如document.getElementById方法获取元素并修改其属性。

对于现代前端开发，掌握一些前端框架也是必要的。例如，React框架采用组件化的思想，能够提高开发效率和代码的可维护性。技术人员需要学习React的组件创建、状态管理（useState）和属性传递等概念。Vue.js也是一个流行的前端框架，其简洁的语法和双向数据绑定特性受到很多开发者的喜爱。学习Vue.js的指令（如v-if、v-for）和组件通信等知识，有助于开发出高效的前端应用。

2.后端编程语言

Python是一种功能强大且易于学习的后端编程语言。在电商系统中，Python可用于编写服务器端脚本、数据处理和自动化任务等。掌握Python的基本语法，如数据类型（列表、字典、元组等）、控制流语句（if-else、for循环等），以及常用的库，如Django或Flask用于构建Web应用程序。例如，Django框架提供了丰富的功能，如数据库管理、用户认证、路由系统等，可以快速搭建电商后台管理系统。

Java是一种广泛应用于企业级开发的后端编程语言。具有跨平台性、安全性高的特点。技术人员需要掌握Java的面向对象编程概念，如类、对象、继承、多态等。熟悉Java的开发环境和工具，如Eclipse或IntelliJ IDEA。Java的Spring框架是构建企业级应用的重要框架，掌握Spring的核心概念，如依赖注入、面向切面编程等，有助于开发出高效、可维护的电商后端系统。

（二）系统开发技能

1.电商系统架构设计

在设计电商系统架构时，要考虑系统的可扩展性。随着业务的发展，电商系统需要能够轻松添加新功能、扩展新业务。例如，采用分层架构，将系统分为表

现层、业务逻辑层和数据访问层。表现层负责与用户交互，业务逻辑层处理业务规则，数据访问层负责与数据库交互。这种分层架构可以使各层独立发展，便于后期的维护和扩展。

系统的可靠性也是重要的设计因素。要确保电商系统在高并发情况下（大量用户同时访问）能够稳定运行。采用分布式系统架构，如将数据库进行分布式存储，可以提高系统的可靠性和性能。同时，要考虑系统的安全性，采用加密技术保护用户数据，如对用户的登录密码进行加密存储，设置访问控制机制，确保只有授权用户能够访问敏感数据。

2.数据库系统开发

对于电商系统，数据库的设计和开发至关重要。关系型数据库（如MySQL）是常用的选择。在设计数据库时，要遵循规范化原则，减少数据冗余。例如，将用户信息、商品信息、订单信息等分别存储在不同的表中，并通过外键建立关联。掌握数据库的操作，如创建表（CREATE TABLE）、插入数据（INSERT INTO）、查询数据（SELECT）、更新数据（UPDATE）和删除数据（DELETE FROM）等基本SQL语句。

除了关系型数据库，非关系型数据库（如MongoDB）在电商系统中也有应用。MongoDB适合处理大量的非结构化数据，如用户的行为数据。掌握MongoDB的基本概念，如文档、集合等，以及其操作方法，如插入文档[collection.insertOne()]、查询文档[db.collection.find()]等。在开发电商系统时，根据数据的特点合理选择关系型或非关系型数据库，并进行有效的数据管理。

六、各岗位所需的职业素养

（一）团队合作素养

1.沟通协作能力

在电商企业中，各个岗位之间需要密切沟通协作才能确保业务的顺利进行。例如，运营岗位与营销岗位需要沟通促销活动的策划细节。运营人员了解平台规则和店铺的运营情况，他们需要将这些信息准确传达给营销人员，以便营销人员制定出符合店铺实际情况且能在平台规则下有效推广的营销方案。在这个过程中，清晰、及时的沟通至关重要。如果运营人员没有将平台对促销活动的特殊要求（如特定商品类别的折扣限制）告知营销人员，可能会导致营销活动违反规则，受到处罚。

客服岗位与技术岗位之间也需要良好的沟通协作。当客服人员遇到顾客反馈的技术问题时，需要准确地向技术人员描述问题的现象、出现的条件等信息。技术人员则要将解决方案以客服人员能够理解的方式传达回去，以便客服人员能为客户提供有效的解答。比如，当客户反映电商网站的支付页面出现故障时，客服人员要向技术人员说明故障发生的具体步骤（如点击支付按钮后出现的提示信息、浏览器的类型等），技术人员根据这些信息排查问题并告知客服人员修复的大致时间和可能需要顾客配合的操作。

2.角色认知与互补

每个岗位的员工都要清晰地认识自己在团队中的角色。运营人员要明白自己是整个电商业务运营的枢纽，负责店铺的日常管理、流量获取和商品运营等工作，为其他岗位提供运营基础。营销人员则是负责将产品或服务推向目标客户，提高品牌知名度和产品销量，他们的工作成果很大程度上依赖于运营岗位提供的产品信息、价格策略等支持。例如，营销人员在进行广告投放时，需要运营人员提供准确的商品库存信息，以避免过度推广导致缺货的情况。

各岗位之间还要相互补位。在电商大促销或购物节期间，工作量会急剧增加，可能会出现某个岗位人手不足的情况，这时，其他岗位的员工就要在力所能及的范围内提供帮助。比如，在电商购物节期间，客服岗位可能面临大量的顾客咨询，如果运营岗位的员工在完成本职工作后，有空闲时间可以协助客服人员回答一些简单的关于商品和促销活动的问题。这种角色认知与互补能够提高团队整体的工作效率，应对各种复杂的业务场景。

（二）创新素养

1.思维创新

在竞争激烈的电商行业，思维创新是各个岗位保持竞争力的关键。运营岗位需要不断创新运营模式。传统的电商运营主要依赖于平台提供的搜索流量，但随着社交电商的兴起，运营人员需要思考如何利用社交平台来获取流量。例如，通过创建有趣的短视频内容，吸引用户关注并引导他们进入电商店铺，而不是仅仅局限于优化商品标题和关键词来提高搜索排名。这种思维的转变能够开拓新的流量渠道，为店铺带来更多的潜在客户。

营销岗位更需要创新思维来吸引消费者。在传统的广告营销模式逐渐失效的情况下，营销人员要探索新的营销方式。比如，利用VR或AR技术开展营销活动。对于家居电商，可以开发VR家居体验，让消费者在虚拟环境中感受家具的摆放效果，这种创新的营销方式能够给消费者带来全新的体验，从而提高品牌的吸引力和产品的销售转化率。

2.持续学习与改进

电商行业发展迅速,新技术、新趋势不断涌现,各岗位员工需要持续学习才能保持创新能力。技术岗位的员工要紧跟技术发展的步伐,学习新的编程语言、框架和开发工具。例如,随着人工智能技术在电商中的应用越来越广泛,技术人员需要学习如何将机器学习算法应用于推荐系统、客户服务机器人等方面。通过持续学习,技术人员可以将新技术引入电商系统,提高系统的智能化水平,如开发更精准的个性化推荐功能。其他岗位的员工也需要持续学习。客服人员要学习新的服务理念和沟通技巧,以应对不断变化的客户需求。例如,随着消费者对环保意识的增强,客服人员需要了解公司产品在环保方面的特点,以便在回答顾客咨询时能够准确传达相关信息。同时,各岗位要根据学习到的新知识不断改进自己的工作。运营人员可以根据新的营销趋势调整店铺的商品布局和推荐策略,营销人员可以根据消费者反馈改进广告创意和营销活动内容。

(三)责任与敬业素养

1.对工作结果负责

电商工作中的每个环节都直接影响最终的业务成果,因此各岗位员工要对自己的工作结果负责。运营人员负责店铺的运营指标,如流量、转化率和销售额等。如果店铺的流量持续下降,运营人员要深入分析原因,是商品选择问题、页面优化问题还是竞争对手的冲击等,并采取相应的措施加以改进。例如,通过调整商品推荐算法、优化店铺页面布局等方式来提高流量,不要将责任推诿给其他岗位,而是要积极主动地解决问题,确保运营指标达到预期目标。

技术岗位的员工对电商系统的稳定性和安全性负责。如果因为技术故障导致电商网站出现长时间的瘫痪或用户数据泄露,技术人员要承担相应的责任,他们需要建立完善的系统监控机制,及时发现并解决潜在的技术问题。在开发新功能时,要进行充分的测试,确保系统在高并发等复杂情况下的稳定运行,如在进行系统升级时,要提前做好备份和应急方案,以应对可能出现的风险。

2.敬业精神体现

敬业精神体现在对工作的高度投入和积极态度上。客服人员在面对大量的顾客咨询时,要始终保持热情、耐心的服务态度。即使在工作压力大、客户态度不好的情况下,也要尽最大努力为客户提供优质的服务。例如,在电商购物节大促销期间,客服人员可能需要连续工作很长时间,但仍然要以饱满的精神状态回答每一个顾客的问题。

营销人员为了推广产品,需要投入大量的时间和精力进行市场调研、策划营销活动，他们要不断寻找新的营销机会，积极拓展市场。例如，为了推出一款新产品，营销人员可能需要深入了解目标市场的需求、竞争对手的情况，制订详细的营销计划，包括选择合适的营销渠道、设计吸引人的广告内容等。这种敬业精神是推动电商业务发展的重要动力。①

①程丹，詹增荣．基于胜任力模型下高职电子商务人才职业岗位能力及素质研究[J]．电子商务，2018(6)：67-69.

第三章　以岗定课：搭建适配电商岗位的课程架构

第一节　遵循OBE理念的课程体系设计原则

一、OBE理念概述

（一）OBE教育理念的内涵

从20世纪80年代开始，以成果为导向的教育理念，也就是OBE（Outcome-based Education）逐渐被西方国家采纳并确立主导地位。2016年6月，我国采用OBE作为认证标准以促进专业发展。OBE教育理念对我国国家学位标准的制定及高校教育目标的规划产生了影响，这种影响深远而持久，对我国教育事业的发展起到了积极的推动作用。该理念的核心在于着重强调学生所具备的能力及其所能达成的实际成果。因此，在所有的教育活动、教学流程及课程设计中，均紧密围绕预设的学习成果展开，以保证学生能够达到既定的学习目标。

（二）OBE教育模式与传统教育模式的区别

相较传统教育模式，OBE教育理念将关注重心从教学大纲、学习时长、学分及成绩转向学生的学习成果，涵盖实现这些成果的路径及评估方式。在教学过程中，教师和教科书的主导地位将不再占据核心，取而代之的是，学生将成为教学活动的主体，积极参与并主导学习过程，从而更好地激发其学习兴趣和动力，学生从被动的知识接受者转变为积极的探索者。教学计划的核心目标并非仅关注课程设置和课堂教学方法，而是着重于学生是否达到预定的知识、能力和素质要求，以确保其顺利完成学业。通过明确的教学计划，可以衡量毕业要求得以满足的程度。

（三）OBE教育理念的核心要素及实现步骤

1.OBE教育理念的核心要素

OBE教育理念的核心要素可从以下三点来体现：

第一，以学生主体为中心。在教育资源分配上，OBE教育理念确保学生能够实现预设的学习目标。教学方案紧贴学生成长需求,并以学生在知识、技能和素养等领域达到相应基准为依据。在评价及质量保障方面,OBE教育理念将学生的学习成果作为评价准则。学生中心化原则之实施,不只限于表现卓越的学子,而是普遍适用于所有学生群体,其核心在于促进每位学生的全面发展。

第二,以学习成果为导向。人才培养课程的设计应遵循以学习成果为导向的原则,教学要求、教学内容、教学评价、学生毕业反馈等内容应形成一个有机的循环体系。同时,在构建人才培养循环体系时,必须兼顾国家与社会的教育要求,紧密结合行业前沿趋势及企业人才需求,使教育更加贴近实际,更具有针对性与实用性。

第三,以持续改进为抓手。人才培养是一个持续优化的过程,需要不断进行课程改进和更新。OBE教育理念要求建立一种有效的反馈机制,通过学生反馈、教学效果评估、行业趋势分析等方式,不断对课程进行修订和完善,确保课程始终与社会需求保持同步,与学生的学习需求相匹配。

2.OBE教育理念的实现步骤

OBE教育理念是一种基于学习成果的教育模式,该模式的落实与评估过程主要包括以下四个阶段。

首先,制定学习成果目标。综合考虑各方利益方的需求和期望,制定学习成果目标,使其明确可量化。制定学习成果目标既是OBE教育理念的终点,又是教学过程的起点。

其次,实现学习成果目标。学习成果目标的实现主要通过课程教学来达成。要实现学习成果目标,就需要构建一个与目标相适应的教学体系,包括反向设计课程、灵活调整教学方法、动态调整教学策略等。

再次,评估学习成果。OBE教育理念的核心在于明确、实现和评估学习成果。该理念强调对学生实际学习成果的关注,而不只是教学内容的传授和学习时间的投入。评估方式丰富多样,层层递进,注重学习成果的实际内涵实现与个人学习成效,而非仅关注学生之间的差距。

最后,应用学习成果。在教学的最后阶段,应用学习成果至关重要。依据对学习成果的全面综合评估分析,针对教学过程中学习成果目标所涉及的问题与挑战,提出相应的解决策略。在必要时,可对学习成果进行调整或重新定义,使其更加明确、具体和可操作。

二、OBE理念下以成果为导向的课程目标设定

（一）明确成果类型

1.知识成果

在高职院校电商专业的课程目标设定中，知识成果是基础部分。学生需要掌握电商领域的基础理论知识，如电子商务的基本概念，涵盖电子商务的定义、发展历程、不同的商业模式（如B2B、B2C、C2C等）。这些知识能够让学生对电商行业有一个宏观的认识，了解行业的整体架构和运作逻辑。同时，学生要深入学习市场营销知识在电商中的应用，包括市场细分、目标市场选择和市场定位等概念。了解如何针对不同的网络消费群体制定营销策略，如针对年轻时尚群体的个性化营销策略与针对中老年群体的性价比营销策略。

此外，信息技术相关知识也是重要的知识成果。学生必须掌握计算机网络基础知识，如网络协议（TCP/IP协议等）、IP地址的分类与作用、域名系统（DNS）等。这些知识是理解电商网络运营的基石。学生还要学习数据库管理知识，如关系型数据库（MySQL）和非关系型数据库（MongoDB）的基本操作，包括数据的创建、查询、更新和删除等操作，以便能够处理电商业务中的数据存储和管理问题。

2.技能成果

电商专业要求学生具备一系列的操作技能。首先是电商平台的运营技能，学生要学会在主流电商平台上进行店铺的创建、商品的上架与管理。这包括准确地填写商品信息，如标题优化（合理选择关键词以提高搜索排名）、商品描述撰写（突出产品卖点、功能、使用方法等）、图片处理与上传（确保图片清晰、美观、符合平台要求）。其次是网络营销技能，学生要能够熟练运用各种营销工具，如搜索引擎营销（SEM）中的竞价排名操作，了解关键词的选择、出价策略、广告创意撰写等。最后要掌握社交媒体营销技能，如如何在社交平台上进行品牌推广、产品宣传，包括内容创作（吸引人的文案、图片、视频等）、粉丝互动（回复评论、举办线上活动等）。

另外，数据分析技能也是不可或缺的。学生要学会使用数据分析工具，对电商网站或店铺的流量数据（如访客来源、页面浏览量、停留时间等）进行分析，解读数据背后的意义。通过分析转化率数据（如从访客到注册用户、从注册用户到购买用户的转化率），找出影响转化率的因素，并制定相应的改进策略。例如，如果发现某个页面的跳出率过高，就要分析是页面设计问题、内容不吸引人还是产品推荐不合理等原因。

（二）成果的层次与深度

1. 初级成果

在初级成果阶段，学生主要是对电商概念和基本操作有初步的掌握。对于电商平台运营，学生能够在老师的指导下完成简单的店铺设置，如选择店铺模板、填写基本的店铺信息等。在网络营销方面，学生可以理解不同营销工具的基本原理，例如知道搜索引擎营销是通过用户搜索关键词展示广告，但可能还不能熟练地进行关键词挖掘和广告投放优化。

在数据分析方面，学生能够查看和理解基本的数据指标，如能看懂电商平台后台提供的简单的流量统计数据，但还不能深入分析数据之间的关系。从知识层面来看，学生对电商基础知识有一个较为宽泛的了解，知道电子商务的主要商业模式，但可能对每种模式下的具体运营流程和盈利方式理解不深。对于市场营销知识，能够背诵市场细分等概念，但在实际案例分析中难以准确应用。在信息技术知识方面，了解计算机网络和数据库的基本概念，但对于网络故障排查和数据库的高级查询操作还很陌生。

2. 中级成果

当达到中级成果时，学生在电商平台运营方面能够独立完成较为复杂的任务。例如，能够根据市场需求和竞争情况制定商品上架策略，包括选择合适的商品品类、确定合理的价格区间、优化商品图片和描述以提高竞争力。在网络营销方面，学生可以独立进行小规模的营销活动策划和执行，如针对某一特定产品在社交媒体平台上策划一次促销活动，包括制定活动主题、选择合适的推广时间、确定推广渠道和方式。

在数据分析方面，学生能够运用数据分析工具进行较为深入的分析，可以通过数据挖掘技术找出不同数据指标之间的关联，如发现某类产品的销售高峰与特定的季节、节日或营销活动之间的关系。从知识层面来看，学生能够深入理解电商商业模式背后的经济学原理，如成本—收益分析在不同商业模式中的应用。对于市场营销知识，能够根据具体的市场情况制定营销策略，并且可以对不同营销策略的效果进行初步评估。在信息技术知识方面，能够解决一些常见的网络问题，并在数据库中进行较为复杂的数据操作，如多表联合查询等。

3. 高级成果

在高级成果阶段，学生在电商平台运营方面展现出卓越的能力，能够从宏观和微观两个层面优化店铺运营，从宏观上把握店铺的整体定位和发展战略，根据市场趋势调整店铺的经营方向；在微观上，能够对店铺的每个运营环节进行精细化管理,如通过用户行为分析优化商品推荐系统,提高用户的购买转化率。在网络营销方面,学生可以策划和执行大型的、跨平台的网络营销战,整合多种营销资源,如将搜索引擎营销、社交媒体营销、电子邮件营销等手段有机结合,实现品牌推广和产品销售的最大化。

在数据分析方面,学生能够建立自己的数据分析模型,对电商业务数据进行全面、深入的分析,并根据分析结果作出精准的决策。例如,通过构建用户画像模型,深入了解不同用户群体的消费行为、偏好和需求,从而为不同用户群体制定个性化的营销策略。从知识层面来看,学生对电商行业的前沿知识和发展趋势有敏锐的洞察力,能够将新的理论和技术(如人工智能在电商推荐系统中的应用、区块链在电商供应链中的应用等)融入实际的电商运营和决策中。对于市场营销知识,能够创新营销理论和方法,以应对不断变化的市场环境。在信息技术知识方面,学生能够根据电商业务需求开发简单的软件工具或插件,如开发一个用于商品图片批量处理的小工具,以提高工作效率。

三、课程内容与岗位需求的反向设计流程

(一)岗位需求调研

1.行业调研

要进行课程内容与岗位需求的反向设计,首先需要对电商行业进行全面的调研。了解电商行业的整体发展趋势,例如,近年来电商行业呈现出移动化、社交化、智能化的发展趋势,移动电商的兴起使得越来越多的消费者通过手机进行购物,这就要求电商专业的课程内容中增加移动电商相关的知识和技能,如移动端店铺的设计与优化、移动支付的安全性与便捷性等。社交电商的发展则需要学生掌握如何利用社交平台进行营销推广,以适应新兴的社交电商模式。同时,要关注电商行业的竞争格局。分析不同规模(大型电商平台、中小微电商企业)、不同类型(综合电商、垂直电商)企业之间的竞争关系。例如,在综合电商竞争激烈的环境下,垂直电商如何通过聚焦特定的产品领域(如母婴电商、美妆电商等),提供更专业、更个性化的服务来获取竞争优势。这对于课程内容设计的启示是,要培养学生对不同类型电商企业的运营模式和竞争策略的理解,以便学生在未来的工作中能够根据企业的实际情况制定合适的发展战略。

2.企业岗位调研

深入企业进行岗位调研是课程内容反向设计的关键步骤。对于电商运营岗位,了解其日常工作内容,如商品管理(包括商品的选品、采购、库存管理等)、店

铺流量获取（通过搜索引擎优化、平台活动参与等方式）、用户关系维护（处理用户咨询、投诉，提高用户满意度等）。根据这些岗位需求，在课程内容中设置相应的教学模块，如商品管理课程模块要涵盖商品选品的原则和方法、库存管理的数学模型等知识；店铺流量获取课程模块要教授搜索引擎优化的技术和平台活动规则解读等内容。

对于电商营销岗位，调研发现其需要具备市场分析、营销策划、广告投放等能力。市场分析能力要求学生能够收集和分析市场数据，识别市场机会和威胁。因此，在课程内容中要设置市场调研与分析课程，教授学生如何设计调查问卷、收集和整理数据、运用数据分析工具进行市场趋势分析等内容。营销策划能力则需要学生掌握营销活动策划的流程和方法，所以要设置营销策划课程，包括营销目标设定、活动主题创意、活动执行与评估等教学内容。广告投放能力要求学生了解不同广告平台的特点和投放规则，因此，要在课程中教授广告平台的选择、广告预算分配、广告效果评估等知识。

（二）课程内容构建

1.核心课程内容

根据岗位需求调研的结果，构建电商专业的核心课程内容。首先是电商基础课程，这部分内容要涵盖电子商务的基本理论、商业模式、法律法规等知识。例如，在商业模式部分，详细讲解B2B、B2C、C2C等模式的运营流程、盈利方式、代表企业等内容，让学生对电商的基本框架有清晰的认识。同时，要介绍电商相关的法律法规，如消费者权益保护法在电商中的应用、知识产权保护（包括商标、专利、版权等方面）在电商交易中的重要性等内容，培养学生的法律意识。

电商运营课程是核心课程的重要组成部分。这部分课程内容要围绕电商平台的运营展开，包括店铺的开设与管理、商品的运营（选品、定价、促销等）、流量的获取与转化、用户体验的优化等内容。例如，在店铺开设与管理课程中，教授学生如何选择适合自己的电商平台、注册店铺、设置店铺信息、选择店铺模板等内容；在商品运营课程中，讲解商品选品的依据（市场需求、竞争情况、利润空间等）、定价策略（成本加成定价、竞争导向定价、需求导向定价等）、促销方式（折扣促销、满减促销、赠品促销等）等知识。

2.拓展课程内容

除了核心课程内容，还需要设置拓展课程内容以满足不同学生的需求和适应行业的变化。电商数据分析拓展课程是非常有必要的，在这个课程中，深入教授数据分析的高级技术，如数据挖掘算法（关联规则挖掘、聚类分析等）在电商数据中的应用。让学生学会运用这些技术从海量的电商数据中发现有价值的信息,如发现顾客的购买行为模式、预测商品的销售趋势等。

电商前沿技术拓展课程也是拓展课程内容的重要部分。随着科技的不断发展,电商行业也在不断涌现新的技术,如人工智能、区块链、VR、AR等。在这个课程中,介绍这些前沿技术在电商中的应用前景和基本原理。例如,讲解人工智能在电商推荐系统中的应用,如何通过机器学习算法为用户提供个性化的商品推荐;介绍区块链在电商供应链管理中的应用,如何提高供应链的透明度和安全性等内容。这有助于拓宽学生的视野,使他们能够跟上电商行业的快速发展。

四、学生能力达成度在课程设计中的体现

(一)能力达成度的评估指标

1.知识掌握程度指标

在课程设计中,知识掌握程度是衡量学生能力达成度的重要指标之一。对于电商专业课程,首先要评估学生对基础理论知识的掌握情况。例如,通过考试的方式考查学生对电子商务基本概念、市场营销原理、计算机网络基础等知识的理解。可以设置选择题、填空题、简答题等题型,从不同角度考查学生对知识的记忆、理解和应用能力。如在电子商务基本概念的考查中,设置“请简述B2C电子商务模式的特点”这样的简答题,要求学生能够准确地阐述B2C模式下企业与消费者之间的关系、运营流程、优势和劣势等内容。

除了基础理论知识,还要考查学生对专业知识的掌握程度。以电商运营知识为例,可以通过案例分析题的形式考查学生对店铺运营策略的理解。给出一个电商店铺的运营案例,包括店铺的基本信息(商品品类、目标客户群体、经营状况等),要求学生分析该店铺存在的问题,并提出改进的运营策略。这种题型能够考查学生对电商运营知识的综合运用能力,如是否能够运用商品选品、定价、促销等知识来解决实际的店铺运营问题。

2.技能操作水平指标

技能操作水平是电商专业学生能力达成度的关键指标。对于电商平台运营技能,通过实际操作考核的方式进行评估。例如,要求学生在规定的时间内完成一个电商平台店铺的创建、商品上架、页面优化等任务。评估的标准包括店铺信息填写的准确性、商品标题和描述的优化效果、页面布局的合理性等。通过观察学生的实际操作过程和最终的操作结果,判断学生在电商平台运营方面的技能水平。

在网络营销技能方面,应考核学生的营销策划和执行能力。可以布置一个营销任务,如为某一特定产品制定一个网络营销方案,并在一定的预算和时间限制内执行该方案。评估的指标包括营销方案的创新性、可行性、对目标市场的针对性,以及营销活动执行过程中的资源利用效率、效果评估等。例如,在为一款新型美妆产品制定营销方案时,要看学生是否能够准确地定位目标市场(年轻女性、注重品质和个性化等),是否设计了有效的营销活动(如结合美妆博主的推荐、社交媒体的互动活动等),以及在执行过程中是否能够合理地分配预算(如在不同营销渠道的投入比例)并达到预期的营销效果(如产品的知名度提高、销售量增加等)。

(二)能力达成度与课程目标的关联

1.直接关联

课程目标设定为学生能力达成度提供了明确的方向,两者存在直接关联。例如,在课程目标中设定学生要掌握电商平台的运营技能,这就直接对应着能力达成度评估中的电商平台运营技能指标。在课程设计中,为了实现这一目标,会安排相应的教学内容,如电商平台运营课程模块,包括店铺的创建、商品的上架与管理等内容。通过这些教学内容的学习,学生在能力达成度评估中应能够在电商平台运营技能指标上达到相应的水平。

同样,课程目标中如果设定学生要具备网络营销策划能力,那么在能力达成度评估中就会有与之对应的网络营销策划能力指标。在课程设计中,要通过设置营销策划课程,教授营销策划的流程、方法、创意等内容,使学生在学习后能够满足网络营销策划能力指标的要求。这种直接关联确保了课程目标能够在学生的能力达成度上得到体现,使课程设计具有明确的导向性。

2.间接关联

除了直接关联,能力达成度与课程目标还存在间接关联。例如,在课程目标中设定学生要具备良好的团队合作能力,虽然这一目标不是直接针对某一具体的电商技能,但在实际的电商项目中,团队合作能力是非常重要的。在课程设计中,可能会通过小组项目的方式来培养学生的团队合作能力。在小组项目中,学生需要共同完成一个电商项目,如策划并执行一个电商营销活动。在这个过程中,学生需要进行分工协作,发挥各自的专业技能(如有的学生负责市场调研、有的学生负责营销方案策划、有的学生负责活动执行等)。

虽然团队合作能力本身不是一个直接的电商技能指标,但它会间接地影响学生在其他技能指标上的达成度。例如,一个团队合作良好的小组在执行电商营销活动时，可能会因为有效的沟通协作而提高营销活动的效果，从而在营销技能操作水平指标上取得更好的成绩。这种间接关联体现了课程目标的综合性和相互关联性，要求课程设计要从多个方面考虑如何实现课程目标并体现在学生的能力达成度上。

五、课程体系的动态调整机制以适应行业变化

（一）行业变化监测

1.数据来源

为了建立课程体系的动态调整机制，需要对行业变化进行监测，而数据来源是监测的基础。这些数据可以从官方统计数据获取。例如，国家统计局发布的电子商务行业相关统计数据，包括电商交易规模、增长率、不同地区的电商发展水平等数据。这些数据能够反映出电商行业的宏观发展趋势，如当交易规模持续增长但增长率有所下降时，可能意味着电商行业进入了一个相对稳定但竞争加剧的发展阶段，这就需要在课程体系中加强对学生竞争能力的培养。

行业报告也是重要的数据来源。许多专业的市场研究机构（如艾瑞咨询、易观智库等）会定期发布电商行业报告，这些报告包含了丰富的信息，如新兴的电商模式、消费者行为变化、技术在电商中的应用等。例如，根据艾瑞咨询的报告，如果发现社交电商模式在近年来发展迅速，并且预计未来仍有很大的发展空间，那么在课程体系中就需要增加社交电商相关的课程内容，如社交平台的营销技巧、社交电商的运营模式等。

企业调研也是获取数据的重要途径。通过与电商企业的直接沟通，了解企业在实际运营过程中的需求变化。例如，与电商运营企业交流发现，随着电商平台规则的不断变化，企业对员工的平台规则解读能力和合规运营能力要求越来越高。这就需要在课程体系中加强对电商平台规则的教学，如设置专门的课程模块讲解主要电商平台的规则变化及应对策略。

2.数据分析方法

在获取了行业变化的数据后，需要运用适当的数据分析方法进行分析。趋势分析是一种常用的方法，通过对电商行业数据（如交易规模、用户数量等）在一定时间范围内（如过去5年或10年）的变化趋势进行分析，预测未来的发展方向。例如，如果发现电商用户数量在过去几年呈现出稳步增长的趋势，并且增长率保持在一个较高的水平，那么可以预测未来电商市场还有很大的拓展空间，课程体系可以相应地增加对新市场开拓相关知识的传授，比如跨境电商市场的进入策

略、新兴地区电商市场的特点与机遇等。

对比分析也是重要的方法之一。将不同类型的电商企业(如综合电商与垂直电商)、不同发展阶段的电商企业(初创企业与成熟企业)的数据进行对比。例如,对比综合电商和垂直电商在用户获取成本、用户忠诚度等方面的数据,可以发现垂直电商在特定领域的用户忠诚度相对较高,但用户获取成本也较高。基于这样的分析结果,在课程体系中可以为有兴趣从事垂直电商相关工作的学生设置有针对性的课程内容,如垂直电商的品牌定位与用户精细化运营策略等。同时,还可以通过因子分析等方法挖掘影响电商行业变化的关键因素,如技术创新、消费需求变化等,以便课程体系能够及时调整以适应这些关键因素的变化。

(二)课程体系调整的决策过程

1.内部研讨

当监测到行业变化并分析出相关结果后,高职院校的电商专业内部需要进行研讨。首先是教师团队的研讨,不同专业背景的教师(如电商运营方向、网络营销方向、信息技术方向等)根据自己的教学经验和专业知识对行业变化信息进行解读。例如,电商运营方向的教师会关注到电商平台规则变化对课程内容中店铺运营部分的影响,提出是否需要调整商品上架流程、促销活动管理等教学内容;网络营销方向的教师则会考虑新的营销模式(如短视频营销)对营销课程的冲击,探讨是否要增加短视频制作与营销推广的教学内容。其次,还要组织学生代表参与研讨。学生可以从自身学习体验和未来职业规划的角度提出意见。比如,学生可能反映现有的课程体系中实践操作环节与实际企业需求存在差距,希望增加更多的企业真实项目实践课程;或者学生对新兴电商技术(如区块链在电商中的应用)非常感兴趣,希望能在课程体系中有更多深入学习的机会。这些来自教师和学生的意见和建议将作为课程体系调整的重要参考依据。

2.外部咨询

除了内部研讨,外部咨询也是课程体系调整决策过程中的重要环节。与电商企业的合作是关键,通过与企业的交流,了解企业对人才的最新需求。例如,企业可能表示随着电商智能化的发展,对员工的数据分析和人工智能应用能力有更高的要求,希望高职院校能够培养出具备这些能力的学生。企业还可以提供实际的岗位技能要求和工作流程案例,帮助学校明确课程调整的方向。

与行业专家的沟通也必不可少。行业专家对电商行业的发展趋势有着敏锐的洞察力,他们可以从宏观的角度为课程体系调整提供建议。例如,行业专家可能指出随着全球经济一体化的加深,电商专业的课程体系应加强国际电商规则、跨文化电商运营等方面的内容。综合内部研讨和外部咨询的结果,学校可以作出科学合理的课程体系调整决策。

（三）调整的实施与反馈

1.调整实施

在作出课程体系调整决策后，需要有序地进行调整实施。对于新增的课程内容，要制订详细的教学大纲和教学计划。例如，如果决定在课程体系中增加跨境电商课程，那么要明确这门课程的教学目标（如让学生掌握跨境电商的平台操作、国际物流与支付、跨境营销等知识和技能）、教学内容（包括跨境电商平台介绍、不同国家和地区的电商市场特点、跨境电商的法律法规等）、教学方法（如案例教学、模拟操作等）和教学评价（如通过跨境电商项目的实际操作成果进行评价）。

对于原有的课程内容进行修改和优化也要有明确的方案。如果要对电商运营课程中的商品管理部分进行优化，需要重新编写教材内容，增加新的商品管理理念和方法（如基于大数据的商品选品和库存管理），调整教学课时的分配，增加实践教学的比重，如安排学生到企业进行商品管理的实地调研和实习操作。在实施调整的过程中，要确保教师能够及时掌握新的教学内容和教学方法，为教师提供培训和学习的机会。

2.反馈机制

建立有效的反馈机制是课程体系动态调整的重要保障。一方面，要从教师教学过程中收集反馈信息。教师在教学过程中能够直接感受到课程体系调整后的效果，如新增课程内容是否符合学生的学习能力、教学方法是否有效等。教师可以定期提交教学总结报告，反映在教学过程中遇到的问题和改进建议。例如，若教师发现新的课程内容难度过高，学生接受起来比较困难，建议适当降低难度或者增加一些前置课程内容。另一方面，要从学生学习效果中获取反馈。通过学生的学习成绩、实践操作成果、就业情况等方面来评估课程体系调整的效果。例如，如果发现学生在经过课程体系调整后的某一专业课程（如电商数据分析课程）中的学习成绩普遍不理想，便需要重新审视这门课程的教学内容和教学方法；如果学生在就业时发现所学知识与企业实际需求仍存在较大差距，这就需要进一步深入调整课程体系，以便更好地满足企业和社会对电商专业人才的需求。通过这样的反馈机制，不断完善课程体系，使其能够持续适应电商行业的变化。

六、不同课程模块之间的连贯性与整合性原则

(一)连贯性原则

1.知识体系的连贯

在高职院校电商专业的课程体系中,不同课程模块之间的知识体系需要保持连贯。以电商基础课程和电商运营课程为例,电商基础课程中介绍的电子商务基本概念、商业模式等知识是电商运营课程的基础。在电商运营课程中,当涉及店铺的运营模式选择时,就需要学生能够运用在电商基础课程中学到的不同商业模式(如B2B、B2C等)的特点和适用范围等知识。如果知识体系不连贯,学生在学习电商运营课程时就会感到吃力,无法将所学知识融会贯通。

同样,电商运营课程和电商营销课程之间也存在知识体系的连贯性。电商运营课程中关于商品管理(选品、定价等)的知识是电商营销课程中营销策划的重要依据。例如,营销人员在制定产品的促销策略时,必须了解商品的成本结构(来自商品管理中的定价知识)和市场定位(与选品知识相关),才能制订出合理有效的促销方案。这种知识体系的连贯性有助于学生构建完整的电商知识网络,提高学习效果。

2.技能培养的连贯

除了知识体系的连贯,不同课程模块之间在技能培养方面也需要保持连贯。例如,在电商平台操作课程和电商数据分析课程之间,电商平台操作课程中培养的学生对电商平台数据的获取和初步整理技能是电商数据分析课程中进行深入数据分析的基础。如果学生在电商平台操作课程中没有掌握如何准确地获取店铺的流量数据、销售数据等,那么在电商数据分析课程中就无法进行有效的数据分析。

电商营销课程和电商项目管理课程在技能培养上也存在连贯性。电商营销课程中培养的营销策划和执行技能是电商项目管理课程中项目整体规划和推进的重要组成部分。在一个电商项目中,营销活动是其中的关键环节,营销人员需要将在电商营销课程中学到的技能应用到项目中,同时项目管理人员也需要了解营销技能,以便更好地协调项目中的营销资源和其他资源,确保项目的顺利进行。

(二)整合性原则

1.课程内容整合

为了提高课程体系的有效性,需要对不同课程模块的内容进行整合。例如,将电商运营课程中的商品管理部分和电商供应链管理课程中的采购管理部分进

行整合。在实际的电商业务中，商品管理和采购管理是紧密相关的，整合后的课程内容可以让学生更全面地了解商品从采购到上架销售的整个流程，包括采购的决策依据（与商品选品相关）、采购成本控制（影响商品定价）、库存管理（与商品销售和补货相关）等内容。

电商营销课程和电商客户关系管理课程也可以进行内容整合。在营销过程中，客户关系管理是非常重要的环节。整合后的课程可以将营销活动中的客户获取、客户保留和客户忠诚度提升等内容与客户关系管理中的客户信息管理、客户服务等内容有机结合起来。例如，通过营销活动获取的客户信息（如客户的购买偏好、联系方式等）可以直接应用于客户关系管理中的客户分类和精准营销，提高营销效果和客户满意度。

2.教学资源整合

除了课程内容整合，教学资源的整合也至关重要。不同课程模块的教师可以共同开发教学案例，这些案例可以涵盖多个课程模块的知识点和技能点。例如，开发一个电商企业的综合案例，其中涉及电商运营中的店铺管理、电商营销中的促销活动策划、电商数据分析中的销售数据挖掘等内容。这样的综合案例可以让学生在一个案例中学习到多个课程模块的知识和技能，提高学生的综合应用能力。教学设备和实验室资源也可以进行整合。例如，电商实训实验室可以同时满足电商平台操作课程、电商营销课程和电商数据分析课程的实践教学需求。通过合理安排实验室的使用时间和设备配置，学生可以在同一个实验室环境中完成不同课程模块的实践操作，提高实践教学的效率和效果。

七、课程评价与岗位能力要求的对接方式

（一）评价指标对接

1.知识评价指标对接

在课程评价与岗位能力要求的对接中，知识评价指标的对接是基础。对于电商专业课程，岗位能力要求中的知识部分包括电子商务基础知识、市场营销知识、信息技术知识等。在课程评价中，要确保对这些知识的评价指标能够与岗位能力要求相匹配。例如，岗位能力要求学生掌握电子商务的主要商业模式，那么在课程评价中就要设置相应的知识评价指标，如通过考试中的简答题或者选择题来考查学生对B2B、B2C等商业模式的理解程度，包括商业模式的运营流程、盈利方式、特点等方面。

市场营销知识在岗位能力要求中也占有重要地位。如果岗位需要学生能够进行市场细分和目标市场定位，那么课程评价指标就要包括对学生这方面知识的

考查。可以通过案例分析题的形式，给出一个市场场景，要求学生进行市场细分并确定目标市场，然后根据学生的答案判断其是否掌握了市场细分和目标市场定位的知识。同样，对于信息技术知识，如数据库管理知识，如果岗位要求学生能够进行简单的数据查询和管理，那么课程评价中就要设置数据库操作相关的评价指标，如通过实际操作考核学生对数据库查询语句（如SQL中的SELECT语句）的掌握情况。

2.技能评价指标对接

技能评价指标对接是课程评价与岗位能力要求对接的关键环节。以电商平台运营岗位为例，岗位能力要求学生具备店铺创建、商品上架、页面优化等技能。在课程评价中，就要针对这些技能设置相应的评价指标。例如，通过实际操作考核学生创建店铺的速度和准确性，包括店铺名称的填写、店铺类型的选择、店铺信息的完善等方面；对于商品上架技能，可以考核学生对商品信息填写的完整性和准确性，如商品标题是否包含关键词、商品描述是否详细且吸引人、商品图片是否符合要求等；对于页面优化技能，可以评价学生对店铺页面布局的合理性、色彩搭配的协调性等方面的能力。

在电商营销岗位方面，岗位能力要求学生具备营销策划和执行技能。课程评价指标就要与之对接。对于营销策划技能，可以通过要求学生制定营销方案并评价方案的创新性、可行性、目标市场的针对性等方面来进行考核；对于营销执行技能，可以通过模拟营销活动或者实际参与营销项目，考查学生在活动执行过程中的资源利用效率、营销效果的达成情况（如产品知名度的提高、销售量的增加等）等方面的能力。

（二）评价方式对接

1.过程性评价对接

过程性评价在课程评价与岗位能力要求的对接中具有重要意义。在岗位工作中，很多能力的体现是一个过程，而不是仅仅看最终的结果。例如，在电商运营岗位中，商品的库存管理是一个持续的过程，需要不断地监控库存水平、调整补货计划等。在课程评价中，也要采用过程性评价方式来对接岗位能力要求。可以通过设置阶段性的项目作业，如要求学生在一个学期内模拟运营一个电商店铺，在这个过程中，教师定期检查学生的库存管理情况，包括库存数据的记录、库存周转率的计算、补货决策的合理性等方面。

对于电商营销岗位，营销活动的策划和执行也是一个过程性的工作。在课程评价中，可以采用小组项目的方式进行过程性评价。例如，将学生分成小组,要求每个小组策划并执行一个营销活动,教师在活动过程中对小组的工作进行跟踪评价,包括市场调研的深度、营销方案的修改完善过程、营销活动执行过程中的沟通协作情况等方面。这种过程性评价方式能够更好地对接岗位能力要求,培养学生的实际工作能力。

2.终结性评价对接

终结性评价也是课程评价与岗位能力要求对接的重要组成部分。在岗位工作中,虽然过程很重要,但最终的成果也需要进行评估。例如,电商运营岗位最终要实现店铺的盈利、用户满意度的提高等目标。在课程评价中,终结性评价可以通过期末考试、毕业项目等方式进行。期末考试可以设置综合性的题目,考查学生对整个电商运营知识和技能的掌握情况,如要求学生根据给定的市场情况制定一个电商店铺的运营策略,并预测运营效果。毕业项目则可以要求学生独立完成一个完整的电商项目,从项目的策划、实施到最终的成果评估,全面考查学生是否达到岗位能力要求。

在电商营销岗位方面,终结性评价可以通过对学生营销活动的最终效果进行评估。例如,通过分析学生营销活动后的产品销售量、市场份额、品牌知名度等数据,判断学生是否达到岗位能力要求。同时,还可以结合学生在营销活动中的总结报告,考查学生对营销活动的反思和改进能力,这也是岗位能力要求中重要的一部分。①

第二节 核心理论课程重塑:电商概论、营销学、管理学等课程升级

一、电商概论课程中融入新兴电商模式的理论分析

(一)新兴电商模式的类型与特点

1.社交电商

社交电商是一种借助社交网络平台进行商品销售和营销的电商模式。其特点之一是用户黏性高,因为它基于用户之间的社交关系,如朋友推荐、群组分享等。这种基于人际关系的传播方式使得信息传播速度快且可信度较高。用户在社交平台上看到朋友分享的商品信息,会更倾向于去了解和购买。另一个特点是精准营销能力强。社交电商平台可以根据用户的社交关系、兴趣爱好、消费行为

①吴冬晨.基于OBE理念的电子商务人才培养策略研究[J].广东教育,2024(1):101-102.

等数据进行精准的商品推荐。比如，某用户在社交平台上经常关注时尚类的话题和账号，平台就可以向其推荐时尚类的商品，从而提高营销的精准度和转化率。

2.跨境电商

跨境电商打破了国界的限制，使全球的商品和消费者能够直接对接。首先，它的特点是市场范围广，涵盖了不同国家和地区的消费者，这意味着有更广阔的市场潜力。例如，中国的一些特色商品如丝绸、茶叶等，可以通过跨境电商平台销售到世界各地。其次，跨境电商面临复杂的政策和法规环境。不同国家有不同的关税政策、进出口管制规定等。例如，欧盟对某些电子产品的安全标准要求较高，跨境电商企业要想将电子产品销售到欧盟地区，就必须确保产品符合其安全标准，这对企业的合规运营提出了更高的要求。

（二）在电商概论课程中的融入方式

1.课程内容调整

在电商概论课程的基础概念部分，要增加对新兴电商模式概念的详细阐述。如对于社交电商，要解释其与传统电商模式在运营主体、营销方式等方面的区别。传统电商主要以电商平台为运营主体，通过搜索排名等方式进行营销，而社交电商以社交网络用户为主体，通过社交互动进行营销。

在电商模式分类章节，要将新兴电商模式单独列为一个类别进行讲解。除了介绍其类型，还要分析每种模式的发展历程、现状和未来趋势。例如，跨境电商的发展历程可以从早期的小额贸易、海外代购等形式逐渐发展到如今的大型跨境电商平台主导的模式，让学生了解其发展的脉络。

2.案例教学的运用

收集社交电商成功案例，在课堂上让学生讨论案例中的社交元素是如何与电商业务紧密结合的，以及这种模式可能存在的风险，如商品质量控制难度较大等。

对于跨境电商，可以以亚马逊全球开店为例。讲解亚马逊如何为全球卖家提供一站式服务，包括物流、支付、营销等方面。让学生分析亚马逊在不同国家和地区的市场策略，以及跨境电商卖家在亚马逊平台上如何应对不同的文化、消费习惯和政策法规等问题。

二、营销学课程结合电商营销新趋势的内容更新

（一）电商营销新趋势

1.内容营销的重要性日益凸显

在电商领域，内容营销成为吸引和留住消费者的重要手段。内容不再仅仅是商品的描述，而是包括了各种形式的信息创作，如视频、图文、故事等。例如，一些美妆品牌在电商平台上会发布美妆教程视频，这些视频不仅展示了产品的使用效果，还传授了美妆知识，吸引了大量的消费者观看并购买相关产品。优质的内容能够建立品牌形象和消费者信任。当消费者看到一个品牌持续输出有价值的内容时，会认为这个品牌具有专业性和可信度。

2.大数据驱动的精准营销

电商平台积累了海量的用户数据，利用大数据技术可以实现精准营销。通过对用户的浏览历史、购买行为、地理位置等数据的分析，可以精准地定位目标用户群体。例如，某电商平台根据用户的历史购买记录，向用户推荐可能感兴趣的商品，提高了营销的精准度和转化率。

大数据还可以用于市场细分。电商企业可以根据不同的用户特征将市场细分为多个子市场，然后针对每个子市场制定个性化的营销策略。例如，根据年龄、性别、消费层次等因素将用户细分，针对年轻时尚、消费能力较强的女性群体推出高端时尚品牌的营销活动。

（二）课程内容更新要点

1.营销理论更新

在营销学课程中，要增加内容营销相关的理论知识。包括内容营销的策略制定，如如何根据品牌定位和目标受众确定内容主题、形式和发布渠道等。例如，针对年轻消费者的时尚品牌，可能会选择在短视频平台上发布时尚穿搭、潮流新品等内容，以吸引目标受众。

同时要更新精准营销的理论部分，引入大数据分析在营销决策中的应用模型。例如，RFM模型（最近一次消费Recency、消费频率Frequency、消费金额Monetary），通过分析这三个维度的数据对用户进行分类，然后针对不同类型的用户采取不同的营销策略。

2.实践环节调整

在营销学课程的实践环节，要增加内容创作的任务。例如，要求学生为一个给定的电商品牌制订内容营销计划，并创作相关的内容，如撰写产品故事、制作短视频等，然后对内容的传播效果进行评估。

建立大数据营销模拟实验室，让学生在模拟环境中体验大数据驱动的精准营销过程。学生可以利用模拟数据进行市场细分、目标用户定位、营销活动策划等操作，并对营销效果进行分析和优化。

三、管理学课程针对电商企业管理特点的优化

（一）电商企业管理的特点

1.组织架构灵活

电商企业的组织架构通常比传统企业更加灵活。由于电商业务的快速变化和创新需求，企业需要能够快速调整部门设置和职能分配。例如，在电商促销活动期间，可能需要临时组建一个促销策划团队，从不同部门抽调人员，活动结束后团队成员再回归原部门或重新分配到其他项目中。

很多电商企业采用扁平化的组织架构，减少了层级管理，提高了信息传递的效率。以一些小型电商创业公司为例，员工之间可以直接沟通，决策过程相对较快，能够迅速应对市场变化。

2.供应链管理复杂

电商企业的供应链涉及多个环节，包括供应商、仓储、物流、配送等。与传统企业相比，电商企业的供应链管理面临更多的不确定性。例如，在电商购物节等大型促销活动期间，订单量会大幅增加，对仓储和物流的压力巨大。企业需要提前做好库存规划、物流调配等工作，以确保订单能够及时准确地交付。电商企业的供应链还需要高度的信息化。通过信息化系统，企业可以实时监控库存水平、物流状态等信息，以便及时作出决策。

（二）课程优化方向

1.管理理论调整

在管理学课程中，要增加关于灵活组织架构管理的理论知识。例如，介绍敏捷管理的概念和方法，让学生了解如何在动态变化的环境中构建和管理灵活的组织架构。包括如何进行团队组建、任务分配、沟通协调等方面的知识。

对于供应链管理部分，要深入讲解电商企业供应链的复杂性和信息化管理的重要性。引入供应链风险管理的理论，包括如何识别、评估和应对电商供应链中的风险，如库存积压风险、物流延误风险等。

2.案例教学与模拟实践

采用电商企业管理的实际案例进行教学。例如，分析成熟的大型电商企业的组织架构演变过程，从早期的创业团队到如今庞大的商业帝国，其组织架构是

如何随着业务发展而不断调整的。让学生讨论该企业在组织架构调整过程中的成功经验和面临的挑战。

建立电商企业供应链管理模拟系统，让学生在模拟环境中体验供应链管理的全过程。包括供应商选择、库存管理、物流配送等环节，通过模拟不同的市场情况（如订单波动、物流故障等），让学生学会如何应对复杂的供应链管理问题。

四、理论课程教学方法的创新

（一）线上线下混合式教学

1.线上教学资源的整合与利用

整合各种优质的线上教学资源，如知名大学的公开课、专业培训机构的在线课程等。例如，Coursera上有许多关于电商、营销、管理等方面的课程，可以挑选与本课程相关的内容，如某大学的电商战略课程，将其纳入教学资源库。教师可以利用线上平台制作自己的教学视频，针对课程中的重点和难点内容进行详细讲解。这些视频可以设置为可回放，方便学生课后复习。同时，在线上平台布置作业、测验等，及时了解学生的学习情况。

2.线下课堂互动与实践

线下课堂要加强互动环节。教师可以采用小组讨论、案例分析、角色扮演等方式，提高学生的参与度。例如，在营销学课程中，针对某个电商营销案例，将学生分成小组进行讨论，每个小组提出自己的营销方案，然后在全班进行展示和交流。增加线下实践教学环节。在管理学课程中，可以组织学生到当地的电商企业进行实地参观和实习，让学生了解电商企业的实际运营管理情况。在电商概论课程中，可以安排学生进行模拟电商平台的搭建和运营，将理论知识应用到实际操作中。

（二）项目驱动式教学

1.项目设计与实施

根据课程内容设计合适的项目。例如，在电商概论课程中，可以设计一个电商创业项目，要求学生从市场调研、商业模式选择、平台搭建等方面进行规划。在营销学课程中，设计一个电商品牌推广项目，包括品牌定位、营销策划、推广执行等环节。在项目实施过程中，学生以小组为单位进行合作。教师作为指导者，为学生提供必要的技术和理论支持。例如，在管理学课程的项目中，教师可以指导学生如何进行团队管理、资源分配等。

2.项目评价与反馈

建立完善的项目评价体系。评价指标可以包括项目的创新性、可行性、完成质量等方面。例如,对于电商创业项目,要评价其商业模式的创新性、市场前景的可行性以及项目执行过程中的各项任务完成质量。

根据项目评价结果及时向学生提供反馈。教师可以针对学生在项目中存在的问题进行详细分析,并提出改进建议。例如,如果学生在电商品牌推广项目中的营销策划缺乏创新性,教师可以提供一些新的营销思路和方法,帮助学生改进。

五、课程资源的更新与拓展

(一)教材更新

1.教材内容更新的必要性

随着电商行业的快速发展,新兴电商模式、营销趋势、管理特点等不断涌现,现有的教材内容已经不能满足教学需求。例如,目前很多教材中关于社交电商的内容只是简单提及,没有深入分析其运营模式、营销手段等,需要及时更新教材内容,以反映行业的最新发展。教材内容的滞后会导致学生所学知识与实际工作需求脱节。如果学生在学校学习的营销理论还是传统的大众营销,而不了解大数据驱动的精准营销,在进入电商企业工作后将很难适应企业的营销工作要求。

2.教材更新的方向

在电商概论教材中,要增加新兴电商模式的详细内容,如直播电商的主播运营、场景打造等方面的知识。同时,更新电商技术相关内容,如人工智能在电商中的应用,包括智能客服、商品推荐系统等。

营销学教材要更新营销渠道的内容,加入移动互联网时代新的营销渠道,如小程序营销、短视频营销等。对于管理学教材,要补充电商企业人力资源管理的新特点,包括如何吸引和留住电商技术人才、如何管理远程办公员工等。

(二)拓展课外学习资源

1.网络资源的利用

引导学生利用网络资源进行课外学习。推荐一些专业的电商网站,如提供丰富的电商行业资讯、案例分析、研究报告等的网站。学生可以通过阅读这些内容,了解电商行业的最新动态和发展趋势。鼓励学生关注电商行业的知名博客、公众号等。这些博客、公众号每天都会发布电商行业的新闻、观点、数据分析等内容。学生可以通过关注这些平台,拓宽自己的知识面,并且可以与行业内的人士进行互动交流。

2.行业企业资源的引入

与电商企业建立合作关系,邀请企业专家到学校举办讲座。企业专家可以分享自己在电商工作中的实际经验、行业发展趋势的见解等。例如,邀请某知名电商企业的营销总监来校讲解电商营销的实战经验,包括如何制订年度营销计划、如何应对竞争对手等。建立校企合作的实习基地,为学生提供更多的实践机会。学生可以在实习基地接触到真实的电商工作环境,了解企业的运营管理流程,将所学的理论知识应用到实际工作中。

六、理论课程与实践课程的衔接机制

(一)课程体系设计中的衔接

1.课程顺序安排

在课程体系设计时,要合理安排理论课程和实践课程的顺序。例如,在电商概论课程中,先开设理论课程,让学生对电商的基本概念、模式、发展历程等有一个系统的了解,然后再开设电商平台操作实践课程,这样学生在实践操作时就有了理论基础,可以更好地理解操作的目的和原理。

对于营销学课程,先学习营销理论知识,如市场细分、目标市场定位等,再进行营销策划实践课程。在管理学课程中,先学习管理的基本理论,如组织行为学、领导理论等,再安排企业管理模拟实践课程。

2.课程内容关联

在课程内容设计上,要加强理论课程和实践课程的关联。若在电商概论的理论课程中讲到电商平台的功能模块时,就要在实践课程中让学生实际操作这些功能模块。若在营销学理论课程中讲解营销组合策略(产品、价格、渠道、促销)时,就要在实践课程中让学生针对某个产品制定营销组合策略的方案并实施。

(二)师资队伍建设中的衔接

1.教师能力提高

教师要具备理论与实践相结合的教学能力。鼓励教师参加企业实践培训,深入电商企业了解实际运营情况。例如,教师可以到电商企业的营销部门挂职锻炼,学习企业最新的营销手段和方法,然后将这些经验融入教学中。

学校可以组织教师参加电商行业的研讨会、学术会议等,让教师了解行业的最新理论研究成果,同时也可以与其他院校的教师交流教学经验,提高教师的教学水平。

2.“双师型”教师的培养

加大“双师型”教师的培养力度。“双师型”教师既要有扎实的理论知识，又要有丰富的实践经验。学校可以制定相关政策，鼓励教师考取电商行业相关的职业资格证书，如电子商务师证书等。

建立“双师型”教师的激励机制，对在理论与实践教学衔接方面表现优秀的教师给予奖励，如教学成果奖励、职称晋升优先等，提高教师参与“双师”型教师培养的积极性。①

第三节 实践导向课程体系搭建：模拟实训、企业实习、项目实战规划

一、模拟实训课程的场景设置与任务设计

（一）场景设置

1.电商平台运营场景

模拟搭建电商平台的前端界面，包括商品展示页面、购物车系统、用户注册登录页面等。让学生能够直观地了解电商平台的基本架构和用户交互流程。例如，在商品展示页面的设置中，要求学生根据不同类型的商品（如服装、电子产品等）设计不同的展示方式，如服装类商品要突出款式、颜色、尺码等信息，电子产品则要重点展示参数、功能等。

构建后台管理系统场景，涵盖商品管理、订单管理、用户管理等模块。在商品管理模块中，学生可以进行商品的上架、下架、库存调整等操作；订单管理模块里，要能够处理订单的接收、发货、退货等流程；用户管理模块则涉及用户信息的查看、权限设置等内容。这样可以让学生熟悉电商平台运营过程中的后台管理工作。

2.电商营销场景

创建社交媒体营销场景，模拟社交平台的营销环境。学生可以在这个场景中策划社交媒体营销活动，如制作吸引人的图文或视频内容，选择合适的发布时间和话题标签，进行粉丝互动等。例如，在模拟的微信公众号营销场景中，学生要学会如何撰写有吸引力的推文标题、内容排版，以及如何通过互动活动增加粉丝

①偰娜. 电子商务课程理论教学方法探讨[J]. 河南科技，2012(1)：38-39.

黏性。

设立搜索引擎营销(SEM)场景,让学生体验关键词的选择、广告投放、出价策略等操作,他们需要分析不同关键词的竞争程度和搜索热度,根据产品或服务的特点制定合理的SEM策略。例如,对于一款新推出的美容产品,学生要找出与美容相关且搜索量较大的关键词,如"精华推荐""面霜排行榜"等,并根据预算进行广告投放。

(二)任务设计

1.平台运营任务

(1)商品上架与优化任务。要求学生选择一定数量的商品进行上架操作,并且对商品的标题、描述、图片等进行优化。例如,商品标题要包含关键的搜索词,描述要详细准确地介绍商品的特点、功能、使用方法等,图片要清晰、美观且符合平台规范。同时,要根据市场需求和竞争情况,对商品的价格进行合理定价。

(2)订单处理与客户服务任务。学生要处理模拟的订单,包括订单的确认、发货通知、物流跟踪等工作。在客户服务方面,要及时回复顾客的咨询和投诉,提高顾客满意度。例如,当遇到顾客询问商品发货时间时,要准确回答并提供物流查询的方式;如果收到顾客投诉商品质量问题,要按照规定的流程进行处理,如退换货等。

2.营销任务

(1)营销策划任务。给定一个产品或服务,让学生制定完整的营销策划方案。方案要包括目标市场分析、营销目标设定、营销策略制定(如4P策略:产品、价格、渠道、促销)等内容。例如,对于一款智能手表产品,学生要分析其目标市场可能是年轻时尚人群、运动爱好者等,营销目标可以是提高产品知名度、增加市场份额等,然后制定相应的价格策略(如根据不同功能版本设定不同价格)、渠道策略(线上线下销售渠道的选择与布局)和促销策略(如打折、赠品、限时抢购等)。

(2)营销效果评估任务。在执行营销活动后,学生要对营销效果进行评估。评估指标可以包括网站流量、商品点击率、转化率、销售额等。他们需要分析哪些营销手段有效,哪些需要改进,为下一次营销活动提供经验教训。例如,如果发现某个促销活动虽然带来了较高的网站流量,但转化率较低,就要分析是产品页面吸引力不足,还是促销规则过于复杂等原因。

二、企业实习的企业选择标准与实习计划安排

（一）企业选择标准

1.企业规模与行业地位

优先选择规模较大、在电商行业具有一定影响力的企业。大型企业通常有完善的电商运营体系，在电商平台运营、物流配送、供应链管理等方面有丰富的经验和成熟的模式，学生可以接触到更全面、更规范的电商业务流程，学习到行业领先的实践知识。

也考虑一些在特定领域具有创新性和竞争力的中小企业。这些企业虽然规模相对较小，但在某个细分市场或新技术应用方面可能有独特之处。比如，某些专注于跨境电商新兴市场的中小企业，它们可能在跨境电商的营销模式、国际物流合作等方面有创新的做法，学生可以了解到不同类型企业的发展模式。

2.企业业务类型与实习岗位匹配度

企业的业务类型要与学生所学的电商专业知识和技能相匹配。如果学生侧重于电商营销方向，那么选择营销业务较强的企业，如一些以网络营销为特色的电商企业，这些企业可能有丰富的线上广告投放、社交媒体营销等业务，能够为学生提供与专业方向相符的实习岗位，如营销专员、广告策划等。

对于对电商运营感兴趣的学生，选择电商运营业务占比较大的企业，如一些大型的综合电商平台或垂直电商平台。这些企业能够提供如店铺运营、商品管理、订单处理等相关实习岗位，让学生在实际工作中巩固和提高电商运营的知识和技能。

（二）实习计划安排

1.实习时间规划

（1）短期实习（1—3个月）。在大一或大二期间安排短期实习，主要目的是让学生初步了解电商企业的工作环境和基本业务流程。例如，在大一暑假安排学生到电商企业进行为期1个月的实习，学生可以在客服部门工作，了解客户服务的基本流程，包括接听顾客电话、回复在线咨询等，这有助于培养学生的沟通能力和对电商业务的感性认识。

（2）中期实习（3—6个月）。在大二下学期或大三上学期安排中期实习。这个阶段的实习侧重于让学生深入某个具体的业务岗位，掌握一定的专业技能。比如，安排学生到电商企业的营销部门进行为期3个月的实习，学生可以参与营销活动的策划、执行和效果评估等环节，提高自己的营销能力。

（3）长期实习（6—12个月）。对于即将毕业的学生，安排6—12个月的长期实习。在这个阶段，学生要全面参与企业的电商业务，承担更多的工作责任，甚至可以参与企业的项目。例如，学生在电商企业的运营部门进行长期实习，可以参与到企业的年度促销活动策划、新业务拓展等重要工作中，为毕业后的就业打下坚实的基础。

2.实习内容安排

（1）实习初期，主要安排学生进行企业培训和基础工作。企业培训包括企业的文化、规章制度、业务流程等方面的学习。基础工作可以是一些数据收集、文件整理等简单工作，例如在电商企业的市场调研部门，学生可以收集市场上同类产品的价格、销售数据等，为后续的工作做准备。

（2）实习中期，根据学生的专业方向和企业的需求，安排学生到相应的岗位进行实际操作。如电商运营专业的学生到运营岗位，参与商品管理、订单处理、平台推广等工作；电商营销专业的学生到营销岗位，进行营销策划、广告投放、社交媒体营销等工作。

（3）实习后期，让学生参与企业的项目或团队工作。例如，参与企业的新产品推广项目，学生可以与团队成员一起制定推广策略、执行推广计划，并对推广效果进行分析和总结。同时，鼓励学生在实习期间提出自己的想法和建议，锻炼自己的创新能力和解决问题的能力。

三、项目实战的项目来源

（一）企业合作项目

1.企业委托项目

与电商企业建立合作关系，企业将一些实际的业务项目委托给学校。例如，企业可能有一款新的电商产品需要进行市场推广，将这个项目委托给高职院校的电商专业。学生在教师的指导下，对产品进行市场调研，分析目标市场、竞争对手等情况，然后制定并执行营销推广方案。这种项目能够让学生接触真实的企业需求和市场环境，提高学生的实战能力。

企业的内部运营项目也可能成为合作项目的来源。比如企业的电商平台需要进行用户体验优化，包括界面设计调整、功能模块改进等。学校可以承接这个项目，安排学生参与项目，学生可以从用户的角度对平台进行测试，提出改进意见，并参与部分优化工作，这有助于学生深入了解电商平台的运营和用户需求。

2. 企业竞赛项目

许多电商企业会举办各种竞赛项目，如营销策划大赛、电商创业大赛等。这些竞赛项目可以作为学生项目实战的来源。例如，某电商企业举办的营销策划大赛，要求参赛团队为企业的一款产品制定营销方案。学生可以组队参加这类竞赛，在竞赛过程中，他们需要进行市场分析、目标设定、策略制定等工作，通过与其他团队的竞争，提高自己的项目实战能力。

企业竞赛项目通常会有一定的奖励机制，如奖金、实习机会、就业推荐等。这不仅能够激励学生积极参与项目实战，还能为学生提供更多的发展机会。

（二）校内项目

1. 教师科研项目

教师的科研项目如果与电商专业相关，也可以作为项目实战的来源。例如，教师开展的关于电商供应链优化的科研项目，学生可以参与项目中的数据收集、模型构建、方案分析等环节。在这个过程中，学生可以学习到科研的方法和流程，同时将电商专业知识应用到实际的科研项目中，提高自己的专业素养和研究能力。一些教师进行电商商业模式创新的研究，学生可以在项目中参与商业模式的设计、可行性分析等工作。这有助于培养学生的创新思维和对电商商业模式的理解能力。

2. 校内创新创业项目

学校鼓励学生开展创新创业项目，在电商专业中也不例外。例如，学生可以自主发起电商创业项目，如创建一个校园电商平台，销售校园周边的特色产品或提供校园服务。在这个项目中，学生需要完成从项目策划、团队组建、资金筹集、平台搭建到运营管理等一系列工作，全面锻炼自己的创业能力和电商专业技能。

学校可以为校内创新创业项目提供一定的支持，如场地、设备、资金等方面的支持，同时安排教师进行指导，确保项目的顺利进行。

四、实践课程中教师的指导角色与指导方法

（一）指导角色

1. 项目引导者

在项目实战中，教师首先要扮演项目引导者的角色。教师要向学生介绍项目的背景、目标和要求，帮助学生明确项目的方向。例如，在企业委托的电商产品推广项目中，教师要向学生详细解释企业的产品特点、目标市场定位以及推广的预期效果等，引导学生思考如何制定合适的推广策略。

教师还要引导学生进行项目的规划和分解。将一个大的项目分解成若干个小的任务,确定每个任务的先后顺序和时间节点。例如,在电商平台用户体验优化项目中,教师可以引导学生将项目分解为用户需求调研、界面设计分析、功能模块优化等小任务,并制定每个任务的时间表。

2.知识传授者

在模拟实训和企业实习过程中,教师是知识传授者。当学生在模拟的电商营销场景中遇到问题,如不知道如何选择合适的社交媒体平台进行营销时,教师要传授相关的知识,如不同社交媒体平台的用户特点、营销优势等。例如,教师可以告诉学生,一些平台适合以短视频形式进行产品展示和推广,而另一些则更适合深度内容营销。

在企业实习中,教师要向学生传授企业工作中的一些基本规范和技能。例如,在电商企业的订单处理实习岗位上,教师要向学生传授订单处理的流程、注意事项以及相关的财务知识,如发票开具等。

(二)指导方法

1.个别指导与小组指导相结合

个别指导适用于学生在实践课程中遇到的个性化问题。例如,在模拟实训中,某个学生在商品定价方面一直存在困惑,教师可以针对这个学生的问题进行单独指导,分析他所选择的商品的成本结构、市场竞争情况以及目标利润等因素,帮助他制定合理的价格策略。

小组指导则适用于以小组为单位的项目。在企业竞赛项目中,教师可以对小组进行整体指导。例如,在营销策划大赛项目中,教师可以对小组的营销方案进行整体评估,指出方案中的优点和不足,提出改进的方向和建议。同时,教师可以引导小组成员之间的分工与协作,提高小组的工作效率。

2.启发式指导

启发式指导是通过提问、引导思考等方式帮助学生解决问题。在企业实习中,当学生在处理顾客投诉时遇到困难时,教师可以通过提问的方式启发学生,如“你认为顾客投诉的根本原因是什么?”“如果是你作为顾客,你希望得到怎样的解决方案?”等,引导学生自己思考解决问题的方法,而不是直接告诉他们答案。

在项目实战中,教师也可以采用启发式指导。例如,在电商创业项目中,当学生在资金筹集方面遇到瓶颈时,教师可以启发学生思考不同的资金筹集渠道,并引导他们分析每种渠道的优缺点,从而找到适合自己项目的资金筹集方式。

五、实践课程的考核方式与评价标准

(一)考核方式

1.过程性考核

过程性考核贯穿实践课程的始终。在模拟实训中,教师可以通过观察学生在模拟场景中的操作过程进行考核。例如,在电商平台运营的模拟实训中,教师观察学生在商品上架、订单处理等操作中的熟练程度、准确性等。如果学生能够快速、准确地完成操作任务,并且操作流程规范,那么在这方面的考核成绩就会较高。

在企业实习中,企业导师和学校教师共同对学生进行过程性考核。企业导师根据学生在实习岗位上的日常表现,如工作态度、工作效率、团队协作能力等进行评价;学校教师则定期与学生进行沟通交流,了解学生在实习中的收获和遇到的问题,对学生的实习进展进行考核。例如,企业导师发现学生在工作中积极主动,能够按时完成任务并且善于与同事合作,就会给予较高的评价。

2.终结性考核

终结性考核在实践课程结束时进行。在项目实战中,终结性考核主要针对项目的成果进行评价。例如,对于企业委托的电商产品推广项目,考核指标可以包括产品的销售额增长、市场份额扩大、品牌知名度提高等。如果学生在项目结束后,能够使产品的销售额有显著增长,市场份额得到扩大,品牌知名度也有所提高,那么在终结性考核中就会取得较好的成绩。

在模拟实训课程结束时,也可以进行终结性考核。例如,通过设置一个综合性的模拟任务,要求学生在规定的时间内完成,然后根据学生的完成情况进行考核。例如,在电商营销模拟实训结束时,要求学生针对一款虚拟产品制定并执行一个完整的营销方案,然后根据营销方案的质量、执行效果等进行考核。

(二)评价标准

1.专业技能水平

在评价学生的专业技能水平时,要考虑学生在实践课程中对电商专业知识和技能的掌握程度。例如,在模拟实训的电商平台运营场景中,学生对平台功能模块的操作熟练程度、对商品管理和订单处理流程的掌握情况等都是评价专业技能水平的重要指标。如果学生能够熟练地操作平台的各种功能,准确地进行商品管理和订单处理,那么在专业技能水平方面就会得到较高的评价。

在项目实战中,学生在项目中运用电商专业知识解决实际问题的能力也是评价专业技能水平的关键。例如，在企业委托的电商供应链优化项目中，学生是否能够运用供应链管理的知识，对企业的库存、采购、物流等环节进行有效的优化，是评价其专业技能水平的重要依据。

2.综合能力表现

综合能力表现包括学生的团队协作能力、沟通能力、创新能力等方面。在企业实习中，如果学生能够与同事良好地合作，积极参与团队项目，并且在团队中发挥积极的作用，那么在团队协作能力方面就会得到较好的评价。例如，在电商企业的营销部门实习时，学生能够与团队成员共同策划和执行营销活动，并且在活动中能够有效地沟通协调，就说明其团队协作能力较强。

在项目实战中，学生的创新能力也是重要的评价标准。例如，在电商创业项目中，学生是否能够提出新颖的商业模式、创新的营销策略等，体现了其创新能力的高低。如果学生能够突破传统思维，提出独特的创业想法并且具有一定的可行性，那么在创新能力方面就会得到较高的评价。

六、实践课程对学生综合能力的培养路径

（一）专业技能的提高路径

1.从基础操作到复杂任务

在模拟实训课程中，学生从最基础的电商操作开始学习，如商品信息录入、简单的订单处理等。学生随着课程的推进，逐步接触更复杂的任务，如电商平台的整体运营规划、营销活动的策划与执行等。例如，在电商平台运营的模拟实训中，学生先学会单个商品的上架操作，然后逐渐掌握如何对整个商品类目进行管理，再到制定平台的促销活动策略等复杂任务，从而提高自己的电商运营技能。

在企业实习中，学生也是从简单的岗位工作做起，逐步承担更多的责任和更复杂的任务。例如，在电商企业的客服部门实习，开始时学生主要负责接听客户电话，回答一些常见问题。随着实习的深入，他们可能会参与客户投诉处理、客户关系维护等更复杂的工作，不断提高自己的客服技能。

2.多场景实践融合

在模拟实训中，学生将接触多种电商场景，如电商平台运营场景、电商营销场景等。通过在不同场景下的实践操作，学生能够将电商运营和营销的知识与技能进行融合。例如，在运营场景下进行商品管理时，要考虑营销场景中的产品定位和市场需求。如果一款产品在营销场景中定位为高端时尚商品，那么在运营场景下的商品展示和库存管理就要与之相匹配，商品图片要展示出高端时尚的感觉，库存也要根据市场需求进行合理控制。

在企业实习和项目实战中，这种多场景实践融合的机会更多。例如，在企业实习中，学生可能在运营部门工作，但也会参与企业的营销活动。在参与电商促销活动时，既需要运营部门的商品管理、价格调整等操作，也需要运用营销部门的推广策略。这种跨部门的工作经历让学生在不同场景下综合运用知识，提高专业技能。

（二）综合能力培养路径

1.团队协作能力培养

在实践课程中，团队项目是培养学生团队协作能力的重要途径。无论是在模拟实训中的小组项目，还是企业实习中的部门团队工作，或者项目实战中的团队创业项目，学生都需要与他人合作。在团队中，学生要明确自己的角色和职责，学会与不同性格、不同专业背景的人合作。例如，在模拟实训的电商平台优化项目中，团队成员可能包括擅长平台技术的学生、精通营销的学生和熟悉用户体验设计的学生，他们需要相互沟通、协作。技术学生负责平台功能的改进，营销学生负责制定推广方案以吸引用户，用户体验设计学生则负责确保平台界面友好。通过这样的合作，学生能够提高自己的团队协作能力。

团队冲突解决也是团队协作能力培养的重要方面。在实践过程中，团队成员之间可能会出现意见分歧、利益冲突等问题。学生要学会如何处理这些问题，通过沟通、协商等方式达成共识。例如，在企业实习中的一个营销项目中，团队成员对营销活动的预算分配有不同意见，有的成员认为应该加大线上广告投放的预算，有的成员则认为线下推广活动更重要。这时，学生需要通过分析数据、市场调研结果等客观因素，进行充分的沟通，最终确定一个合理的预算分配方案，从而提高自己处理团队冲突的能力。

2.沟通能力培养

在模拟实训中，学生需要与模拟的顾客、合作伙伴等进行沟通。例如，在电商营销模拟实训中，学生要与模拟的顾客进行产品咨询、订单处理等方面的沟通。他们需要学会用清晰、简洁的语言表达自己的观点，准确回答顾客的问题。同时，在与模拟合作伙伴的沟通中，要能够有效地传达自己的想法和需求，协商合作事宜。

在企业实习和项目实战中，沟通能力的培养更为重要。在企业实习中，学生要与企业的同事、上级、客户等进行日常沟通，他们要学会适应企业的沟通文化，根据不同的对象和场合调整自己的沟通方式。例如，在向上级汇报工作时，要简洁明了、重点突出；在与客户沟通时，要热情、耐心、专业。在项目实战中，尤其是跨企业、跨部门的项目，学生要与不同组织的人员进行沟通协调，这需要他们具备良好的跨文化、跨部门沟通能力。

3.创新能力培养

在实践课程中，鼓励学生进行创新思维的培养。在模拟实训中，教师可以设置一些开放性的任务，激发学生的创新思维。例如，在电商平台运营模拟实训中，教师可以要求学生设计一个独特的促销活动模式，突破传统的打折、满减等方式。学生可以结合当下流行的社交媒体、虚拟现实等技术，设计出新颖的促销活动，如基于虚拟现实的购物体验促销活动，通过创新思维提高自己的创新能力。

在企业实习和项目实战中，学生面临着实际的市场竞争和企业需求，这更能激发他们的创新能力。例如，在企业实习的电商营销部门，面对激烈的市场竞争，学生可以思考如何创新营销手段来提高产品的市场占有率在项目实战中，如电商创业项目，学生要从商业模式、产品服务、营销策略等多方面进行创新，以在市场中脱颖而出，从而在这个过程中不断提高自己的创新能力。[①]

①李双．高校电子商务实践课程体系优化路径探讨［J］．中阿科技论坛（中英文），2021（1）：175-178.

第四章　以赛促学：竞赛驱动教学的实践探索

第一节　竞赛对电商教学的多重赋能：能力提高、团队协作、创新激发

一、竞赛如何提高学生的电商专业知识运用能力

（一）理论与实践的融合

1.竞赛项目的任务驱动

在电商竞赛中，往往会设定一系列与实际电商业务相关的任务。例如，在电商营销策划竞赛中，要求学生针对某一特定产品制定完整的营销方案。这就促使学生将课堂上学到的营销理论知识，如4P理论（产品、价格、渠道、促销）应用到实际的方案制定中。学生需要考虑产品的特点、目标市场的价格接受范围、合适的销售渠道以及有效的促销手段等，他们不能仅仅停留在理论层面，而是要根据产品和市场的实际情况，灵活运用价格策略，如针对不同消费群体制定不同的价格体系，或者根据产品的生命周期调整价格。

竞赛中的数据分析任务也是理论与实践融合的重要体现。比如在电商运营竞赛中，学生需要对销售数据、用户数据等进行分析。这就要求他们运用统计学知识和电商数据分析的理论方法，从海量数据中挖掘出有价值的信息，如用户的购买偏好、消费周期等，然后根据这些信息调整电商运营策略，如优化商品推荐算法、调整库存管理策略等。

2.应对复杂场景的知识整合

竞赛场景通常是复杂多变的，这有助于学生整合不同板块的电商专业知识。以跨境电商竞赛为例，学生需要面对不同国家和地区的市场环境、法律法规、文化差异等因素，他们要整合电商平台运营、国际物流、国际贸易、跨文化营销等多方面的知识。在平台运营方面，要考虑不同平台的规则和功能，不同平台在商品上架、搜索排名等方面的差异；在国际物流上，要根据不同的运输方式（如空运、海运）、运输时间和成本来选择合适的物流方案；在国际贸易中，要遵循相关的进

出口规定、关税政策等;在跨文化营销上,要根据不同文化背景下消费者的喜好和禁忌来设计营销方案。

(二)真实案例的模拟与分析

1.模拟真实企业运营案例

许多电商竞赛会模拟真实的企业运营案例。例如,在电商创业竞赛中,学生要扮演创业者的角色,从企业的设立、产品的选择、市场的定位到运营管理等各个环节进行模拟操作,他们需要运用电商专业知识来分析市场需求,选择具有竞争力的产品。例如,在模拟的电商企业中,如果发现市场上健康养生类产品需求增长迅速,就可以考虑选择有机食品、养生器材等作为创业产品。同时,在企业运营过程中,要根据财务状况、市场竞争等因素调整运营策略,如当资金紧张时,要考虑如何优化成本结构,减少不必要的开支。

在电商运营竞赛中,模拟企业的日常运营管理也是常见的内容。学生要负责商品管理、订单处理、客户服务等工作,就像在真实的企业中一样,他们要运用库存管理知识来确保商品的正常供应,避免积压或缺货;在订单处理中,要按照规定的流程及时处理订单,提高客户满意度;在客户服务方面,要运用沟通技巧和售后服务知识,解决客户的问题和投诉。

2.案例分析与解决方案制定

竞赛中会提供一些电商企业面临的实际问题案例,要求学生进行分析并制定解决方案。例如,某电商企业面临着用户流失的问题,学生需要从多个方面进行分析。从电商营销的角度看,可能是营销手段不够创新,没有吸引到新用户,或者是对老用户的维护不够,如缺乏个性化的营销活动;从电商平台运营来看,可能是平台界面不够友好,用户体验不佳,或者是商品推荐算法不准确,没有推荐用户感兴趣的商品。然后,学生要根据分析结果制定具体的解决方案,如改进营销活动、优化平台界面、调整商品推荐算法等,这一过程有效地提高了学生运用电商专业知识解决实际问题的能力。

二、团队协作能力在竞赛中的培养机制

(一)明确的角色分工

1.根据专业技能分工

在电商竞赛团队中,成员通常根据各自的专业技能进行分工。例如,具有电商营销专长的学生负责制订营销方案,包括市场调研、目标市场定位、促销策略等工作,他们要深入了解市场动态,分析竞争对手的营销策略,从而为团队制订

出具有竞争力的营销计划。擅长电商运营的学生则承担与平台运营相关的任务，如商品管理、订单处理、物流配送等，他们要确保平台的正常运转，商品能够及时上架、订单能够准确处理，并且选择合适的物流合作伙伴，以提高配送效率和客户满意度。对电商技术熟悉的学生负责技术支持，如网站建设、维护，以及电商系统的优化等工作，他们要保证平台的稳定性和安全性，同时根据团队的需求开发一些新的功能，如个性化推荐系统、用户评价系统等。

2.基于项目任务分工

在一些特定的竞赛项目中，会根据项目任务进行分工。例如，在电商创业竞赛中，如果项目涉及跨境电商业务，就需要有成员负责国际市场调研，了解不同国家和地区的市场需求、法律法规等；有成员负责跨境物流合作洽谈，寻找可靠的国际物流供应商，降低物流成本；还有成员负责跨境支付解决方案的设计，确保支付的安全和便捷。

在电商营销策划竞赛中，如果项目要求进行多渠道营销，就会有成员负责社交媒体营销，制定社交媒体平台的推广策略与平台上的营销活动；有成员负责搜索引擎营销，选择合适的关键词，进行广告投放和优化；还有成员负责线下活动营销，策划和组织线下的促销活动、品牌推广活动等。

(二)有效的沟通与协调

1.沟通机制的建立

在竞赛团队中，要建立有效的沟通机制。定期召开团队会议，团队成员在会议上汇报各自的工作进展、遇到的问题以及下一步的计划。例如，每周召开一次团队会议，营销成员汇报市场调研的结果、发现的潜在客户群体以及竞争对手的新动向；运营成员说明平台的运营状况，如商品销售情况、库存水平、订单处理效率等；技术成员介绍平台的技术改进情况，是否存在技术隐患等。

除了定期会议，还需要建立即时沟通渠道，如使用微信群、钉钉群等工具。这样在遇到紧急问题时，成员可以及时沟通。例如，在电商竞赛的过程中，如果发现平台突然出现技术故障，技术成员可以立即在群里通报情况，运营成员可以告知对业务的影响，营销成员则可以根据情况调整营销策略，避免对竞赛成绩造成更大的影响。

2.协调团队目标与个人目标

在竞赛中，团队成员既有共同的团队目标，也有个人的目标。要协调好两者之间的关系，确保团队的整体利益。例如，在电商运营竞赛中，团队的目标是提高平台的销售额和用户满意度。但个别成员可能更关注自己负责的板块，如技术成员可能更倾向于开发新的技术功能，而忽视了这些功能对运营和营销的实际影响。这时，就需要团队成员共同协商，使技术开发能够更好地服务于提高销售额和用户满意度这一整体目标。

当团队成员之间出现目标冲突时，要通过沟通和协商来解决。例如，在电商创业竞赛中，营销成员希望加大广告投入来提高品牌知名度，而财务成员则担心广告费用过高会影响资金流。这时，团队成员要共同分析广告投入与收益之间的关系，通过制定合理的广告预算和投放策略，既满足营销的需求，又确保财务的稳定，从而协调团队目标与个人目标。

三、竞赛环境下创新思维的激发过程

（一）竞争压力下的创新需求

1.与对手差异化竞争

在电商竞赛中，面对众多的参赛团队，要想脱颖而出，就必须与对手进行差异化竞争。例如，在电商营销竞赛中，如果大多数团队都采用传统的广告投放和促销手段，那么具有创新思维的团队就会寻找新的营销途径，他们可能会利用新兴的社交媒体平台或短视频平台进行创意营销，如制作有趣的短视频广告，或者开展基于用户生成内容（UGC）的营销活动，鼓励用户参与创作与产品相关的内容，通过这种差异化的营销方式吸引评委和观众的注意。在电商创业竞赛中，产品的差异化也是关键。当其他团队都选择常见的电商产品时，创新的团队可能会挖掘一些小众但有潜力的产品领域。比如，在某类产品竞争激烈的情况下，有团队可能会选择开发针对特定人群或采用新的技术的产品，通过产品的差异化在竞争中占据优势。

2.满足评委和市场的高要求

竞赛的评委通常对参赛作品有很高的要求，他们期望看到创新的理念和解决方案。在电商运营竞赛中，评委不仅关注平台的销售额和用户数量，还对平台的运营模式、用户体验等方面有很高的期望。参赛团队要想获得高分，就需要在运营模式上进行创新，如采用共享经济模式来优化库存管理，或者利用大数据和人工智能技术来提高用户个性化推荐的精准度。

从市场的角度看，竞赛中的项目也要符合市场的发展趋势和需求。在当今电商市场快速发展的环境下，消费者对环保、可持续发展等理念越来越关注。参赛团队如果能够在产品选择、包装设计、运营模式等方面体现环保和可持续发展的创新理念，如推出可降解包装的产品，或者采用绿色物流模式，就更容易得到市场的认可,也更符合评委的期望。

(二)跨学科知识的启发

1.借鉴其他学科的概念和方法

在电商竞赛中,学生可以借鉴其他学科的概念和方法来激发创新思维。例如,从心理学的角度出发,了解消费者的购买心理和行为习惯,然后应用到电商营销中。可以根据消费者的心理需求,设计更有针对性的营销活动,如利用消费者的从众心理开展团购活动,或者利用消费者的猎奇心理推出限量版产品。

从管理学的学科知识中借鉴团队管理和项目管理的方法,应用到竞赛团队的组织和项目的实施中。采用项目管理中的敏捷开发方法,快速迭代电商产品或服务,提高项目的执行效率;或者运用管理学中的激励理论,激发团队成员的积极性和创造力,使团队更具竞争力。

2.多学科融合的创新方案

多学科融合可以产生更具创新性的方案。在电商创业竞赛中,可以将计算机科学、材料科学和电商知识相结合。如果团队计划推出一款新型的智能穿戴设备,计算机科学提供技术支持,实现设备的智能化功能;材料科学确保设备的材质舒适、环保且耐用;电商知识则用于产品的营销、销售和运营管理。这种多学科融合的方案不仅在产品本身具有创新性,而且在整个商业模式上也更具竞争力。

在电商营销竞赛中,可以将艺术设计、传播学和电商营销相结合。艺术设计可以增加营销内容(如广告、海报等)的视觉吸引力;传播学的理论有助于选择更有效的传播渠道和传播方式;电商营销则将这些元素整合到电商平台上,实现产品的推广和销售。这样的多学科融合方案能够在众多参赛作品中独树一帜。

四、竞赛对学生心理素质的锻炼作用

(一)面对压力与挫折

1.竞赛压力下的心理调适

在电商竞赛中,学生面临着多方面的压力。例如,比赛时间紧迫,要在有限的时间内完成项目策划、执行和展示等任务。这就要求学生学会在压力下调整自己的心态,可以通过合理安排时间,制订详细的计划来减轻时间压力带来的焦虑。例如,将整个竞赛项目分解成若干个小任务,为每个任务设定合理的时间节点,按照计划有条不紊地推进项目。

竞赛的竞争激烈程度也会给学生带来压力。面对众多优秀的参赛团队,学生会担心自己的团队无法取得好成绩。这时,学生需要正确认识竞争,将其视为提升自己的机会。可以通过积极的自我暗示,如告诉自己“我们团队有自己的优势,只要发挥出正常水平就好”,来增强自信心,缓解竞争压力带来的紧张情绪。

2.应对挫折的能力

在竞赛过程中,难免会遇到挫折。例如,在电商营销竞赛中,精心策划的营销活动没有达到预期的效果,或者在电商运营竞赛中,平台出现技术故障导致业务受到影响。这些挫折会对学生的心理产生冲击。然而,这也是锻炼学生应对挫折能力的好机会。学生要学会分析挫折产生的原因,是策略失误还是外部不可控因素。如果是策略失误,如营销活动的目标市场定位不准确,那么就需要及时调整策略;如果是外部不可控因素,如平台技术故障,就需要尽快采取补救措施,同时保持乐观的心态,继续投入竞赛中。

(二)培养自信与坚韧

1.在竞争中建立自信

在电商竞赛中,当学生的团队取得一定的成绩,如成功完成一个复杂的项目任务,或者在比赛中获得阶段性的胜利时,是非常有助于建立学生的自信心的。例如,在电商创业竞赛中,当团队成功推出一款产品并获得一定的市场份额时,团队成员会感受到自己的能力得到了认可,从而更加自信。这种自信不仅对竞赛有帮助,也会对学生今后的学习和工作产生积极的影响。

学生在竞赛中通过展示自己的才华和能力,也能增强自信心。例如,在电商营销竞赛中,当学生在台上精彩地展示自己团队的营销方案时,得到评委和观众的认可和赞赏,会让他们相信自己在电商营销方面的能力,从而在未来的学习和实践中更加积极主动地发挥自己的才能。

2.坚韧不拔的精神培养

在长时间的竞赛过程中,学生需要保持坚韧不拔的精神。例如,在一些持续数周甚至数月的电商竞赛中,会遇到各种各样的困难和挑战。学生不能因为一时的困难就放弃,而是要坚持不懈地努力。例如,在电商运营竞赛中,可能会遇到资金紧张、市场竞争激烈等问题,但只要学生保持坚韧不拔的精神,不断调整运营策略,就有可能克服困难,取得最终的胜利。

当竞赛结果不理想时,学生也要有坚韧不拔的精神,他们要从失败中吸取教训,分析自己的不足之处,为下一次竞赛或未来的学习和工作做好准备。例如,在一次电商竞赛中失败后,学生可以总结经验,如发现自己在团队协作、创新思维等方面存在不足,然后在今后的学习和实践中有针对性地加以改进。

五、竞赛成果对学生就业竞争力的提升影响

(一)专业技能的证明

1.竞赛成绩与能力关联

在电商竞赛中取得的成绩直接反映了学生的电商专业技能水平。例如,在电商运营竞赛中获得优异成绩的学生,说明他们在平台运营、商品管理、订单处理等方面具有较强的能力。这些能力是企业在招聘电商运营岗位时非常看重的。企业可以通过竞赛成绩快速了解学生是否具备相关的专业技能,从而提高招聘的效率和准确性。

对于在电商营销竞赛中表现出色的学生,他们在市场调研、目标市场定位、促销策略等营销技能方面有明显的优势。这对于想要从事电商营销工作的学生来说,是一个很好的能力证明。企业在招聘电商营销人员时,会优先考虑有相关竞赛经验且成绩优秀的学生,因为他们已经在竞赛中证明了自己能够运用营销理论知识解决实际问题的能力。

2.技能提高在就业中的体现

参加电商竞赛的学生在竞赛过程中不断提高自己的专业技能,这些技能在就业时会得到充分体现。例如,在竞赛中锻炼的数据分析能力,使学生能够在企业中更好地进行市场数据分析、用户行为分析等工作,他们可以利用数据分析结果为企业制定精准的营销策略、优化产品推荐系统等。竞赛中培养的电商平台操作技能也在就业中有很大的作用。学生能够熟练地操作电商平台,进行商品上架、订单处理、客户服务等工作,这对于电商企业来说是非常实用的技能。企业招聘到这样的学生,可以减少培训成本,并且让他们快速适应工作岗位。

(二)综合素质的体现

1.团队协作与沟通能力

电商竞赛是培养学生团队协作和沟通能力的重要平台。在竞赛中表现出色的团队,其成员之间一定有着良好的团队协作和沟通能力。这些能力在就业中是非常重要的。例如,在电商企业的项目团队中,需要成员之间密切协作,共同完成项目任务。具有竞赛经验的学生,他们在团队协作和沟通方面有一定的经验和技巧,能够更好地融入团队,与团队成员高效合作。

在面试过程中,学生可以通过讲述自己在竞赛中的团队协作经历,如如何与团队成员分工合作、如何解决团队内部的矛盾等,来展示自己的团队协作和沟通能力。这会让招聘企业对学生的综合素质有更高的评价,增加学生的就业竞争力。

2.创新与解决问题能力

在竞赛中,学生的创新思维和解决问题的能力得到了锻炼。具有创新思维的学生在就业时更受企业欢迎。例如,在电商企业面临市场竞争激烈、产品同质化严重等问题时,需要员工能够提出创新的解决方案。有竞赛经验的学生,他们在竞赛中积累了创新思维的经验,能够从不同的角度思考问题,提出新颖的解决方案。

竞赛中的问题解决能力也体现在就业中。在企业工作中,会遇到各种各样的问题,如技术故障、市场变化等。参加过竞赛的学生在竞赛中已经锻炼了应对这些问题的能力,能够快速分析问题的根源,提出有效的解决措施,从而在工作中展现出较高的综合素质和应对能力,这对提高他们的就业竞争力有着积极的影响。

六、竞赛过程中的经验教训对教学改进的启示

(一)教学内容的优化

1.根据竞赛项目更新知识点

竞赛项目往往反映了电商行业的最新发展趋势和实际需求。例如,在一些电商竞赛中出现了基于区块链技术的供应链管理项目。这就提示教学内容应及时引入区块链技术在电商供应链中的应用相关知识,包括区块链的去中心化、不可篡改等特性如何保障供应链的透明度和安全性等内容。

竞赛中的跨境电商项目涉及的国际市场法规、不同国家的税收政策等知识,也应该被纳入教学内容。这样可以使学生在学习过程中接触更全面、更符合实际业务的知识体系,为他们未来参与电商相关工作或竞赛做好更充分的准备。

2.强化实践技能教学

从竞赛过程中可以看出,学生的实践技能在竞赛中起着关键作用。在电商运营竞赛中,学生对电商平台的操作熟练程度、订单处理的效率等实践技能直接影响竞赛成绩。因此,在教学中应强化这方面的实践技能教学。例如,增加学生在电商平台上的实际操作课时,让学生通过反复练习,熟练掌握商品上架、库存管理、订单处理等操作流程。

电商营销竞赛中的营销策划和推广实践技能也需要加强。教师可以设置更多的营销实践项目,如让学生为某一真实产品制定营销方案,并在校园内或网络上进行实际推广,通过这种方式提高学生的营销实践能力。

（二）教学方法的改进

1.项目驱动教学法的应用

竞赛通常是以项目的形式开展的，这启示我们在教学中可以更多地采用项目驱动教学法。教师可以根据电商教学的目标和内容，设计一些与竞赛项目类似的教学项目。例如，在电商创业教学中，设计一个模拟电商创业项目，让学生组成团队，从创业构思、市场调研、产品选择、资金筹集到运营管理等各个环节进行实践操作。

在项目实施过程中，学生是主体，教师起到引导和监督的作用。教师可以根据项目的进展情况，适时给予学生指导，如在市场调研环节，引导学生如何收集有效数据；在运营管理环节，指导学生如何优化成本结构等。这种教学方法可以提高学生的自主学习能力和解决实际问题的能力。

2.竞赛模拟教学法的实施

竞赛模拟教学法是一种直接将竞赛模式引入教学的方法。教师可以在教学过程中，按照竞赛的规则、流程和评价标准来组织教学活动。例如，在电商营销教学中，定期开展营销竞赛模拟活动，将学生分成若干团队，每个团队针对某一产品制定营销方案并进行展示，然后按照竞赛的评价标准进行评分。

通过竞赛模拟教学法，学生可以提前体验竞赛的氛围，熟悉竞赛的流程和规则，从而在真正参加竞赛时能够更加从容应对。同时，这种教学方法也可以激发学生的竞争意识和创新思维，提高教学效果。[①]

第二节　竞赛项目筛选策略：行业热点、赛事规格、学生适配度考量

一、行业热点在项目筛选中的权重

（一）紧跟电商行业发展趋势

1.新兴技术应用

在当今电商行业，新兴技术不断涌现并深刻影响着行业发展。例如，人工智能在电商中的应用日益广泛。智能客服系统能够实时解答客户的疑问，提高客户服务效率；个性化推荐算法利用人工智能技术分析用户的购买历史、浏览行为

①谢鑫．技能竞赛促进电子商务专业建设的实践策略[J]．前卫，2024(14)：210-212.

等数据，为用户精准推荐商品，提高用户体验。在竞赛项目筛选时，包含人工智能应用的项目就具有较高的价值。例如，一个竞赛项目要求学生设计一个基于人工智能的电商商品推荐系统，不仅能让学生深入了解人工智能技术在电商中的应用原理，还能促使他们掌握相关的数据挖掘、算法设计等技能。

区块链技术也是电商行业的热点之一，其在供应链管理中的应用可以提高供应链的透明度和安全性。在竞赛项目中，如果涉及区块链技术在电商供应链金融、商品溯源等方面的应用，学生可以学习到区块链的分布式账本、加密算法等核心知识，并且能够将这些知识与电商业务流程相结合，例如，如何利用区块链确保商品从生产源头到消费者手中的全程信息可追溯，这对于培养学生适应行业发展需求具有重要意义。

2.新商业模式探索

共享经济模式在电商领域有新的拓展，一些电商平台开始探索共享库存模式，即不同商家之间共享库存资源，以提高库存周转率和降低成本。竞赛项目若围绕这种新商业模式展开，如要求学生设计一个共享库存的电商运营方案，学生就需要深入分析共享库存模式的可行性、盈利模式、市场需求等因素。这有助于学生开拓商业思维，了解电商商业模式创新的方向。

社交电商也是近年来兴起的一种重要商业模式，它将社交网络与电商业务相结合，通过社交关系链进行商品推广和销售。竞赛项目设置为构建一个社交电商平台或者制定社交电商的营销方案，学生在参与这类项目时，需要掌握社交网络的传播规律、用户激励机制等知识，同时还要考虑如何将电商的商品管理、订单处理等功能与社交功能无缝对接。

（二）适应市场需求变化

1.消费者需求驱动

随着消费者生活水平的提高，他们对商品品质、个性化定制的需求不断增加。在电商竞赛项目筛选中，应关注满足这类需求的项目。例如，一个竞赛项目要求学生为高端定制化商品设计电商营销方案，学生就需要研究高端消费者的消费心理、购买行为以及定制化商品的生产与销售流程，要考虑如何在电商平台上展示定制化商品的独特性，如何提供个性化的服务以满足高端消费者对品质和独特性的追求。

消费者对绿色环保产品的青睐也促使电商行业向可持续发展方向转变。竞赛项目若涉及绿色电商的相关内容，如设计一个推广绿色环保产品的电商平台，学生就要学习绿色产品的认证标准、环保包装的设计与应用，以及如何在电商营销中体现绿色环保理念，吸引更多注重环保的消费者。

2.市场竞争导向

在竞争激烈的电商市场，差异化竞争是企业生存和发展的关键。竞赛项目应引导学生关注如何在市场竞争中脱颖而出。例如，在某个竞赛项目中，要求学生针对某一细分市场制定电商运营策略。学生需要分析该细分市场的竞争状况，找出竞争对手的优势和劣势，然后制定具有差异化的运营策略，如提供独特的售后服务、开发独家的商品品类等。

跨境电商市场的竞争日益激烈，涉及不同国家和地区的法律法规、文化差异等复杂因素。竞赛项目如果聚焦跨境电商竞争策略，学生就要深入研究不同国家的市场准入规则、关税政策，以及如何进行跨文化营销以适应不同文化背景下的消费者需求。

二、不同赛事规格对项目的要求差异

（一）国际级赛事

1.高标准的创新性要求

国际级赛事通常吸引来自全球的优秀团队参与，对项目的创新性要求极高。例如，在国际电商创新大赛中，参赛项目需要展示在电商商业模式、技术应用、用户体验等方面的突破性创新。项目可能需要融合多种前沿技术，如将物联网技术与电商物流相结合，实现货物的实时跟踪和智能配送，并且这种创新要具有全球视野，能够解决全球性的电商问题或者满足全球性的市场需求。

国际级赛事中的项目创新还体现在跨学科、跨文化的融合上。例如，一个项目可能要求将文化艺术与电商营销相结合，通过挖掘不同国家和地区的文化特色，创造出具有独特文化魅力的电商营销模式。这就需要学生具备跨文化交流的能力，了解不同文化背景下的消费者对文化元素的喜好和接受程度，同时还要掌握文化创意产业的相关知识，将文化创意与电商业务进行深度融合。

2.严格的项目可行性评估

国际级赛事的评委对项目的可行性非常关注。由于项目可能涉及全球范围内的实施，因此要考虑到不同国家和地区的政策、法律、经济、技术等多方面因素。例如，一个涉及全球供应链整合的项目，需要评估在不同国家的物流基础设施、贸易政策等条件下是否可行。学生要进行详细的市场调研，分析各个国家的物流成本、运输时间、关税政策等，还要考虑技术的可扩展性，确保项目在全球范围内能够顺利实施。

在国际级赛事中，项目的财务可行性也是重要的评估内容。参赛项目需要有合理的财务预算和盈利预测，包括启动资金的来源、运营成本的控制、收入来源的规划等。例如，一个国际电商创业项目，要详细说明如何筹集资金，如何在不同国家的市场环境下控制成本，以及如何通过合理的定价策略和市场推广实现盈利。

（二）国家级赛事

1.与国家政策导向的契合

国家级赛事往往与国家的电商发展政策密切相关。例如，在国家大力推动农村电商发展的政策背景下，国家级电商竞赛项目可能会设置农村电商相关的主题。学生参与这类项目时，需要了解国家对农村电商的扶持政策，如税收优惠、基础设施建设补贴等，然后制定符合政策导向的农村电商发展方案。方案可以包括如何利用当地的农产品资源开展电商业务，如何构建农村电商物流配送体系以解决农产品的销售和运输问题等。

国家在电商领域的创新驱动政策也会体现在国家级赛事的项目要求中，如鼓励企业和学生探索大数据、云计算等技术在电商中的应用。参赛项目如果是关于电商大数据分析的，学生要依据国家的创新政策导向，利用大数据技术挖掘电商数据的价值，如分析消费者的消费趋势、市场的供需关系等，为电商企业的决策提供数据支持。

2.对综合能力的全面考量

国家级赛事对学生的综合能力要求较高。在项目中，既需要学生具备扎实的电商专业知识，如电商平台运营、营销、物流等方面的知识，又需要他们具备一定的团队协作能力、创新能力和解决实际问题的能力。在一个国家级电商运营竞赛项目中，学生团队要负责从平台搭建、商品管理、营销推广到客户服务的整个运营流程，这就要求学生能够将不同的专业知识进行综合运用，同时在团队协作过程中，要协调好成员之间的分工，解决遇到的各种实际问题，如应对市场竞争、处理客户投诉等。

国家级赛事还注重对学生实践能力的考察。项目要求学生能够将理论知识应用到实际操作中。在电商营销竞赛项目中，学生要制定切实可行的营销方案，并能够在实际的电商平台或模拟环境中进行实施，通过实践来检验和优化营销方案，提高营销效果。

（三）省级及以下赛事

1.结合地方产业特色

省级及以下赛事往往更注重与地方产业的结合。例如，在某个以制造业发达著称的省份，省级电商竞赛项目可能会围绕制造业产品的电商化展开。学生要了解当地制造业的产品类型、生产工艺、市场需求等情况，然后制定适合本地制造业产品的电商营销方案或运营策略。这有助于推动地方制造业的转型升级，将地方特色产品推向更广阔的市场。

在一些农业大省，省级电商竞赛项目可能侧重于农产品电商。学生要考虑如何解决农产品的保鲜、运输、品牌建设等问题，利用电商平台将当地的优质农产品销售出去。例如，针对水果类农产品，学生要研究如何采用冷链物流技术保证水果的新鲜度，如何打造具有地方特色的水果品牌，提高农产品的附加值。

2.服务于地方人才培养目标

省级及以下赛事的项目要求也与地方的人才培养目标相适应。地方高职院校的电商专业可能侧重于培养服务地方经济的电商人才。因此，竞赛项目会注重对学生本地电商市场运营能力的培养。例如，在某个城市的电商竞赛项目中，要求学生为本地的小型电商企业制定发展策略，学生要了解本地的市场环境、消费群体特点、竞争对手情况等，为本地企业提供切实可行的电商发展建议，包括如何提高本地市场的占有率、如何与本地的供应商和合作伙伴建立良好的合作关系等。

地方人才培养目标还可能包括对学生创业能力的培养，尤其是在鼓励大学生创业的地区。竞赛项目可能会设置一些电商创业类的项目，要求学生从创业构思、资金筹集、团队组建到企业运营等方面进行全面的规划和实践。这有助于激发学生的创业热情，培养适应地方经济发展需求的电商创业人才。

三、学生知识水平、技能水平与项目难度的匹配度分析

（一）知识水平匹配

1.基础课程知识的关联

对于高职院校电商专业的学生，基础课程知识包括市场营销、电子商务概论、计算机基础等。在选择竞赛项目时，要考虑项目与这些基础课程知识的关联度。例如，当学生参与一个与市场营销课程的知识紧密相关的电商营销竞赛项目时，需要运用市场营销课程中学到的市场细分、目标市场选择、市场定位等知识，来制定有效的营销方案。如果学生的市场营销知识掌握不牢固，就无法在这个项目中取得好成绩。

电子商务概论课程中的电商模式、电商平台类型等知识在竞赛项目中也有重要体现。例如，在一个要求学生对比不同电商模式优劣的项目中，学生要依据电子商务概论中的知识，分析B2B、B2C、C2C等电商模式在交易流程、盈利模式、

用户群体等方面的差异，从而得出合理的结论。如果学生对电子商务概论的知识理解不够深入，就会在项目分析过程中出现偏差。

2.进阶课程知识的要求

随着学生学习的深入，他们会学习一些进阶课程，如电商数据分析、电商物流管理等。在竞赛项目中，对这些进阶课程知识的要求也有所体现。例如，在一个电商运营竞赛项目中，需要学生运用电商数据分析课程中的知识来分析销售数据、用户行为数据等，以便优化运营策略。如果学生没有掌握数据挖掘、数据分析工具的使用等知识，就难以完成项目中的数据分析任务。

电商物流管理知识在涉及物流配送环节的竞赛项目中至关重要。例如，在一个跨境电商竞赛项目中，学生要根据电商物流管理课程中的知识，选择合适的国际物流方式，计算物流成本，考虑如何解决物流中的仓储、运输、清关等问题。如果学生对电商物流管理知识缺乏了解，就会导致物流环节出现问题，影响整个项目的实施。

（二）技能水平匹配

1.操作技能的契合

电商专业学生需要掌握一些基本的操作技能，如电商平台的操作、网页设计等。在竞赛项目选择时，要确保项目与这些操作技能相契合。例如，在一个电商平台优化竞赛项目中，学生需要熟练掌握电商平台的后台操作，包括商品管理、订单处理、客户服务等功能的操作。如果学生对电商平台的操作不熟练，就无法对平台进行有效的优化。

网页设计技能在一些需要创建电商网站或优化网站界面的竞赛项目中非常关键。学生要能够运用网页设计工具，如Adobe Dreamweaver等，设计出美观、易用的电商网页。如果学生缺乏网页设计技能，会导致项目中的网站建设或界面优化任务无法顺利完成。

2.综合技能的考验

竞赛项目往往考验学生的综合技能。在一个电商创业竞赛项目中，学生需要综合运用电商运营、营销、财务等多方面的技能，他们要负责创业项目的整体规划，包括确定商业模式、制定营销策略、管理财务预算等。这就要求学生不仅要掌握各个单项技能，还要具备将这些技能综合运用的能力。如果学生在某一技能方面存在短板，就会影响整个创业项目的实施。

在一个电商营销策划竞赛项目中，学生要综合运用市场调研、目标市场定位、促销策略制定等技能，他们要先进行市场调研，了解市场需求和竞争对手情况，然后根据调研结果确定目标市场，制定出具有针对性的促销策略。这一过程需要学生具备良好的综合技能，任何一个环节的薄弱都会导致营销策划方案的不完善。

四、学生兴趣爱好对竞赛项目选择的影响因素

（一）兴趣驱动的积极性提高

1.基于个人兴趣的专注度

当学生对某个领域有浓厚的兴趣时，他们在参与相关竞赛项目时会表现出更高的专注度。例如，对社交媒体营销感兴趣的学生，在选择竞赛项目时会倾向于那些涉及社交媒体平台的电商营销项目。在项目实施过程中，他们会更加投入地研究社交媒体的传播规律、用户互动模式等，因为这是他们感兴趣的领域。这种专注度有助于学生深入挖掘项目的内涵，提高项目的完成质量。

对于对电商技术开发感兴趣的学生，喜欢钻研电商平台的功能开发、电商系统的优化等，他们会更愿意参与技术类的竞赛项目。在项目中，他们会专注于技术难题的解决，包括如何提高电商平台的加载速度、如何优化电商系统的安全性等。这种基于兴趣的专注度能够激发学生的创造力，使他们在项目中发挥出更大的潜力。

2.兴趣带来的自主学习动力

学生的兴趣爱好可以激发他们的自主学习动力。以对电商数据分析感兴趣的学生为例，当他们选择一个与数据分析相关的竞赛项目时，他们会主动去学习更多关于数据分析的知识和技能。这些学生会自学一些高级数据分析工具，如Python数据分析库等，以提高自己在项目中的数据分析能力。这种自主学习动力不仅有助于学生在竞赛项目中取得好成绩，还能拓宽他们的知识面，提高他们的综合素质。

对电商物流优化感兴趣的学生，在参与相关竞赛项目时，会主动去研究国内外先进的物流管理模式、物流技术的应用等。他们会通过阅读专业书籍、参加线上线下的物流研讨会等方式，不断充实自己的物流知识体系，从而更好地解决项目中的物流优化问题。

（二）兴趣与团队协作的协调性

1.团队成员兴趣的互补

在竞赛团队中，成员的兴趣爱好互补可以提高团队的整体效率。例如，一个团队中既有对电商营销感兴趣的成员，又有对电商技术开发感兴趣的成员，还有

对电商物流管理感兴趣的成员。在进行一个电商创业竞赛项目时,营销成员可以负责制定营销策略,吸引客户;技术成员可以负责开发电商平台,确保平台的稳定和功能完善;物流成员可以负责优化物流配送方案,提高配送效率。这种兴趣的互补使得团队能够在各个环节发挥成员的优势,提高项目的成功率。

在一个电商运营竞赛项目中,团队成员的兴趣互补也很重要。如果团队中有对用户体验设计感兴趣的成员,他们可以负责优化电商平台的界面,提高用户满意度;有对数据分析感兴趣的成员,他们可以通过分析数据来优化运营策略;有对商品管理感兴趣的成员,他们可以确保商品的正常供应和库存管理。这样的团队成员组合能够使项目在各个方面都得到较好的执行。

2.兴趣冲突的协调

然而,在团队中也可能会出现成员兴趣冲突的情况。例如,在一个电商项目中,对于项目的发展方向,营销导向的成员可能希望加大营销投入,提高品牌知名度;而技术导向的成员可能更倾向于先完善平台的技术功能。这时,就需要团队成员进行协调,他们可以通过深入讨论,分析项目的短期和长期目标,权衡营销和技术在项目中的重要性。例如,如果项目处于早期阶段,可能技术功能的完善就更为重要,以确保平台的稳定运行,而当平台稳定后,营销投入可以逐步加大。通过这种方式来协调成员之间的兴趣冲突,使团队朝着共同的目标前进。

五、竞赛项目的可持续性考量

(一)项目的长期发展潜力

1.行业发展前景的影响

竞赛项目的可持续性首先取决于行业的发展前景。以电商直播项目为例,随着互联网技术的不断发展和消费者购物习惯的改变,电商直播行业呈现快速发展的趋势,电商直播有望成为电商营销的重要手段之一。因此,一个与电商直播相关的竞赛项目就具有较大的长期发展潜力。学生在参与这类项目时,不仅能够掌握当前的电商直播技术和营销模式,还能随着行业的发展不断学习和创新,使项目能够持续发展下去。

人工智能在电商中的应用也是一个具有广阔发展前景的领域。竞赛项目如果涉及人工智能在电商客服、商品推荐等方面的应用,随着人工智能技术的不断进步,项目就可以不断升级和优化。例如,随着人工智能算法的改进,商品推荐的精准度可以不断提高,这就为项目的长期发展提供了动力。

2.技术更新的适应性

竞赛项目需要适应技术的更新。例如，在电商支付领域，随着移动支付技术的不断创新，从最初的密码支付到指纹支付、面部识别支付等。竞赛项目如果涉及电商支付相关内容，就需要能够及时跟上技术的更新步伐。学生在项目中要研究如何将新的支付技术安全、便捷地应用到电商交易中，这样才能确保项目在技术变革的浪潮中保持活力。同时，如云计算技术在电商中的应用也在不断拓展，从基础的云存储到云服务平台的构建等。如果竞赛项目是关于电商云计算应用的，就需要考虑到云计算技术的升级趋势，如更高的计算效率、更低的成本、更强的安全性等方面的发展，以便项目能够持续地体现出其价值和意义。

（二）项目资源的可获取性

1.师资力量的支持

一个可持续的竞赛项目离不开师资力量的支持。在高职院校，教师的专业知识和实践经验对于学生参与竞赛项目至关重要。如果是一个涉及电商大数据分析的竞赛项目，需要有熟悉大数据技术、数据挖掘算法以及电商业务流程的教师来指导学生。教师能够传授学生如何收集、整理和分析电商数据，如何运用数据挖掘工具来发现有价值的信息。而且，教师还可以引导学生了解大数据在电商行业中的最新应用案例，帮助学生拓宽视野，使项目能够在正确的方向上深入开展。对于一些新兴的电商竞赛项目，如基于区块链的电商供应链项目，可能需要教师不断学习和研究相关知识，以便为学生提供有效的指导。师资力量还包括教师的团队协作能力，在多学科交叉的竞赛项目中，如电商与文化创意产业结合的项目，可能需要不同专业背景的教师共同指导学生，确保学生能够全面地掌握项目所需的知识和技能。

2.硬件与软件资源

硬件资源对于竞赛项目的可持续性也有影响。例如，在涉及电商VR或AR体验的竞赛项目中，需要有足够的计算机设备、VR/AR头盔等硬件设施来支持学生进行项目开发和测试。如果硬件资源不足，学生无法进行有效的实践操作，项目就难以持续推进。软件资源同样重要，如电商模拟运营软件、数据分析软件等。在一个电商运营竞赛项目中，学生需要使用电商模拟运营软件来模拟真实的电商市场环境，进行商品上架、营销推广、订单处理等操作。如果软件资源得不到保障，学生便无法准确地模拟和体验实际的电商运营流程，项目的可持续性就会受到威胁。

六、竞赛项目与学校电商专业发展战略的契合度

（一）人才培养目标的一致性

1.知识与技能培养

学校电商专业的人才培养目标是培养具有扎实电商专业知识和熟练操作技能的应用型人才。竞赛项目如果与这个目标相契合，就能更好地服务于人才培养。例如，一个电商运营竞赛项目要求学生掌握电商平台的运营规则、商品管理、营销推广等知识和技能，这与学校电商专业人才培养目标中的知识和技能要求是一致的。学生通过参与这个项目，可以加深对课堂知识的理解，提高实际操作能力，更好地实现从理论到实践的转化。

在电商专业的人才培养中，可能还包括对数据分析、客户关系管理等知识和技能的培养。如果竞赛项目涉及这些方面，如电商数据分析竞赛项目，学生在项目中需要运用数据分析工具来分析电商业务数据，制定合理的运营策略，这有助于培养学生的数据分析能力，使学生在毕业时能够更好地满足电商企业对数据分析人才的需求，从而实现学校人才培养目标。

2.综合素质提高

学校电商专业的发展战略往往注重学生综合素质的提高，包括团队协作能力、创新能力、沟通能力等。竞赛项目为提高学生的综合素质提供了良好的平台。例如，在一个电商创业竞赛项目中，学生需要组成团队，共同完成创业计划的制订、资金筹集、市场推广等任务，这一过程中需要团队成员密切协作，发挥各自的优势，从而提高团队协作能力。同时，在创业项目中，学生需要不断创新，寻找独特的商业模式、产品或服务，这有助于提高学生的创新能力。而且，在项目实施过程中，学生还需要与供应商、客户、合作伙伴等进行沟通交流，这对提高学生的沟通能力也有很大的帮助。

（二）专业特色打造

1.与专业特色方向的协同

每个学校的电商专业可能都有自己的特色方向。例如，有的学校电商专业侧重于农村电商发展，竞赛项目如果能与这个特色方向协同，将有助于强化学校的专业特色。比如，设置农村电商运营竞赛项目，学生在项目中需要研究农村特色农产品的电商化运营，包括农产品的品牌打造、线上销售渠道的拓展、物流配送解决方案等。通过参与这样的竞赛项目，学生能够深入了解农村电商的运营模式和发展特点，进一步提高学校在农村电商领域的教学和研究水平，使学校的

农村电商专业特色更加鲜明。

对于一些以跨境电商为特色方向的学校电商专业，竞赛项目可以围绕跨境电商的各个环节展开，如跨境电商平台的选择与搭建、国际市场的调研、跨境物流的优化等。学生在参与这些竞赛项目的过程中，能够掌握跨境电商的专业知识和技能，提高学校跨境电商专业的知名度和竞争力，使跨境电商成为学校电商专业的一张亮丽的名片。

2.提高专业的市场竞争力

竞赛项目与学校电商专业发展战略的契合度还体现在提高专业的市场竞争力上。当竞赛项目与学校电商专业的教学内容、实践环节紧密结合时，学生在竞赛中的表现能够反映出学校电商专业的教学质量和学生的综合素质。在就业市场上，企业往往更倾向于招聘在竞赛中表现优秀的学生。例如，在电商营销竞赛中获得优异成绩的学生，可能在营销策划、市场推广等方面具有较强的能力，这对于企业来说是非常有吸引力的。因此，通过竞赛项目的开展，学校电商专业能够在就业市场上获得更多的认可，提高专业的市场竞争力，吸引更多优质的生源，从而形成良性循环，促进学校电商专业的持续发展。①

第三节　从赛场到课堂：竞赛成果转化为教学资源及反馈优化

一、竞赛优秀案例在教学案例库中的整理与应用

（一）案例筛选原则

1.代表性原则

竞赛优秀案例的筛选首先要遵循代表性原则。例如，在电商运营竞赛中，不同类型的电商平台（如B2B、B2C、C2C）都有各自的运营模式和特点。具有代表性的案例应该涵盖各种平台类型，如选取一个在B2B平台上成功实现供应链优化的案例，该案例可以展示出如何通过整合上下游企业资源，降低采购成本，提高配送效率等。对于B2C平台，可以选择一个在客户体验优化方面表现出色的案例，如某知名电商企业通过精准的商品推荐算法、快速的物流配送和优质的售后服务，提高了客户满意度。这些不同类型平台的典型案例能够让学生全面了

①杨凡．职业技能竞赛促进技能人才培养的策略探析——以电子商务行业“数字化管理师”为例[J]．中国培训，2024(10)：58-60．

解电商运营在不同场景下的实践模式。在电商营销竞赛中，也要选取具有代表性的营销手段的案例。例如，以社交媒体营销为代表的案例，展示如何利用微博、微信等平台进行产品推广、品牌传播和客户互动；同时，选取搜索引擎营销（SEM）的案例，体现如何通过关键词竞价排名、搜索引擎优化（SEO）等手段提高网站流量和产品曝光度。这些代表性案例有助于学生理解不同营销渠道的特点和应用方法。

2. 启发性原则

所选的竞赛优秀案例要具有启发性。在电商创业竞赛中，有一些学生团队凭借独特的商业模式创新取得了成功。比如，某个团队针对大学生群体推出了校园共享电商模式，整合了校园内的闲置物品资源，通过线上平台进行租赁和交易。这个案例可以启发学生思考如何挖掘特定群体的需求，创造新的商业模式。在电商技术应用竞赛中，如一个团队利用区块链技术解决了电商交易中的信任问题的案例，能够启发学生探索新兴技术在电商领域的更多应用可能性，激发他们的创新思维。对于电商数据分析竞赛中的案例，一些团队通过对海量用户数据的深度挖掘，发现了隐藏的市场趋势和用户需求，从而调整了营销策略并取得良好效果。这样的案例可以启发学生如何运用数据分析工具和方法，从看似杂乱无章的数据中提取有价值的信息，进而为电商决策提供依据。

（二）案例整理方法

1. 分类整理

对于竞赛优秀案例，需要进行分类整理。按照电商的业务流程，可以分为电商平台搭建类案例、商品管理类案例、营销推广类案例、客户服务类案例等。在电商平台搭建类案例中，详细记录不同技术框架下平台的构建过程，包括前端界面设计、后台功能模块开发等内容。商品管理类案例则着重整理商品的选品策略、库存管理方法、商品信息的优化等方面的内容，营销推广类案例要涵盖各种营销渠道的应用、促销活动的策划与执行等情况，客户服务类案例主要包括客户反馈处理、售后服务体系建设等内容。

按照竞赛的类型也可以进行分类，如国际级竞赛案例、国家级竞赛案例、省级竞赛案例等。国际级竞赛案例往往代表着电商领域的前沿水平和全球视野，其整理重点可以放在创新的商业模式、跨文化的营销战略等方面；国家级竞赛案例更多地体现国家政策导向下的电商发展成果，如与农村电商、跨境电商相关的政策在案例中的体现；省级竞赛案例则侧重于地方特色的电商应用和地方产业与电商的融合等方面。

2.详细标注

在整理竞赛优秀案例时，要进行详细标注。对于每个案例，标注出竞赛的名称、举办时间、参赛团队的基本情况（如学校、专业、成员构成等）。在案例内容方面，标注出案例中的关键决策点、创新点、遇到的问题及解决方案等。例如，在一个电商营销案例中，标注出营销活动的目标受众选择这一关键决策点，以及采用短视频营销这种创新点，同时记录下在营销过程中遇到的预算有限的问题和解决预算问题的方案。此外，还要标注出案例可应用的教学知识点，如这个营销案例可应用于市场营销课程中的促销策略章节，以及电商运营课程中的营销推广模块等。

（三）案例应用于教学的方式

1.课堂讲解

在课堂讲解中应用竞赛优秀案例，可以加深学生对理论知识的理解。在电子商务概论课程中，当讲解电商模式时，可以引入电商创业竞赛中的相关案例。比如，以某个基于共享经济模式的电商创业案例，详细讲解共享经济模式在电商中的应用原理、盈利模式、市场竞争情况等。教师可以通过对案例的逐步剖析，让学生理解不同电商模式的特点和区别，将抽象的理论知识转化为具体的实例。在电商营销课程中，教师可以在课堂上讲解营销竞赛中的案例，分析其中的营销目标设定、市场定位、营销组合策略等内容，使学生在实际案例中掌握营销理论知识的应用。在电商数据分析课程中，通过讲解数据分析竞赛中的案例，教师可以展示如何运用数据分析工具进行数据收集、整理、分析和解读。例如，以一个通过分析用户购买行为数据来优化商品推荐系统的案例，教师可以在课堂上演示如何使用Excel或Python等工具进行数据处理，如何根据分析结果调整推荐算法，让学生直观地学习数据分析的流程和方法。

2.小组讨论

组织学生进行小组讨论竞赛优秀案例，可以提高学生的团队协作能力和问题解决能力。将一个电商运营竞赛中的复杂案例分给各个小组，这个案例涉及电商平台的流量获取、转化率提高、客户留存等多个问题。小组成员需要共同分析案例中的运营策略，找出存在的问题，并提出改进的建议。在小组讨论过程中，学生可以分享自己的观点，从不同的角度思考问题，如有的学生会从营销的角度提出增加社交媒体营销投入来提高流量，有的学生会从用户体验的角度建议优化网站界面来提升转化率等。通过这种小组讨论的方式，学生不仅能够深入理解案例中的运营知识，还能够锻炼团队协作和沟通能力。

在电商创业课程中,小组讨论创业竞赛案例也非常有效。各小组针对案例中的创业项目进行讨论,分析其商业模式的可行性、市场机会的把握、资金的筹集与使用等方面的问题。小组可以对案例中的创业项目进行SWOT分析,提出自己的创业思路和改进方案,这有助于培养学生的创业思维和创新能力。

二、竞赛中创新的商业模式或营销方案在课程中的推广

(一)商业模式的剖析与教学转化

1.创新商业模式的构成要素剖析

在竞赛中出现的创新商业模式往往包含多个构成要素。以社交电商商业模式为例,首先是社交网络的利用,它是这种商业模式的基础。社交网络平台为电商提供了庞大的用户流量和精准的社交关系链。在这个商业模式中,用户既是消费者也是推广者,这是其独特的用户角色定位。例如,一些社交电商平台通过用户的分享和推荐来获取新客户,用户在分享过程中可以获得一定的奖励,如折扣券、积分等。

商品供应链的创新也是社交电商商业模式的一个重要因素。与传统电商不同,社交电商的商品供应链可能更加注重个性化、小众化的商品供应。一些社交电商企业会直接与小众品牌或手工作坊合作,提供具有特色的商品。此外,盈利模式也是关键要素之一。社交电商的盈利模式除了传统的商品差价盈利外,还可能包括广告收入、平台服务费用等。通过对这些构成要素的剖析,学生可以深入理解社交电商商业模式的创新之处。

2.转化为课程教学内容

将创新商业模式剖析后的内容转化为课程教学内容。在电子商务课程中,可以专门设置章节讲解社交电商商业模式。首先,介绍社交网络在电商中的重要性,让学生了解如何利用社交平台进行电商营销和客户获取。其次,讲解社交电商中的商品供应链管理,包括如何挖掘小众化、个性化的商品资源,如何与供应商建立良好的合作关系等。最后,详细分析社交电商的盈利模式,引导学生思考不同盈利模式的优缺点和适用场景。

在创业课程中,也可以将创新商业模式纳入教学内容。以竞赛中出现的共享经济商业模式为例,在创业课程中可以让学生分析共享经济商业模式的市场需求分析方法、资源整合方式、运营管理模式等内容。学生可以通过学习这些内容,了解如何构建一个基于共享经济的创业项目,如何进行市场定位、资金筹集、团队组建等创业步骤。

(二)营销方案的推广与教学实践

1.营销方案的特点分析

竞赛中的营销方案往往具有独特的特点。例如,在数字营销竞赛中,一些营销方案非常注重数据驱动。这些方案通过对大量用户数据的分析,如用户的年龄、性别、地域、消费习惯等数据,精准定位目标受众。然后根据目标受众的特点,制定个性化的营销内容和传播渠道。例如,针对年轻女性消费者,可能会选择在社交平台上投放时尚、美妆类的营销内容。

整合营销也是竞赛中营销方案的一个常见特点。这些营销方案会整合多种营销渠道,如线上的社交媒体、搜索引擎、电子邮件营销,以及线下的活动营销、口碑营销等。通过整合不同的营销渠道,实现营销效果的最大化。例如,一个营销方案会先通过搜索引擎营销提高品牌知名度,然后利用社交媒体进行用户互动和产品推广,再结合线下的体验活动增加用户黏性,最后通过电子邮件营销进行客户关系维护。

2.在课程中的实践应用

在营销课程中实践应用竞赛中的营销方案特点。在教学中,可以设置营销方案策划的实践项目,要求学生运用数据驱动的营销理念。学生需要先收集和分析相关的市场数据,然后根据数据制定营销方案。例如,在为某一旅游产品制定营销方案时,学生要分析旅游产品的目标客户数据,如哪些地区的游客对该产品感兴趣、游客的年龄层次和消费能力等,然后根据这些数据选择合适的营销渠道和内容。

在整合营销的教学实践方面,可以组织学生进行模拟营销活动。将学生分成小组,每个小组负责一个营销项目,要求小组制定整合营销方案。小组要综合考虑线上线下各种营销渠道的特点和优势,制定出一套完整的营销流程。例如,在为某一本地特色美食进行营销时,小组可以先通过本地生活服务平台进行线上推广,然后在美食节等线下活动中进行现场体验营销,再利用社交媒体进行口碑传播,最后通过电子邮件向老顾客发送优惠信息进行客户关系维护。

三、竞赛获奖学生的经验分享在教学中的组织形式

(一)经验分享会

1.定期举办

定期举办竞赛获奖学生的经验分享会是一种有效的组织形式。例如,可以每个月举办一次分享会,邀请近期在电商相关竞赛中获奖的学生参加。在分享

会上，获奖学生可以介绍自己参加竞赛的整个过程，包括从最初的组队、选题，到项目的策划、实施，再到最后的参赛和获奖等环节。这样的分享会能够让其他学生了解竞赛的真实情况，激发他们参与竞赛的兴趣。

对于不同类型的竞赛，可以分别举办经验分享会。比如，针对电商运营竞赛举办一次分享会，让在该竞赛中获奖的学生分享在运营策略制定、平台管理、客户服务等方面的经验；针对电商营销竞赛再举办另一次分享会，邀请获奖学生讲述营销方案的策划、市场推广、品牌塑造等方面的经验。通过这种有针对性的分享会，能够让学生更深入地了解不同竞赛的特点和要求。

2.分享内容

在经验分享会上，获奖学生的分享内容要有针对性和实用性，他们可以分享在竞赛中遇到的困难以及如何克服这些困难。例如，在电商创业竞赛中，可能会遇到资金不足的问题，获奖学生可以讲述他们是如何通过寻找合作伙伴、节约成本等方式来解决资金问题的。获奖学生还可以分享在竞赛中的创新思维是如何产生的，如在电商数据分析竞赛中，可以介绍他们是如何从海量数据中发现新的市场趋势，从而调整数据分析策略的。此外，获奖学生还可以分享团队协作的经验。在竞赛项目中，团队协作至关重要。他们可以讲述在团队中如何分工、如何协调成员之间的关系、如何发挥每个成员的优势等内容。例如，在一个电商平台开发竞赛中，有的成员负责前端界面设计，有的成员负责后台功能开发，获奖学生可以分享他们是如何确保前后端的无缝对接，如何在团队中进行有效的沟通和协作的。

（二）融入课程教学

1.作为课程案例

将竞赛获奖学生的经验分享作为课程案例融入教学。在电子商务课程中，当讲解电商运营管理时，可以引入获奖学生在电商运营竞赛中的经验分享作为案例。例如，以获奖学生在优化电商平台用户体验方面的经验为例，详细分析他们是如何从页面布局、操作流程、客户服务等方面提升用户体验的。这样的案例可以让学生更加直观地理解电商运营管理的理论知识，同时也能从获奖学生的实践经验中学习到实用的运营技巧。

在电商营销课程中，将获奖学生在营销竞赛中的经验分享作为案例。如以获奖学生制定的创新营销方案为例，分析他们是如何进行市场调研、目标市场定位、营销组合策略制定等工作的。这种案例教学方式能够让学生在学习营销理论的同时，了解到实际竞赛中的营销实践经验，提高学生的营销策划能力。

2.小组讨论素材

把竞赛获奖学生的经验分享作为小组讨论的素材。在创业课程中，教师可以将获奖学生的创业竞赛经验分享资料分发给学生小组，每个小组针对这些经验进行讨论。例如，讨论获奖学生在创业项目中的商业模式创新、市场机会把握、资金筹集等方面的经验，然后提出自己的见解和改进方案。通过这种小组讨论的方式，学生可以深入学习获奖学生的创业经验，同时锻炼自己的团队协作和问题分析能力。

在电商数据分析课程中，也可以将获奖学生在数据分析竞赛中的经验分享作为小组讨论素材。小组可以讨论获奖学生是如何收集、整理和分析数据的，如何从数据中发现有价值的信息，以及如何运用数据为决策提供依据的。这样的小组讨论能够让学生更好地掌握数据分析的方法和技巧。

四、竞赛中暴露的学生知识和技能短板在教学中的弥补措施

（一）知识短板的针对性教学

1.理论知识强化

当竞赛中暴露学生在电商专业理论知识方面存在短板时，需要进行针对性的理论知识强化教学。例如，如果竞赛中发现学生对电商法律法规的了解不足，在相关课程如电子商务法律法规课程中，就要增加教学课时或者丰富教学内容。教师可以详细讲解国内外电商法律法规的差异，如欧盟的《通用数据保护条例》（GDPR）对电商企业数据处理的规定，以及中国的《中华人民共和国电子商务法》中关于电商平台责任、消费者权益保护等方面的内容。

如果学生在电商经济学原理方面存在知识短板，在电商经济学课程中，可以通过引入更多实际案例来强化教学。例如，以知名电商企业的经济运营模式为例，分析规模经济、范围经济在电商中的体现，以及价格歧视、市场竞争等经济学原理在电商市场中的应用。这样可以让学生更好地理解电商经济学原理，提高他们在这方面的理论知识水平。

2.跨学科知识补充

电商专业涉及多个学科领域的知识，通过竞赛中可以发现学生跨学科知识的短板。例如，在涉及电商与物流整合的竞赛项目中，如果发现学生对物流管理中的仓储管理、运输调度等知识缺乏了解，在电商专业课程体系中，就可以增加物流管理相关的选修课程或者在相关课程中增加物流管理知识模块。这些知识模块可以涵盖现代物流技术、物流信息系统、物流成本控制等内容，以补充学生

在物流管理方面的跨学科知识。

在电商与信息技术融合的竞赛中，如果发现学生对信息技术中的数据库管理、网络安全等知识掌握不够，可以在电商课程中加强这方面的跨学科知识教学。在电商运营课程中增加数据库管理知识的讲解，让学生了解如何构建和管理电商数据库，如何进行数据备份和恢复等操作；在电商安全课程中，深入讲解网络安全技术，如防火墙、加密技术等在电商交易中的应用，以提高学生在信息技术方面的跨学科知识储备。

（二）技能短板的专项训练

1.操作技能提高

针对竞赛中暴露的学生操作技能短板，要进行专项训练。如果竞赛中发现学生对电商平台的操作不够熟练，如在商品上架、订单处理、客户服务等操作环节存在问题，学校可以开设专门的电商平台操作实训课程。在实训课程中，学生可以在模拟的电商平台环境下进行反复练习，教师可以针对学生在操作过程中出现的问题进行现场指导。例如，对于商品上架操作，教师可以详细讲解商品信息的填写规范、图片的处理要求、分类的选择方法等内容，帮助学生提高商品上架的准确性和效率。如果学生在电商营销工具的使用上存在技能短板，如不熟悉搜索引擎营销工具、社交媒体营销工具等，学校可以组织专项培训。培训内容可以包括这些营销工具的功能介绍、操作流程、技巧和策略等方面。例如，在搜索引擎营销工具培训中，教师可以教学生如何选择关键词、如何设置价格、如何优化广告创意等，以提高学生使用营销工具的能力。

2.综合技能培养

竞赛也可能暴露出学生综合技能的短板，如在电商创业竞赛中，发现学生缺乏将电商运营、营销、财务等多方面知识和技能综合运用的能力。为了培养学生的综合技能，可以设置综合实训项目。例如，设计一个模拟电商创业项目，让学生组成团队，从创业计划书的撰写、资金的筹集、电商平台的搭建、营销推广到财务预算和成本控制等整个创业流程进行实践操作。在这个过程中，教师可以引导学生将不同的知识和技能进行整合，如在撰写创业计划书时，要运用到电商运营的市场分析知识，确定目标市场和商业模式；在资金筹集方面，要考虑营销计划中的盈利预测和成本估算；在电商平台搭建时，要结合运营需求设置功能模块；在营销推广中，要根据财务预算制定合理的推广策略。通过这样的综合实训项目，学生能够提高综合运用知识和技能的能力，弥补在竞赛中暴露的综合技能短板。另外，还可以组织学生参加企业实习项目，让学生在真实的电商企业环境中学习。在企业实习中，学生可以接触电商运营、营销、财务等各个部门的工作内容，了解不同部门之间的协作关系。例如，在电商运营部门，学生可以学习到商品管理、订单处理、客户服务等实际操作；在营销部门，学生可以参与市场调研、广告投放、社交媒体营销等活动；在财务部门，学生可以了解成本核算、利润分析、资金流管理等知识。通过企业实习，学生能够将课堂上学到的知识和技能与实际工作相结合，提高综合技能水平。

五、基于竞赛反馈对课程体系的优化调整

（一）课程内容的优化

1.新增课程内容

根据竞赛反馈，发现一些新兴的电商知识和技能在课程体系中缺失，需要新增课程内容。例如，随着区块链技术在电商中的应用逐渐增多，如区块链在商品溯源、信任机制建立方面的应用，在课程体系中可以新增区块链技术在电商中的应用章节。这个章节可以包括区块链的基本原理、区块链技术对电商业务流程的影响、区块链技术在电商安全方面的作用等内容。

电商直播也是近年来兴起的电商营销方式，在竞赛中可能发现学生对电商直播的策划、执行、互动等方面缺乏了解。因此，可以在营销课程中新增电商直播营销的内容，包括电商直播平台的特点、直播内容的策划、主播的选择与培训、直播中的互动技巧、直播效果的评估等方面的知识，以适应电商行业的发展需求。

2.删减与整合

竞赛反馈也可能显示课程体系中存在一些过时或者重复的内容需要删减或整合。例如，在一些传统的电商课程中，可能存在过多关于传统实体店与电商结合的案例和理论，随着电商模式的不断创新，这些内容可能已经过时。可以适当删减这些内容，将更多的教学资源集中到新兴的电商模式上。对于存在重复的课程内容，如电商运营课程和电商管理课程中可能都有关于商品管理的内容，可以进行整合。整合后的商品管理内容可以更加系统地涵盖商品的选品、采购、库存、销售等整个商品管理流程，避免在不同课程中重复教学，提高教学效率。

（二）课程结构的调整

1.课程顺序调整

基于竞赛反馈，对课程顺序进行调整。例如，在传统的课程体系中，可能先开设电商概论课程，然后再开设电商营销课程。但竞赛中发现学生在学习电商

营销课程时,对电商的基本概念和模式理解不够深入,影响了营销课程的学习效果。因此,可以将电商概论课程和电商营销课程的顺序进行调整,先开设营销课程中的部分基础内容,如市场分析、目标市场选择等,让学生在实践中理解电商的基本概念,然后再系统地学习电商概论课程,最后深入学习电商营销课程的其他内容。

对于涉及电商技术应用的课程,如电商网站建设和电商数据库管理课程,也可以根据竞赛反馈调整顺序。如果竞赛中发现学生在进行电商网站建设时,因缺乏数据库管理知识,导致网站功能受限。那么可以先开设电商数据库管理课程,让学生掌握数据库的基本原理和操作后,再学习电商网站建设课程,这样可以提高学生在网站建设过程中对数据库的应用能力。

2.课程模块重组

对课程模块进行重组也是优化课程体系的一种方式。例如,将电商运营、电商营销、电商客户服务等相关课程中的实践教学模块进行重组,构建一个统一的电商综合实践课程模块。在这个综合实践课程模块中,学生可以进行综合性的电商项目实践,将运营、营销、客户服务等知识和技能综合运用。这样可以避免在不同课程中分散进行实践教学,提高实践教学的系统性和连贯性。

另外,根据竞赛中对学生跨学科知识和技能的要求,可以对电商与物流、电商与信息技术等跨学科课程模块进行重组。例如,将电商与物流课程中的物流配送、仓储管理等模块与电商运营课程中的订单处理、库存管理等模块进行整合,构建一个电商物流一体化的课程模块,让学生更好地理解电商与物流之间的紧密联系,提高学生在电商物流领域的综合知识和技能。

六、竞赛成果转化为教学资源的激励机制与保障措施

(一)激励机制

1.教师激励

为了鼓励教师积极将竞赛成果转化为教学资源,学校可以设立专门的教师奖励制度。对于将竞赛优秀案例整理并成功应用于教学案例库的教师,给予一定的物质奖励,如奖金、教学设备购置补贴等。同时,在教师的职称评定、绩效考核等方面给予加分。例如,在职称评定中,将竞赛成果转化为教学资源的成果可以作为教学成果的一部分进行考量,提高教师在职称评定中的竞争力。

对于积极参与竞赛指导工作,并将竞赛中创新的商业模式或营销方案融入课程教学的教师,可以提供更多的培训机会。例如,选派教师参加国内外高水平

的电商教学研讨会或培训课程，让教师能够不断更新教学理念和方法，提高教学水平。此外，还可以给予教师一定的教学自主权，如在课程设置、教学内容选择等方面给予更多的灵活性，以便教师更好地将竞赛成果融入教学。

2.学生激励

对于参与竞赛并取得优异成绩的学生，学校可以给予多种激励措施。在学业方面，可以给予学分奖励，例如，将竞赛获奖等同于完成一定的课程学分，或者在评优评先时给予优先考虑。在奖学金评定方面，提高竞赛获奖学生的获奖比例或金额，激励更多的学生积极参与竞赛。

为学生提供更多的实践机会也是一种激励方式。例如，对于竞赛获奖学生，可以推荐他们到知名电商企业实习或参与企业的实际项目，让学生在实践中进一步提高自己的能力。此外，还可以设立学生竞赛成果展示平台，如在学校网站上开辟专门的板块，展示学生的竞赛成果，包括获奖作品、经验分享等，提高学生的荣誉感和自信心。

（二）保障措施

1.制度保障

学校要建立完善的制度保障竞赛成果转化为教学资源。制定竞赛成果转化的相关管理制度，明确规定竞赛成果转化的流程、标准、责任主体等内容。例如，规定竞赛优秀案例的筛选标准、整理规范、应用范围等，确保竞赛成果转化的质量。同时，建立监督机制，对竞赛成果转化的过程进行监督，防止出现形式主义或资源浪费的情况。

在课程改革方面，建立课程调整的审批制度。当根据竞赛反馈对课程体系进行优化调整时，要经过严格的审批程序。例如，由教师提出课程调整方案，经过专业教研室审核、学院教学委员会审批后，方可实施。这样可以确保课程调整的合理性和科学性，保障教学质量。

2.资源保障

提供充足的资源保障竞赛成果转化为教学资源。在人力方面，组建专门的团队负责竞赛成果的整理、转化和推广工作。这个团队可以由教学经验丰富的教师、教育技术专家等组成，他们能够高效地完成竞赛成果的转化工作。在物力方面，学校要为竞赛成果转化提供必要的设备和场地。例如，为教师提供专门的案例整理工作室、为学生提供竞赛成果展示的场地等。在财力方面，设立专项经费用于竞赛成果转化。这笔经费可以用于购买相关的教学资料、支付教师的奖励、开展学生的实践活动等。例如，利用专项经费购买电商行业的最新研究报告、案例集等资料，为教师的教学提供更多的素材；支付教师将竞赛成果转化为教学资源的奖金，激励教师的积极性；为学生提供参与竞赛成果相关实践活动的经费补贴，如参加企业实习的交通补贴、项目实践的材料费用等。[①]

①乔毅娜．赛教融合背景下电子商务技能竞赛训练方法及教学改革探究［J］．太原城市职业技术学院学报，2024(6)：86-88.

第五章　书证融通：证书嵌入教学的路径规划

第一节　电商领域证书全景展示：职业资格、行业认证、技能等级证书梳理

一、职业资格证书的考试内容与要求

（一）电子商务师职业资格证书

1.基础知识部分

电子商务的基本概念是考试的基础内容。考生需要掌握电子商务的定义，理解其是通过电子手段进行的商业活动，包括电子交易、电子支付、电子营销等多个环节。例如，要清楚电子商务与传统商务在交易流程、运营模式、客户关系管理等方面的区别。同时，对于电子商务的发展历程也需要有深入了解，从早期的电子数据交换（EDI）到如今的移动电子商务、跨境电子商务等不同阶段的特点、标志性事件以及推动发展的因素等都要熟知。

网络技术基础知识不可或缺。这包括计算机网络的体系结构，如TCP/IP协议的原理、功能和各层的主要协议。对于网络设备，如路由器、交换机的基本工作原理和在构建电子商务网络环境中的作用需要掌握。另外，网络安全知识同样重要，考生要了解常见的网络安全威胁，如黑客攻击、网络诈骗等，以及相应的防范措施，如加密技术、防火墙技术等在保障电子商务交易安全中的应用。

2.商务运营部分

在商务运营方面，电子商务平台的建设与管理是重要考点。考生需要掌握如何选择适合的电子商务平台类型（开源平台、自主开发平台等），平台的功能模块设计，如商品管理模块、订单管理模块、客户管理模块等的构建与优化。同时，对于平台的运营策略，如如何提高平台的流量、转化率和用户黏性等要有清晰的思路。例如，掌握搜索引擎优化（SEO）的基本原理和方法，通过优化网站结构、内容等提高在搜索引擎中的排名，从而增加平台流量。

商品管理与供应链管理也是考查内容，包括商品的选品策略，如何根据市场

需求、竞争状况选择合适的商品进行销售。商品的信息管理，如商品的描述、图片处理、价格策略等要符合电子商务的特点。在供应链管理方面，要了解供应商的选择与评估标准，如何建立稳定的供应商关系，以及库存管理的方法，如安全库存的设定、库存周转率的计算与优化等。

（二）网络营销师职业资格证书

1. 营销理论基础

营销学的基本原理是考试的基石。考生要掌握4P理论在网络营销中的应用，例如如何根据网络环境的特点重新定义产品的概念，将服务、体验等纳入产品范畴。对于价格策略，要理解在网络营销中如何利用大数据分析市场价格动态，制定灵活的价格体系。在渠道方面，要了解网络营销渠道的多样性，如社交媒体渠道、搜索引擎渠道、电子邮件渠道等的特点和适用场景。促销策略在网络环境下的创新形式，如网络团购、限时秒杀等活动的策划与执行也是重点。

消费者行为学知识在网络营销师考试中占有重要地位。考生需要了解网络消费者的行为特征，如网络购物的决策过程、影响网络消费者购买行为的因素（包括文化因素、社会因素、个人因素和心理因素等）。例如，研究不同年龄段、性别、地域的消费者在网络购物时的偏好差异，以及如何根据这些差异制定针对性的营销策略。同时，对于网络消费者的信息搜索行为、购买后的评价和反馈行为等也要有深入的研究。

2. 网络营销技术与工具

在网络营销技术方面，考生需要掌握网站建设与优化技术，包括网站的规划与设计，如网站的布局、色彩搭配、用户界面（UI）设计原则等要符合网络营销的目标。对于网站的代码优化，如HTML、CSS、JavaScript等语言在提高网站性能、搜索引擎友好性方面的应用要熟练掌握。同时，网站的数据分析技术也是关键，如如何利用Google Analytics等工具分析网站流量来源、用户行为轨迹、页面停留时间等数据，为网络营销策略的调整提供依据。

营销工具的使用是考试的重要内容。例如，搜索引擎营销（SEM）工具，考生要了解相关平台的操作流程，包括关键词的选择、出价策略、广告创意的撰写与优化等。社交媒体营销平台的功能和营销应用要熟悉，如如何进行粉丝运营、内容策划与发布、互动活动的开展等。此外，电子邮件营销工具的使用，包括邮件列表的建立、邮件内容的设计、邮件发送的时机与频率等也是考查的范围。

二、技能等级证书的等级划分与考核标准

(一)电商美工技能等级证书

1.初级等级

等级划分:初级电商美工技能等级证书主要面向刚刚接触电商美工领域的初学者。这一等级的人员通常具备基本的图形处理和网页设计基础知识,但实践经验相对较少。

考核标准:在理论知识方面,要求考生掌握图形设计软件(如Adobe Photoshop、Illustrator等)的基本操作界面、常用工具的功能。例如,能够熟练使用Photoshop中的选区工具、画笔工具、文字工具等进行简单的图像合成、文字添加等操作。对于色彩理论知识,要了解基本的色彩搭配原则,如互补色、邻近色的概念和应用场景。在网页设计方面,要知道网页的基本布局结构,如常见的"F"型布局、"Z"型布局等。

在实践技能考核中,要求考生能够根据给定的简单产品图片进行基本的修图工作,如调整图片的亮度、对比度、色彩平衡等。能够制作简单的电商海报,包括添加产品图片、促销文字、基本的装饰元素等,但对创意和设计效果的要求相对较低。例如,制作一张简单的手机促销海报,能够清晰地展示手机产品图片、价格、促销信息等内容即可。

2.中级等级

等级划分:中级电商美工技能等级证书适用于有一定电商美工工作经验的人员。该等级学生已经熟练掌握了基本的图形处理和网页设计技能,并且开始具备一定的创意设计能力。

考核标准:在理论知识方面,除了初级的要求外,需要更深入地掌握图形设计软件的高级功能,如Photoshop中的图层蒙版、通道、路径等工具的应用。对于色彩理论,要能够根据不同的产品风格和目标受众,制定合理的色彩方案。在网页设计方面,要掌握响应式网页设计的基本原理,了解如何根据不同的设备屏幕尺寸调整网页布局。

在实践技能考核中,要求考生能够独立完成较为复杂的电商海报设计,包括创意构思、素材收集与处理、排版布局等环节。海报的设计要体现一定的视觉冲击力和创意性,能够准确传达产品的卖点和促销信息。例如,制作一张时尚服装的电商海报,要能够通过独特的排版、时尚的色彩搭配和吸引人的素材选择,吸引目标受众的注意力。此外,还要求考生能够进行简单的电商页面的局部设计,如商品详情页的部分模块设计,包括产品展示区、产品描述区等的设计。

3.高级等级

等级划分:高级电商美工技能等级证书是为在电商美工领域具有丰富经验和高超技能的专业人员设立的。该等级学生能够独立承担复杂的电商视觉设计项目,并且在创意设计、用户体验优化等方面具有卓越的表现。

考核标准:在理论知识方面,要求考生对图形设计、网页设计、用户体验设计等领域的前沿知识有深入的了解。例如,了解最新的设计趋势,如极简主义设计、微交互设计等在电商视觉设计中的应用。对于色彩心理学、视觉传达理论等也要有深入的研究,能够运用这些理论知识指导设计实践。

在实践技能考核中,要求考生能够主导完成大型电商项目的视觉设计工作,如整个电商平台的界面重新设计、品牌形象的视觉升级等。设计作品要体现出高水平的创意性、用户体验优化能力和对品牌文化的深刻理解。例如,在重新设计一个电商平台的界面时,要从用户的信息获取习惯、操作流程、情感体验等多个方面进行综合考虑,通过创新的布局、独特的交互设计和精致的视觉效果,提高用户在平台上的购物体验。

(二)电商运营技能等级证书

1.初级等级

等级划分:初级电商运营技能等级证书针对电商运营领域的新手。该等级学生对电商运营的基本流程和概念有初步的了解,但缺乏实际操作经验。

考核标准:在理论知识方面,要求考生掌握电商运营的基本概念,如电商平台的类型、电商运营的主要环节(如商品管理、订单管理、客户管理等)。对于电商营销的基础知识,如常见的营销渠道(如搜索引擎营销、社交媒体营销等)要有一定的了解。在数据分析方面,要知道基本的电商数据指标,如流量、转化率、客单价等的含义和计算方法。

在实践技能考核中,要求考生能够在模拟的电商平台上完成基本的商品上架操作,包括填写商品信息、上传商品图片、设置商品价格等;能够处理简单的订单流程,如确认订单、发货、处理退款等操作,并且能够运用基本的营销工具进行简单的推广活动,如在电商平台上设置一个简单的优惠券促销活动。

2.中级等级

等级划分:中级电商运营技能等级证书适用于有一定电商运营工作经验的人员。该等级学生已经熟练掌握了基本的运营流程,并且开始涉足一些复杂的运营策略。

考核标准:在理论知识方面,除了初级的要求外,需要深入了解电商运营的各种策略,如商品选品策略、库存管理策略、价格策略等。对于电商营销,要掌握不同营销渠道的特点和组合应用方法,包括如何将搜索引擎营销和社交媒体营销相结合,提高营销效果。在数据分析方面,要能够运用数据分析工具(如Excel)对电商运营数据进行简单的分析,如制作简单的数据报表、分析数据趋势等。

在实践技能考核中,要求考生能够制订并执行较为复杂的商品选品计划,根据市场需求、竞争状况等因素选择合适的商品进行销售;能够优化库存管理,通过数据分析确定合理的库存水平,降低库存成本。在营销方面,能够独立策划并执行一次中型规模的营销活动,如在社交媒体平台上开展一次有针对性的产品推广活动,包括活动策划、执行、效果评估等环节。

3.高级等级

等级划分:高级电商运营技能等级证书是为在电商运营领域具有丰富经验和卓越能力的专业人员设立的。该等级学生能够全面负责大型电商项目的运营管理工作,并且在战略规划、创新运营等方面具有突出的表现。

考核标准:在理论知识方面,要求考生对电商行业的发展趋势、市场动态有深入的研究。能够从宏观角度分析电商行业的竞争格局,制定相应的运营战略。对于新兴的电商技术和模式,如区块链技术在电商中的应用、直播电商等要能够及时跟进并将其融入运营策略中。

在实践技能考核中,要求考生能够负责大型电商项目的整体运营战略规划,包括市场定位、目标设定、资源配置等方面,能够带领团队开展创新型的运营活动,如打造一个具有创新性的电商直播项目,从直播内容策划、主播选拔与培训、直播效果评估等多个环节进行全面把控,并且能够通过深入的数据分析,对电商项目的运营效果进行全面评估,及时调整运营策略,确保项目的持续发展。

三、不同证书在电商行业就业市场中的认可度分析

(一)职业资格证书的认可度

1.官方权威性

职业资格证书通常由政府部门或官方机构颁发,具有较高的官方权威性。例如,电子商务师职业资格证书,其颁发机构在行业内具有一定的公信力。这种官方权威性使得企业在招聘时会给予一定的重视,尤其是一些国有企业、大型企业或者与政府有合作项目的企业。在这些企业看来,职业资格证书是对求职者专业能力的一种官方认可,能够在一定程度上保证求职者具备基本的电商专业知识和技能。然而,由于职业资格证书的通用性较强,在一些特定领域或新兴的

电商业务模式下，可能无法完全体现求职者的专业优势。例如，在直播电商、跨境电商等新兴领域，职业资格证书可能只能证明求职者的基本电商素养，而对于直播策划、跨境电商物流管理等具体业务能力的体现相对不足。

2.行业通用性

职业资格证书具有较强的行业通用性。这意味着在整个电商行业范围内，无论是电商平台运营、网络营销，还是电商物流等不同岗位，职业资格证书都能被视为一种基本的能力证明。例如，一个拥有电子商务师职业资格证书的求职者，在不同类型的电商企业（如B2B电商企业、B2C电商企业）中都可能被认可为具备基本的电商知识和技能，有资格参与相关岗位的应聘。但是，这种通用性也导致了在某些细分领域竞争力不足的问题。在一些专业性较强的领域，如电商美工、数据分析等，企业可能更倾向于寻找具有相关行业认证或技能等级证书的求职者，因为这些证书更能体现求职者在特定领域的专业深度。

（二）行业认证的认可度

1.平台针对性优势

行业认证由于其具有很强的平台针对性，在对应的平台相关业务领域认可度极高。该认证是求职者熟悉平台规则和操作流程的有力证明，持有相关认证的求职者往往更受青睐，因为企业深知这些认证能确保员工快速上手工作，减少培训成本并提高工作效率。然而，这种平台针对性也限制了其在其他电商平台或业务场景的通用性。如果求职者想要从A电商平台相关岗位转向其他电商平台，该认证的认可度就会大打折扣。企业可能会认为虽然求职者在A电商平台有一定能力，但在新的平台环境下，还需要重新适应不同的运营规则、用户群体和市场特点。

2.企业合作与影响力因素

行业内大型企业颁发的认证往往与众多企业有着广泛的合作关系和影响力。如亚马逊电商认证。亚马逊作为全球电商巨头，其认证在跨境电商领域的影响力不可小觑。许多从事跨境电商进出口业务的企业，无论是供应商还是卖家，都认可亚马逊电商认证的价值。持有该认证的人员在涉及亚马逊平台的业务操作、客户关系管理等方面被认为更具专业性。

但是，这类认证的认可度也受企业自身声誉波动的影响。如果企业在某一时期出现一些负面事件，如数据泄露、商业纠纷等，可能会对其颁发的认证在市场上的认可度产生一定的影响。而且，在一些非直接与该企业相关的电商业务，如国内的农村电商、社交电商等新兴业务模式中，其认证的价值可能没有在传统跨境电商业务中那么高。

(三)技能等级证书的认可度

1.技能深度体现

技能等级证书如电商美工技能等级证书和电商运营技能等级证书,能够很好地体现求职者在特定技能领域的深度。对于企业来说,在招聘电商美工岗位时,高级电商美工技能等级证书表明求职者在视觉设计、创意构思和用户体验优化方面具有较高的水平。企业可以根据证书等级直观地判断求职者是否具备承担复杂设计项目的能力,从而更精准地匹配岗位需求。然而,技能等级证书可能存在技能单一性的问题。以电商运营技能等级证书为例,高级证书持有者可能在运营策略、数据分析等运营相关技能方面很强,但在其他电商领域如电商法律、电商物流等方面的知识和技能可能有所欠缺。这在一些需要综合电商知识和技能的岗位上可能会成为劣势。

2.行业细分领域认可度

在电商行业的细分领域,技能等级证书的认可度较高。在电商美工这个细分领域,企业对于不同等级的电商美工技能等级证书有明确的认知,知道每个等级对应的技能水平范围。同样,在电商运营领域,不同等级的运营技能等级证书也被用于区分不同能力层次的求职者。这种在细分领域的认可度有助于企业在招聘时筛选出符合岗位技能要求的人员。但是,由于技能等级证书主要聚焦于某一特定技能,在跨领域的职业发展中可能面临挑战。例如,一个持有电商美工高级技能等级证书的人员,如果想要转型从事电商运营工作,企业可能会对其运营能力存在疑虑,尽管他在美工方面有很高的造诣,但运营岗位需要的数据分析、市场策略等能力在美工技能等级证书中无法体现。

四、各类证书之间的关联与互补关系

(一)职业资格证书与行业认证

1.基础与拓展

职业资格证书为电商从业者提供了基本的电商知识和技能框架,是进入电商行业的通用门槛,它涵盖了电商领域较为广泛的知识,如电子商务的基本概念、网络营销、商务运营等多方面的基础知识,而行业认证则是在职业资格证书的基础上进行了特定平台或业务方向的拓展。例如,A电商企业电子商务认证是在职业资格证书所涵盖的电商运营知识基础上,深入到该企业电商平台的具体运营规则、营销推广、客户服务等方面的内容。

职业资格证书可以作为获取行业认证的知识铺垫。拥有电子商务师职业资格证书的人员在学习A电商企业电子商务认证时，由于已经掌握了电商的基本原理和运营流程，能够更快地理解和掌握A电商企业平台特有的业务知识。反之，行业认证则是对职业资格证书在实际应用场景中的补充和细化，使从业者能够更好地适应特定平台或业务环境的要求。

2.官方认可与企业导向

职业资格证书具有官方认可的权威性，是从宏观层面确保从业者具备基本的电商素养。而行业认证更多地体现了企业导向，是根据企业自身的业务需求和平台特点制定的认证标准。例如，亚马逊电商认证是基于亚马逊公司在跨境电商业务中的实际运营需求，包括其独特的物流体系、客户体验管理等方面的要求。这种企业导向的认证能够更好地满足企业对员工特定技能和知识的需求。两者相结合可以使从业者在既有官方认可的基本能力基础上，又能满足企业特定的业务要求。在就业市场中，同时拥有电子商务师职业资格证书和亚马逊电商认证的求职者，既能证明自己具备电商行业的基本从业能力，又能表明自己对亚马逊跨境电商业务有深入的了解和操作能力，从而在求职竞争中具有更大的优势。

（二）职业资格证书与技能等级证书

1.理论基础与实践深度

职业资格证书为从业者提供了电商领域的理论基础，包括电子商务的基本概念、网络营销理论、商务运营原理等方面的知识。这些理论知识是从业者理解电商行业的基石。而技能等级证书则侧重于实践深度，如电商美工技能等级证书，它通过不同等级的划分，从初级的基本图形处理到高级的大型电商项目视觉设计，体现了从业者在电商美工这一特定技能领域的实践能力的逐步提高。

职业资格证书所涵盖的理论知识有助于从业者更好地理解技能等级证书所要求的实践内容。例如，在学习电商运营技能等级证书中的库存管理实践技能时，职业资格证书中关于商务运营原理的知识能够帮助从业者从理论高度理解库存管理的重要性、目标以及相关的策略制定依据。同时，技能等级证书则是对职业资格证书理论知识的实践转化，使理论知识能够在实际操作中得到应用和检验。

2.通用知识与专业技能

职业资格证书包含的是电商行业的通用知识，适用于电商行业的各个岗位和业务环节，而技能等级证书聚焦于特定的专业技能，如电商美工、电商运营等具体领域。在职业发展过程中，从业者需要先通过职业资格证书掌握通用知识，然后根据自己的职业兴趣和方向选择获取相应的技能等级证书来提升在特定领域的专业技能。两者相互补充，使从业者既有全面的电商知识体系，又有在特定领域的专业技能优势。例如，一个拥有电子商务师职业资格证书并同时持有电商运营技能等级证书的从业者，在就业市场上既可以应聘涉及电商运营的岗位，也可以凭借其通用的电商知识参与其他电商相关岗位的竞争，并且在电商运营岗位上能够凭借其专业技能等级证书展现出更高的专业水平。

（三）行业认证与技能等级证书

1.平台与技能领域

行业认证往往与特定的电商平台相关联，体现了在该平台上的业务操作能力。例如A电商企业电子商务认证体现了在该电商企业电商平台的业务能力。而技能等级证书侧重于特定的技能领域，如电商美工技能等级证书体现的是在电商美工方面的技能水平。在实际的电商业务中，两者可以相互补充。

以一个在B平台从事电商运营的人员为例，如果他持有A电商企业的电子商务认证，表明他熟悉B平台的运营规则等平台相关知识。如果他还持有电商运营技能等级证书，那么他不仅能熟练操作B平台，还能在运营技能方面展现出一定的深度，如在商品选品、营销策划等运营技能方面表现得更加专业。这种平台知识与技能深度的结合能够使从业者在工作中发挥更大的作用。

2.企业需求与专业能力

行业认证更多的是满足企业对特定平台或业务的需求，而技能等级证书则是对从业者在专业能力方面的一种衡量。企业在招聘时，往往既需要员工熟悉企业所使用的电商平台（通过行业认证体现），又需要员工在特定的专业技能方面（通过技能等级证书体现）达到一定的水平。例如，在招聘亚马逊平台的电商美工岗位时，企业希望求职者既持有亚马逊电商认证（表明熟悉亚马逊平台的相关要求），又持有电商美工技能等级证书（表明在美工技能方面的专业能力）。两者结合能够更好地满足企业在该岗位上的综合需求，使员工能够更快地适应工作环境并发挥出应有的专业水平。

五、证书的更新机制与行业发展的适应性

（一）职业资格证书的更新机制

1.官方主导与行业专家参与

职业资格证书的更新通常由官方机构主导，这些机构会根据电商行业的整体发展趋势、国家政策法规的变化以及新技术的应用等因素来启动更新程序。在这个过程中，会广泛邀请行业专家参与。行业专家凭借其丰富的实践经验和对行业前沿动态的了解，能够为证书的更新提供宝贵的意见。例如，在电子商务

师职业资格证书的更新过程中，官方机构可能会召集电商平台运营专家、网络营销专家、电商法律专家等共同商讨更新内容。

官方机构会对行业专家提出的意见进行综合评估和筛选，将符合行业发展需求和官方管理要求的内容纳入新的证书考核标准中。这种官方主导与行业专家参与相结合的方式，既能够保证证书更新的权威性，又能确保更新内容的科学性和实用性。

2. 定期审查与动态调整

职业资格证书会进行定期审查，一般每隔几年就会对证书的考试内容和要求进行全面审查。在审查期间，会对电商行业的发展情况进行深入调研，分析行业发展对从业者知识和技能的新要求。例如，随着移动电商的迅速发展，在审查电子商务师职业资格证书时，就会考虑增加关于移动电商运营、移动支付安全等方面的内容。除了定期审查外，职业资格证书还会根据行业的重大变革进行动态调整。当出现如区块链技术在电商中的应用、直播电商的兴起等重大行业变革时，官方机构会及时调整证书的内容，确保证书始终与行业发展相适应。这种动态调整机制能够使职业资格证书保持其时效性和实用性，使持有证书的从业者能够跟上行业发展的步伐。

（二）行业认证的更新机制

1. 企业驱动与市场反馈

行业认证的更新主要由颁发企业驱动，企业会根据自身业务发展战略、市场竞争状况以及用户需求的变化来决定是否更新认证内容。例如，A电商企业会根据其电商平台的业务拓展方向，如向农村电商、跨境电商等新领域的进军，对其电子商务认证内容进行更新。同时，企业也会非常重视市场反馈，通过收集企业用户、求职者以及合作机构的意见来了解认证内容的适用性。

如果市场反馈表明现有认证内容在某些方面已经不能满足企业或求职者的需求，企业就会启动更新程序。例如，如果企业发现很多求职者虽然持有A电商企业的电子商务认证，但在新兴的直播电商业务方面的知识和技能有所欠缺，那么就会在认证内容中增加关于直播电商的相关知识，如直播的策划、主播管理等内容。这种企业驱动与市场反馈相结合的更新机制，能够使行业认证紧密围绕企业的业务需求和市场变化进行更新，保持其在企业内部和市场上的认可度。

2. 跟随行业趋势与技术创新

行业认证会密切跟随行业趋势和技术创新进行更新。随着电商行业的不断发展，新的技术如人工智能、大数据在电商中的应用日益广泛，企业颁发的行业认证也会及时纳入这些内容。以亚马逊电商认证为例，随着亚马逊在物流配送中越来越多地使用人工智能技术进行智能仓储管理和路线优化，其电商认证中就会增加关于人工智能在物流管理中的应用等相关知识。

同时，行业认证也会关注行业的新兴趋势，如绿色电商、社交电商等。当这些趋势逐渐成为行业发展的重要方向时，企业会将相关的知识和技能纳入认证内容。例如，在A电商企业的电子商务认证中可能会增加关于社交电商平台的运营模式、社交营销策略等内容，以适应行业新兴趋势的发展要求。

（三）技能等级证书的更新机制

1.行业协会与教育机构合作

技能等级证书的更新往往是由行业协会和教育机构合作完成的。行业协会作为行业内企业和从业者的代表，能够及时了解行业的发展动态和企业对人才技能的需求变化。教育机构则凭借其在教育教学方面的专业知识和资源，能够将行业需求转化为具体的教学内容和考核标准。例如，在电商美工技能等级证书的更新过程中，电商美工行业协会会与相关的职业院校、培训机构等教育机构合作。行业协会会向教育机构提供行业发展的最新信息，如电商美工领域的新设计趋势、新软件工具的应用等。教育机构则根据这些信息，对技能等级证书的课程体系、考核内容等进行更新。例如，当新的图形设计软件在电商美工中得到广泛应用时，教育机构会将该软件的操作技能纳入技能等级证书的考核标准中，以确保证书持有者具备行业所须的最新技能。

2.技能需求变化与人才培养导向

技能等级证书的更新主要基于技能需求变化和人才培养导向。随着电商行业的发展，企业对电商美工、电商运营等技能的要求也在不断变化。例如，随着用户体验的重要性日益凸显，在电商美工技能等级证书的更新中，会更加注重对用户体验设计技能的考核。同时，从人才培养的导向来看，教育机构希望通过证书的更新，培养出更符合行业发展需求的高素质技能型人才。

在电商运营技能等级证书的更新中，为了适应企业对数据分析能力的更高要求，会增加对大数据分析工具的使用、数据挖掘等相关知识和技能的考核。这种基于技能需求变化和人才培养导向的更新机制，能够使技能等级证书更好地服务于行业发展对人才技能的需求，提高技能等级证书在就业市场中的实用性和竞争力。①

①王慧，施志刚．1+X证书制度下高职院校电子商务专业书证融通的实践与探索[J]．产业与科技论坛，2024(15):96-98.

第二节 课程与证书标准的精准对接:教学内容与考证要求融合

一、课程大纲与证书考试大纲的比对与整合

(一)课程大纲与证书考试大纲的结构比对

1.知识板块分布

在高职院校电商专业中,课程大纲的知识板块通常涵盖电商基础知识、电商平台操作、网络营销、客户关系管理等多个方面。电商基础知识板块包含电子商务的概念、发展历程、商业模式等内容,是学生理解电商行业的基础。而证书考试大纲中的知识板块则根据不同证书有所侧重。如电子商务师职业资格证书考试大纲,在基础知识部分除了包含上述内容外,可能还会涉及电子商务的法律法规等内容,因为该证书更强调从业者的综合素养。对于A电商企业电子商务认证考试大纲来说,其在电商平台操作方面的知识板块占比较大,详细涉及该电商企业旗下多家电商平台的规则、店铺开设流程、商品上架与管理等内容,这是由于该认证主要针对该电商企业平台的业务能力。

从两者的结构来看,课程大纲旨在构建一个全面的电商知识体系,让学生对电商行业有广泛的了解。而证书考试大纲则在这个基础上,根据证书的定位,对特定领域的知识进行重点突出,结构上更偏向于针对性和实用性。

2.技能要求层次

课程大纲中的技能要求层次往往是循序渐进的,从基础的操作技能到综合的应用技能逐步提升。以电商平台操作技能为例,在课程大纲中,首先会要求学生掌握电商平台的基本登录、信息查询等操作,然后逐渐深入商品信息编辑、订单处理等中级技能,最后要求学生能够进行店铺整体运营规划、营销活动策划等高级技能。证书考试大纲中的技能要求层次则更明确地与证书等级相关联。例如,在电商运营技能等级证书考试大纲中,初级证书要求学生掌握基本的运营数据统计与简单分析技能,中级证书要求能够进行市场调研并制定初步的运营策略,高级证书则要求学生能够应对复杂的市场变化,制定全面的电商运营方案并有效执行。这种技能要求层次的差异反映了课程大纲注重学生技能的逐步培养过程,而证书考试大纲更关注对不同技能水平的准确衡量,以区分不同能力层次的考生。

(二)整合课程大纲与证书考试大纲的要点

1.知识重合点的强化

在比对课程大纲和证书考试大纲时,会发现有许多知识重合点。例如,电商营销方面的知识,无论是课程大纲还是证书考试大纲都会涉及营销渠道、促销策略等内容。对于这些重合点,在教学过程中要进行强化。教师可以通过案例分析、项目实践等方式加强学生对这些知识的理解和应用能力。以某一实际的电商营销案例为例,教师可以引导学生分析该案例中采用的营销渠道、促销策略的合理性,以及如何根据不同的目标受众和市场环境进行调整。同时,在项目实践中,让学生针对某一产品制定营销方案,要求运用到所学的营销渠道和促销策略知识,从而强化学生对这些知识重合点的掌握。此外,对于重合点中的概念性知识,可以通过知识竞赛、小组讨论等方式进行巩固。例如,组织学生进行电子商务概念相关的知识竞赛,激发学生对基础知识的学习兴趣,提高他们对概念的准确理解和记忆。

2.知识差异点的补充

课程大纲和证书考试大纲存在知识差异点是不可避免的。证书考试大纲会涉及特定平台的最新技术应用,而课程大纲由于更新周期等原因可能尚未涵盖。对于这些差异点,教师需要及时对教学内容进行补充。比如,某一电商平台推出了新的人工智能客服系统,这一内容在证书考试大纲中有体现,但课程大纲中没有。教师可以收集相关资料,如该人工智能客服系统的原理、操作流程、优势等,制作成补充教学资料,在课堂上向学生讲解,或者让学生课后自主学习,并通过课堂提问、作业等方式进行检查。

还有一些差异点可能是由于课程大纲的通用性和证书考试大纲的针对性造成的。例如,证书考试大纲可能针对某一特定区域的电商业务特点有所要求,而课程大纲更注重普遍性知识。教师可以邀请当地电商企业的专家举办讲座,介绍当地电商业务的特殊情况,使学生了解并掌握这些差异点知识。

二、根据证书要求调整教学内容的具体策略

(一)依据证书类型调整理论教学内容

1.职业资格证书导向的理论教学调整

对于职业资格证书,如电子商务师职业资格证书,其涵盖的知识面较广,强调电商行业的基本理论和综合素养。在教学内容调整时,要加强电子商务法律

法规方面的理论教学。例如,详细讲解电子合同的法律效力、消费者权益保护在电商环境下的体现、知识产权保护与电商业务的关系等内容。因为职业资格证书旨在确保从业者在整个电商行业内的合法合规操作。同时,要深入讲解电商运营的宏观理论,包括电商供应链管理的理论模型、网络营销的理论框架等,使学生能够从整体上把握电商运营的逻辑和原理。另外,还要注重对电商行业发展趋势相关理论的教学。例如,随着数字经济的发展,电商与实体经济的融合趋势日益明显,教师可以引入相关的理论研究成果,如电商对传统产业升级的作用机制、电商平台与制造企业的协同发展模式等,让学生了解电商行业的未来发展方向,为他们在职业发展中提供更广阔的视野。

2.行业认证导向的理论教学调整

以A电商企业的电子商务认证为例,由于其具有很强的平台针对性,在理论教学内容调整时,要围绕A电商企业的平台的运营理念和业务逻辑进行重点调整。首先,要深入讲解A电商企业的企业文化和价值观在电商业务中的体现,这有助于学生理解A电商企业的平台的运营特色。其次,要详细介绍A电商企业平台的商业模式,如C2C模式、B2C模式以及该企业国际站的跨境电商模式等,让学生清楚不同模式下的运营规则和盈利方式。

此外,对于A电商企业平台的大数据应用理论也要着重教学。因为A电商企业在电商运营中广泛运用大数据进行精准营销、用户画像等操作。教师可以通过实际案例,如A电商企业如何利用大数据为商家提供个性化的营销建议,向学生展示大数据在电商平台中的应用原理和价值,提高学生对A电商企业平台相关理论知识的掌握程度。

(二)依据证书要求调整实践教学内容

1.技能等级证书对应的实践教学调整

以电商美工技能等级证书为例,根据证书对不同等级技能的要求,在实践教学内容调整上要具有针对性。

对于初级技能等级要求,如基本图形处理和简单的网页布局设计,教师可以在实践教学中安排学生进行大量的基础操作练习。如让学生利用Photoshop软件进行简单图形的绘制、色彩调整等练习,同时进行一些基础的网页布局模板搭建,让学生熟悉网页设计的基本元素和布局原则。

对于中级技能等级要求,如复杂的视觉效果设计和电商页面的交互设计,实践教学内容要升级。教师可以安排学生进行实际的电商产品页面视觉设计项目,要求学生在设计中运用高级的Photoshop技巧,如合成特效、滤镜运用等,同时要实现页面的交互功能,如图片轮播、点击弹出信息框等。在这个过程中,教师要引导学生从用户体验的角度进行设计，提高学生在视觉效果和交互设计方面的能力。

对于高级技能等级要求，如大型电商项目的整体视觉设计和品牌形象塑造，教师可以组织学生参与实际的企业电商项目。例如，与当地的电商企业合作，让学生为企业的电商平台进行整体的视觉形象设计，包括品牌标识的优化、页面风格的统一、视觉营销元素的整合等。通过实际项目的锻炼，提高学生的综合实践能力，满足技能等级证书对高级技能的要求。

2.企业认证相关的实践教学调整

以亚马逊电商认证为例，由于该认证与亚马逊平台的业务操作紧密相关，在实践教学内容调整时，要重点围绕亚马逊平台的业务流程进行实践操作训练。首先，要加强亚马逊平台的店铺注册与设置实践教学。让学生亲身体验店铺注册过程中的各项步骤，包括填写注册信息、选择店铺类型、设置支付和物流方式等，确保学生能够熟练掌握店铺的基本设置。其次，要注重亚马逊平台的产品选品和上架实践操作。教师可以引导学生利用亚马逊的市场调研工具，分析市场需求和竞争情况，选择合适的产品进行上架。在产品上架过程中，要求学生准确填写产品信息，包括标题、描述、关键词等，同时要掌握产品图片的优化技巧，提高产品的曝光率。最后，还要加强亚马逊平台的客户关系管理实践教学，如处理客户咨询、解决客户投诉、进行客户反馈跟踪等操作，使学生具备在亚马逊平台上良好的客户服务能力。

三、教学进度与考证时间安排的协同规划

（一）合理规划学期教学进度

1.考证前置型教学进度规划

在某些情况下，为了让学生能够顺利通过证书考试，教学进度可以采用考证前置型规划。例如，对于一些学期内较早有考证安排的证书，如电商运营技能等级证书，如果考试时间在学期中间，教师可以在学期开始时就将与考证相关的核心知识和技能纳入教学计划的重点内容。在课程的前半段，集中讲解考证大纲中的重点知识板块，如电商运营的数据分析、市场策略制定等内容。同时，安排相应的实践教学，让学生在较短时间内对考证所需的知识和技能有一个较为系统的掌握。在教学方法上，可以采用快速导入、案例强化、模拟考试等方式。快速导入是指在每个知识板块开始时，迅速让学生了解该知识板块的核心概念和重点内容。案例强化是通过实际的电商运营案例，让学生深入理解知识点在实际中的应用。模拟考试则是定期安排模拟考证，让学生熟悉考试形式和题型，提

高应对考试的能力。

2.考证后置型教学进度规划

对于一些考证时间在学期末或者下一学期的证书，如电子商务师职业资格证书，可以采用考证后置型教学进度规划。在学期前期，教师可以按照课程大纲的正常顺序进行全面教学，构建学生完整的电商知识体系。在这个过程中，将考证大纲中的内容逐步融入日常教学中，但不做重点强调。例如，在讲解电商法律法规时，可以顺带提及电子商务师职业资格证书中对这部分内容的考试要求。

当接近考证时间时，再对考证相关知识和技能进行集中复习和强化训练。这样可以避免学生过早地将精力集中在考证上，而忽略了全面知识体系的构建。同时，也能够让学生在掌握了完整知识体系的基础上，更好地应对证书考试。

（二）考证时间的动态调整

1.考证时间提前的应对策略

如果证书考试时间提前，学校和教师需要及时作出调整。首先，在教学内容上要进行精简和重点突出。对于与考证直接相关的核心知识和技能，要进一步强化教学，而对于一些相对次要的内容可以适当删减。例如，如果电商美工技能等级证书考试时间提前，教师可以将教学重点放在证书考试中经常出现的视觉设计技能和软件操作技巧上，减少对一些拓展性的艺术理论知识的讲解。

在教学方法上，可以增加集中授课和辅导的时间。教师可以利用课余时间，如晚自习、周末等，为学生进行集中授课，对考证的重点知识进行详细讲解。同时，增加辅导答疑的时间，及时解答学生在学习过程中遇到的问题。此外，还可以调整实践教学的安排，将一些原本分散的实践项目集中起来，让学生有更多的时间进行有针对性的实践操作，提高实践技能水平。

2.考证时间推迟的调整方案

当证书考试时间推迟时，学校和教师可以利用这个机会优化教学内容和教学方法。在教学内容方面，可以适当增加一些拓展性的知识和技能教学。例如，如果亚马逊电商认证考试时间推迟，教师可以在教学内容中增加亚马逊平台在新兴市场的业务拓展策略、亚马逊的新技术应用等内容，拓宽学生的知识面。

在教学方法上，可以采用项目式学习、小组合作学习等方式，让学生进行更深入的学习和研究。例如，组织学生以小组形式开展亚马逊平台的市场调研项目，通过项目式学习，提高学生的综合分析能力和团队协作能力。同时，也可以调整实践教学的节奏，让学生有更多的时间进行反复实践，提高实践操作的熟练程度和创新能力。

四、课程实践环节与证书实践考核的对应设置

(一)实践环节目标与考核目标的匹配

1.明确实践环节目标

在高职院校电商专业的课程实践环节中,每个实践环节都应该有明确的目标。例如,在电商平台运营实践环节,目标是让学生掌握电商平台的日常运营管理,包括商品管理、订单管理、客户管理等方面的操作技能。在网络营销实践环节,目标是让学生能够运用各种网络营销手段,如搜索引擎优化、社交媒体营销等,提高产品的知名度和销售额。这些目标的确定是基于课程大纲对学生实践能力的要求,旨在培养学生的实际操作能力和解决问题的能力。同时,为了更好地与证书实践考核目标相匹配,实践环节的目标还需要进一步细化。例如,在电商平台运营实践环节中,对于商品管理方面,不仅要让学生掌握商品的基本上架和下架操作,还要让学生学会如何根据市场需求和竞争情况对商品信息进行优化,如商品标题的关键词优化、商品描述的撰写等。这与证书实践考核中对商品管理的考核目标相呼应,如某些证书实践考核可能会要求学生对给定商品进行信息优化,并达到一定的效果指标。

2.对应考核目标调整实践环节

根据证书实践考核目标,对课程实践环节进行调整。以电商美工实践环节为例,如果证书实践考核目标强调学生对电商页面视觉效果的整体把握能力,包括色彩搭配、布局合理性等方面的考核。在课程实践环节中,教师就可以增加一些针对整体视觉效果的实践项目。例如,让学生对一个完整的电商页面进行重新设计,要求从色彩搭配、布局、视觉元素的协调性等方面进行综合考虑,并按照一定的评价标准进行评价。此外,如果证书实践考核目标中包含对新软件工具或技术的应用要求,在课程实践环节中就要及时引入相关内容。例如,某一证书实践考核要求学生使用新的视频编辑软件制作电商产品推广视频,在课程实践环节中,教师就要安排相应的教学内容,包括软件的基本操作、视频制作的创意构思、与电商产品的结合等内容,使课程实践环节能够更好地满足证书实践考核的要求。

(二)实践环节内容与考核内容的对接

1.实践环节内容的筛选

在设置课程实践环节内容时,要根据证书实践考核内容进行筛选。在电商运营实践环节中,如果证书实践考核内容主要集中在电商运营的数据分析和运营策略制定方面,那么在课程实践环节内容中,就要重点筛选与数据分析和运营

策略制定相关的内容。可以安排学生对某一电商企业的运营数据进行收集、整理和分析，然后根据分析结果制定相应的运营策略，并通过模拟运营平台进行实施和验证。同时，对于实践环节内容中的案例选择也要与证书实践考核内容相匹配。例如，如果证书实践考核中经常涉及跨境电商企业的运营案例，那么在课程实践环节中就要多选择跨境电商企业的案例进行分析和实践操作。这样可以让学生在熟悉证书实践考核内容类型的基础上，提高实践操作能力。

2.实践环节内容的拓展

除了筛选与证书实践考核内容相匹配的实践环节内容外，还可以根据实际情况进行适当的拓展。例如，在电商营销实践环节中，如果证书实践考核内容主要是关于传统网络营销手段的应用，如搜索引擎营销、电子邮件营销等。在课程实践环节内容中，可以在这些基础上拓展到新兴的网络营销手段，如直播营销、短视频营销等。虽然这些内容可能不在证书实践考核范围内，但可以拓宽学生的视野，提高学生的综合营销能力。

在实践环节内容的拓展过程中，要注意与证书实践考核内容的衔接。例如，在介绍直播营销时，可以将其与传统的网络营销手段进行对比分析，让学生了解直播营销在营销目标、受众群体、操作流程等方面的异同点，同时引导学生思考如何将直播营销与传统网络营销手段相结合，提高产品的营销效果。这样既可以满足证书实践考核的基本要求，又可以提高学生的综合实践能力。

五、针对证书补考情况的教学补充与强化措施

（一）分析补考原因

1.知识掌握不扎实

在证书补考情况中，部分学生是由于知识掌握不扎实导致补考。例如，在电子商务师职业资格证书补考学生中，存在对电子商务法律法规中的一些条款理解不透彻的情况。如电子合同的签订流程、电子签名的法律效力等知识，学生可能只是一知半解。这可能是由于在初次学习时，教师讲解不够深入，或者学生自身没有进行深入的学习和思考。对于电商运营技能等级证书补考的学生，在运营数据的分析方法和运营策略的制定原理方面知识掌握不足。例如，对一些复杂的数据分析模型，如回归分析模型在电商运营中的应用，学生可能没有真正理解其意义和使用方法，从而在考试中无法正确作答。这反映出在教学过程中，需要改进这些重点知识的教学方法，或者需要提高学生的学习积极性和主动性。

2.实践技能欠缺

还有部分学生是因为实践技能欠缺而需要补考。以电商美工技能等级证书补考学生为例，在实际的视觉设计过程中，不能熟练运用设计软件，如Photoshop中的一些高级功能，如路径绘制、蒙版运用等。这是因为在实践教学过程中，学生的练习时间不够，或者教师没有给予足够的指导。

在亚马逊电商认证补考学生中，可能在亚马逊平台的实际操作方面存在问题，如产品选品不准确、客户关系管理不到位等。这说明在针对亚马逊电商认证的教学过程中，对于平台实际操作的实践教学环节可能存在不足，没有让学生充分掌握平台操作的关键技能。

（二）教学补充措施

1.知识巩固专项课程

针对知识掌握不扎实的补考学生，开设知识巩固专项课程。可以采用案例分析的方法，通过实际发生的电商法律纠纷案例，详细解读电子合同、电子签名等相关法律知识，让学生明白这些条款在实际电商业务中的应用。

对于电商运营技能等级证书补考学生，在专项课程中重点强化运营数据的分析方法和运营策略的制定原理。教师可以通过实际的电商运营数据，带领学生一步步进行分析，从数据收集、清洗到运用数据分析模型进行解读，再到根据分析结果制定合理的运营策略，让学生在实际操作过程中掌握这些知识。

2.实践技能强化训练

针对实践技能欠缺的补考学生，开展实践技能强化训练。对于电商美工技能等级证书补考学生，增加设计软件的实践练习时间。教师可以制订专门的练习计划，从基础功能到高级功能逐步进行练习。例如，先从简单的图形绘制开始，然后过渡到路径绘制、蒙版运用等高级功能的练习。在练习过程中，教师要及时给予指导，解答学生遇到的问题。

对于亚马逊电商认证补考学生，在强化训练中着重加强亚马逊平台的实际操作。设置模拟的亚马逊平台运营场景，让学生在模拟环境中进行产品选品、客户关系管理等操作的反复练习。同时，教师可以分享一些亚马逊平台运营的经验和技巧，帮助学生提高平台操作能力。

（三）教学强化措施

1.个性化辅导

为补考学生提供个性化辅导。根据学生补考的具体原因和知识、技能短板，教师制订个性化的辅导计划。例如，对于在电子商务职业资格证书补考中对电子商务法律法规和网络营销知识都存在不足的学生，教师可以分别安排不同的辅导时间和内容。对于法律法规部分，通过一对一的讲解和答疑，加深学生对法律条款的理解；对于网络营销部分，结合实际案例，帮助学生掌握不同营销手段的运用。

在电商运营技能等级证书补考学生的个性化辅导中，针对学生在数据分析和运营策略制定方面的不同问题，教师可以提供有针对性的辅导资料和练习题目。对于数据分析能力较弱的学生，提供更多的数据分析案例和练习数据，让学生在实践中提高数据分析能力；对于运营策略制定存在问题的学生，引导学生分析成功和失败的运营案例，总结运营策略制定的要点。

2.模拟补考与反馈

定期组织模拟补考。对于电商美工技能等级证书补考学生，按照证书考试的要求和标准设置模拟补考题目，包括视觉设计作品的创作要求、软件操作的考核要点等。在模拟补考结束后，教师对学生的作品进行详细的点评，指出存在的问题，如色彩搭配不合理、元素布局不科学等，并提出改进的建议。

对于亚马逊电商认证补考学生，模拟补考内容涵盖亚马逊平台的各个操作环节，如店铺注册、产品选品、客户关系管理等。模拟补考后，教师将学生的操作过程和结果与标准操作流程进行对比，反馈给学生存在的问题和不足之处，如产品选品时没有充分考虑市场需求和竞争情况、客户关系管理中回复客户咨询不够及时等，让学生明确自己的改进方向。

六、课程教学与证书培训师资的一体化建设

（一）师资队伍现状分析

1.教学能力与证书培训能力的差异

在高职院校电商专业中，现有的师资队伍在教学能力和证书培训能力方面存在一定的差异。在教学能力方面，教师们通常擅长按照课程大纲进行知识传授和能力培养，能够系统地讲解电商专业的基础知识、理论框架和实践操作流程。例如，在电商运营课程教学中，教师可以清晰地阐述电商运营的各个环节，从市场调研、产品选品到运营策略制定、客户关系管理等。然而，在证书培训能力方面，部分教师可能存在不足。一些教师对证书考试大纲不够熟悉，不能准确把握证书考试的重点内容和考核要求。比如，对于电子商务师职业资格证书培训，教师不清楚考试中对电子商务法律法规部分的具体考点和答题要求。

不同教师在教学和证书培训方面的侧重点也有所不同。有些教师更注重理论

知识的教学，在课堂上会花费大量时间讲解电商的概念、原理等，而在实践教学和证书培训方面相对薄弱。相反，有些教师虽然实践操作能力较强，但在将实践操作与证书培训要求相结合方面存在困难，无法有效地将证书培训内容融入实践教学中。

2.“双师型”教师的比例

“双师型”教师在电商专业师资队伍中的比例相对较低。“双师型”教师是指既具备扎实的理论教学能力，又具有丰富的企业实践经验和证书培训能力的教师。在实际情况中，很多教师是从学校到学校，缺乏企业工作经验，对电商行业的实际运营情况了解有限。例如，在讲授电商营销课程时，这些教师只能依据教材内容进行理论讲解，无法结合实际企业的营销案例和市场动态进行深入分析。这就导致在证书培训过程中，教师不能很好地将企业实际需求和证书考核要求相结合，影响了学生的证书获取率和就业竞争力。

（二）一体化师资建设的策略

1.教师培训与提高

（1）组织教师参加与证书培训相关的专业培训。例如，针对电子商务师职业资格证书培训，学校可以选派教师参加由官方机构或专业培训机构组织的培训课程，让教师深入了解证书考试大纲、考试内容和考核要求。在培训过程中，教师可以学习到新的教学方法和培训技巧，如如何将复杂的理论知识转化为易于学生理解的案例教学，包括如何针对不同层次的学生制订有效的培训计划等。

（2）鼓励教师到企业挂职锻炼。电商专业教师到电商企业挂职锻炼，可以深入了解电商行业的实际运营情况，积累企业实践经验。例如，教师可以在电商企业的运营部门、营销部门等挂职，参与企业的日常运营、营销策划等工作。这样，教师在回到课堂进行教学和证书培训时，就能够将企业的实际案例、最新的行业动态和证书培训内容有机结合起来。比如，在讲解电商运营技能等级证书培训时，可以结合自己在企业挂职期间的实际运营经验，告诉学生如何根据企业的实际情况制定运营策略，提高学生的实践操作能力和证书通过率。

2.校企合作师资共享

建立校企合作师资共享机制。学校可以邀请企业的专家、资深从业者到学校担任兼职教师，参与课程教学和证书培训工作。这些企业专家在电商行业具有丰富的实践经验和专业知识，他们可以为学生带来企业一线的运营理念、技术和市场信息。例如，企业的电商运营总监可以到学校讲授电商运营课程中的高级运营策略部分，同时结合企业的实际运营情况，对学生进行电子商务师职业资格证书相关内容的培训。

学校可以安排本校教师到企业进行交流学习,同时企业也可以派遣员工到学校进行短期的教学工作。通过这种师资共享机制,实现学校和企业之间的人才流动和知识共享,提高师资队伍的整体素质,促进课程教学与证书培训师资的一体化建设①。

七、高职电子商务专业1+X证书制度的实施

新时代产业转型升级背景下,如何为国家培养新型复合型技术技能人才,如何契合新时代诉求进行职业教育人才培养,是高职教育要直面的新挑战。高层次创新型、技能型人才稀缺,高职教育需要与时俱进地改革人才培养模式,制定合理的职业标准,培养出适应新时代企业岗位需求的技能人才。

2019年4月,教育部等四部门出台《关于在院校实施"学历证书+若干职业技能等级证书"制度试点方案》,启动1+X证书制度试点工作。1+X证书制度使学校教育与企业培养实现有机融合,是职教改革中推动学历教育和职业技能教育融合的重大制度创新。其中"1"指学历证书,即高职毕业证,代表着学生具有大专层次的求学经历和具备该学历层次的思想素质和能力。"X"指职业等级证书,更具多元性和实用性,学生根据自己的职业发展需要,通过X证书的学习考核,提高技术技能的实践运用能力,适应行业人才需求,增强自身的就业竞争力。

多年来,高职教育为了适应市场岗位对人才的需求,推进了技能大赛、"双师"等多项制度建设,效果显著,但也存在学生覆盖人数有限,岗位实际操作能力转化不足等问题。随着中国式现代化全面推进,各行业对高层次创新型、技能型人才的需求飞速增长,缺口巨大。1+X证书制度是在市场需求背景下,职业教育制度创新的重要突破。X证书是企业开考,企业根据自身对人才的需求,设置反映新技能、新工艺的证书标准,以X证书为连接点,将市场对人才的技能需求传递至学校,促进学校及时将新规范、新技术整合到人才培养过程中,做到了深层次推进产教融合。1+X证书制度下,期待走出校园同时取得"1"和"X"证书的毕业生,也正是产业所稀缺的高层次技能型人才。

1+X证书制度从2019年4月出台至今,实施6年有余,在此制度下培养起来的学生,已开始真正进入工作岗位中。同时具备"学历证书+技能证书"的毕业生是否更好地适应岗位,是否符合企业对技术技能型人才的需求,是否促进制造业进入产业转型升级,是笔者亟待思考的重要问题。拟通过综合文献研究、问卷调查与访谈的数据支撑,系统论述高职电子商务专业实施1+X证书制度的困境,

①吴文雅. 基于1+X证书的高职书证融通模块化课程体系构建——以电子商务专业为例[J]. 高教学刊,2022(31):123-126.

深入分析困境产生的原因，力求提出解决困境的有效对策，以丰富职业教育的相关理论研究，助力职业教育的改革发展，促进1+X证书制度的推广和认可。

（一）全面落实“双师型”教师队伍建设，将1+X证书制度融入人才培养教学实践

将职业教育和学历教学同步发展，“双师型”教师队伍是提高职业技能教学水平的关键。不只要增加“双师型”教师的数量，还要提高教师的专业技能和业务实践能力。学校在深化校企合作过程中，既需要为专业教师积极争取进企业实践的机会，切实提高教师的技能实践能力；也需要积极邀请行业专家进校园，指导专业人才培养，指导专业实践教学的开展。建设“双师型”队伍，必须加强培训，搭建企业和学校合作与交流的平台，教师要深入企业岗位一线学习交流。多渠道开展各类电商专业培训，例如，利用寒暑假开展专业培训、教师进企业学习锻炼，培养一大批1+X证书的培训教师，高职教师不仅要在讲台上传授理论知识，更要传授学生实践技能。再者，要加强政策宣传，鼓励教师积极参加培训锻炼，如将培训考证等纳入教师绩效考核体系、职称晋升考核体系等，引导教师重视提高自己的技能实践能力，不只是接受学校的培训安排，鼓励教师可以自己通过MOOC、智慧职教、国家智慧教育公共服务平台等渠道寻找到资源，积极进修，自我提升，向成为“双师型”教师努力。具备1+X能力的教师，才能为国家培养1+X能力的学生。

（二）优化1+X证书制度认可环境，提高学生群体对证书的参与意愿

应当从证书监管部门、证书开考企业、各类职业院校等多维度建立对证书信效度认可的评价机制，对证书的知识考核要求、技能考核要求和岗位要求进行综合评价并及时将评价结果反馈到证书评价组织方。搭建学生、校方及证书评价组织的评价反馈渠道，由相关部门牵头组织，上述各方积极配合才能完成。动态反馈证书的职业适应性和行业认可性，证书开考企业能根据行业发展升级态势，及时更新证书的培训内容和考核标准。贯通反馈通道的同时，还要建立实施1+X证书的监督机制，定期对证书工作进行监督检查和动态验收，在试点院校和证书评价组织设置监管制度，对1+X证书工作进行过程监管。对优秀的试点院校和评价组织进行表扬宣传，号召各单位学习先进经验；对存在问题的证书标准，要督促其整改，切实提高证书质量。1+X证书要坚持以行业发展产业转型升级为标准导向，证书标准要及时体现行业新规范、新工艺，只有合理、科学地设置证书标准才能契合行业发展对人才的需求标准，提高社会对1+X证书的认可度。

学生是1+X证书制度的培养主体，期望通过1+X证书的培训考核，为国家培养出适应新时代企业岗位需求的技能人才，学生对1+X证书制度的参与意愿和对证书制度的理解认知，对实现1+X证书制度培养目标有着非常重要的作用。首先，通过开办1+X证书制度专题讲座、企业家进校园、大国工匠研学教育等方式多维度、全方面开展1+X证书制度政策宣传，讲解1+X证书制度的政策内容和培养目标，让学生了解1+X证书制度如何确定技能标准和考核标准，宣传制度优势，如哪个地区1+X证书考核费用由省教厅拨款不用学生承担，学生认可1+X证书的意义和价值才会积极参与到证书的培训考试中。同时政策宣传工作也要借助新媒体的力量，比如公众号、短视频等多元展开，提高1+X证书制度的影响力。其次，试点院校要落实1+X证书的学分认证与转换机制，取得1+X证书是学生能力的证明，获得证书即可进行专业学分认定，我校电商专业1+X证书的学分认证与转换方案是，学生通过考核取得1+X证书可申请兑换专业选修学分，初级证书兑换专业选修2个学分，中级证书兑换专业选修4个学分，高级证书兑换专业选修6个学分。从学分的角度让学生认知1+X证书制度的价值，提高学生群体对证书的参与意愿和认可。

（三）校企双方以1+X证书工作为着力点，深入推进产教融合

在改革中要进一步推进产教融合，对企业和院校来说1+X证书制度是重要工作着力点。1+X证书制度是院校教师、企业单位、行业专家等多元主体共同参与的职业技能等级证书制度，校企充分沟通深入合作，在人培制定和教学实施中与1+X证书制度对接，导入行业企业对人才知识要求、素质要求、能力要求的新标准，形成协同育人、分工协作的发展格局，提高人才培养的质量，为当地经济发展提供人才支撑。校企双方以1+X证书工作为着力点，进一步帮助院校提升实训条件，推动院校教师队伍向高水平迈进，以产教融合的方式打造1+X证书制度“金牌课程”，在课程中融入思想政治教育元素，融入新技术、新工艺、新规范，融入多元化评价方式，建设更多培根铸魂、启智增慧、适应时代要求和学生发展的课程资源，深化学校教学与当地经济发展的内在联系，把产业与教学密切结合，相互支持，相互促进。

院校方在开发1+X证书培训课程时要明确工作岗位要求的职业素养和综合技能，以1+X证书制度为标准，制定教学目标、评价标准、实训方式，提高复合型人才培养的实效性和精准性。院校和企业以1+X证书制度，共同制定证书标准，密切配合协同育人，将职业技能等级证书要求融入课程标准和教学实践中，融合衔接学历课程和1+X考证培训课程。在1+X证书制度中，企业是证书的评价组

织和发证机构,更深刻地参与到院校人才培养的过程中。企业方也可以在人才招聘、薪酬福利等方面体现对X证书的认可,提高证书的含金量。多方共同努力,以产业为导向推进产教融合,为国家高质量社会经济发展培养人才。

1+X证书制度是新时代背景下职业教育改革的重要举措,在学生完成学历教育的同时,对学生进行职业技能的培训,可以有效提高学生的技能素质和就业能力。在制度建设推进过程中,对出现的问题和困境要进行阶段性的总结研究,找出问题产生的原因,积极研究解决问题的对策,切实保证为学生提供职业技能的学习机会和考证机会,助力职业教育的改革发展,促进1+X证书制度的推广和认可。

第三节　助力学生考证:个性化辅导、备考资源整合、考证激励机制

一、根据学生基础和目标制订个性化的考证辅导计划

(一)分析学生基础差异

1.知识储备差异

在高职院校电商专业中,学生的知识储备情况存在着较大的差异。一部分学生可能在高中阶段就对商业、信息技术等相关知识有一定的了解,进入电商专业后,他们对于电子商务的基础概念、基本商业模式等知识能够快速掌握。例如,那些在高中参加过信息技术竞赛或者商业社团活动的学生,在学习电商的网络技术基础、电商平台的基本架构等内容时会相对轻松。而另一部分学生可能在入学前对电商领域知之甚少,对于电商涉及的计算机网络知识、营销学原理等基础知识的理解会比较吃力。比如,一些来自文科专业的学生,在接触电商技术类课程时,可能会在服务器搭建、网页设计基础等知识上出现理解困难。还有一些学生可能在电商的某个特定领域有深入的了解,例如,有些学生可能因为家庭从事电商业务,对电商的物流配送环节或者客服管理环节有比较丰富的经验和深入的认识,但对于电商的营销推广或者数据分析等其他方面则了解甚少。这种在知识储备上的不均衡性,要求在制订个性化考证辅导计划时,要充分考虑学生已有的知识结构,针对不同的知识短板进行有针对性的辅导。

2.技能水平差异

学生的技能水平差异在电商专业中也非常明显。从计算机操作技能来看，一些学生可能熟练掌握多种软件的使用，如Photoshop用于电商美工设计、Excel用于电商数据分析等，他们在处理电商相关的图像编辑、数据统计和分析等任务时效率较高，而另一些学生对这些软件的操作仅仅停留在基本功能的使用上，甚至有些学生对这些软件还比较陌生。例如，在进行电商产品图片处理时，熟练的学生可以利用Photoshop制作出高质量、吸引人的图片，而技能较差的学生可能只能进行简单的裁剪和调整颜色等基本操作。

在电商平台实际操作方面，部分学生可能已经有自己的小型电商店铺或者在电商平台上有过兼职工作经验，他们对电商平台的商品上架、订单处理、客户沟通等流程非常熟悉。然而，还有不少学生可能只是在理论上了解这些流程，缺乏实际操作经验。这种技能水平的差异决定了在考证辅导中，对于技能要求较高的部分，如电商运营技能等级证书中的店铺运营管理实操部分，要根据学生的实际技能水平提供不同层次的辅导内容。

（二）结合学生考证目标

1.证书类型选择

不同的学生有不同的考证目标，首先体现在证书类型的选择上。有些学生希望考取通用性较强的电子商务师职业资格证书，这类证书涵盖了电商行业的各个方面，包括电商理论基础、运营管理、法律法规等内容。对于这些学生，个性化的考证辅导计划要注重知识体系的全面性构建。辅导内容要涵盖电商的基本概念、网络营销、供应链管理、电子合同等多方面知识，同时还要加强对综合案例分析的训练，以提高学生应对复杂实际问题的能力。而有些学生更倾向于考取与特定平台相关的证书，如某电商企业的电子商务认证。对于选择这类证书的学生，辅导计划要围绕特定平台的业务规则、运营模式和特色功能进行定制。例如，要详细讲解电商平台的搜索算法、店铺排名规则、营销工具的使用等内容。因为这类证书的重点在于考查学生对特定平台的熟悉程度和操作能力，所以辅导要侧重于平台相关知识的深度挖掘。

2.考证等级需求

除了证书类型的差异，学生在考证等级上也有不同的需求。有些学生目标明确，希望直接考取高级别的证书，如电商运营技能等级证书中的高级证书。对于这些学生，辅导计划要在知识和技能的深度上有更高的要求。在知识方面，要深入讲解电商运营中的高级策略，如市场细分与定位、品牌战略、大数据分析在运营决策中的应用等。在技能方面，要加强对复杂运营场景的模拟训练，如大型电商项目的整体运营规划、应对突发市场变化的策略调整等。然而，也有部分学生由于自身基础或者时间限制等原因，打算先考取初级证书，逐步提升。对于这类学生，辅导计划要以基础知识和基本技能的掌握为重点。例如，在电商美工技能等级证书的初级辅导中，要着重让学生掌握基本的图形处理、简单的页面布局等技能，以及与电商美工相关的基础概念和色彩搭配原则等知识。

二、整合校内和校外备考资源

（一）校内备考资源整合

1.师资力量利用

高职院校内部的师资力量是备考资源的重要组成部分。电商专业的教师具有丰富的教学经验和专业知识，他们可以为学生的考证提供多方面的支持。教师可以根据自己的专业领域，为学生提供不同证书相关知识的系统讲解。例如，擅长电商运营管理的教师可以深入讲解电子商务师职业资格证书中运营管理部分的考点知识，包括电商企业的组织架构、运营流程优化等内容。教师还可以根据自己的科研成果和实践经验，为学生提供案例分析和解题思路指导。

此外，校内教师之间可以进行跨学科的合作，整合多学科知识为学生备考服务。例如，计算机专业教师和电商专业教师合作，为学生讲解电商平台技术架构与运营管理之间的关系，帮助学生更好地理解电商运营中的技术支持环节，这对于考取电商技术相关证书非常有帮助。同时，学校还可以组织教师团队编写适合本校学生的考证辅导教材，将教学大纲和考证大纲相结合，融入本校的教学特色和实际案例，使辅导教材更具针对性。

2.教学设施与平台

校内的教学设施和平台也是重要的备考资源。学校的计算机实验室为学生提供了实践操作的场所，在考证辅导中，可以利用实验室的设备让学生进行电商软件的操作练习，如电商运营模拟软件、电商美工设计软件等。通过在实验室的实际操作，学生可以更好地掌握考证所需的技能。例如，在备考电商运营技能等级证书时，学生可以在实验室利用模拟软件进行店铺运营的模拟操作，包括商品上架、定价、促销活动策划等操作，提高自己的实际运营能力。

学校的网络教学平台也可以发挥重要作用。教师可以将考证辅导资料（如课件、视频教程、模拟试题等）上传至网络教学平台，方便学生随时下载学习。同时，利用网络教学平台的互动功能，教师可以在线解答学生的疑问，组织学生进行在线讨论和学习小组活动。例如，针对某一考证的重点难点知识，教师可以在网络教学平台上发起讨论话题，让学生各抒己见，加深对知识的理解。

（二）校外备考资源整合

1. 企业资源合作

与企业建立合作关系可以为学生获取丰富的校外备考资源。电商企业可以为学生提供实际的业务案例和操作经验。与当地的电商企业合作，企业可以分享他们在电商运营过程中遇到的实际问题以及解决方法，这些案例对于学生备考电商运营类证书非常有价值。企业还可以为学生提供实习机会，让学生在实习过程中深入了解电商企业的运营模式和工作流程，这有助于学生在考证中更好地回答与实际操作相关的问题。企业的专家和资深员工也可以作为校外辅导教师参与到学生的考证辅导中，他们可以为学生带来行业最新的动态和技术信息。例如，企业的电商营销专家可以为备考电商营销相关证书的学生讲解最新的营销趋势、营销策略在实际中的应用等内容，使学生的备考内容更贴合行业实际需求。

2. 专业培训机构资源

专业培训机构在考证辅导方面具有独特的优势，整合其资源可以为学生提供更全面的备考支持。专业培训机构通常有一套成熟的培训体系和丰富的培训经验，他们的培训教材和辅导资料往往更具有针对性和时效性。例如，一些知名的电商考证培训机构会根据证书考试大纲的更新及时调整培训内容，确保学生学习到最新的考试知识。学校可以与专业培训机构合作，引进他们的优质培训课程或者邀请培训机构的教师到学校举办讲座和辅导。同时，也可以推荐有需求的学生参加培训机构的课外辅导班，让学生在学校学习的基础上，接受更专业、更系统的考证辅导。另外，培训机构还可以为学生提供更多的模拟考试机会和个性化的学习建议，帮助学生提高考证通过率。

三、设立考证奖学金等经济激励机制对学生的激励作用

（一）激发学生考证积极性

1. 目标导向激励

设立考证奖学金等经济激励机制为学生树立了明确的目标导向。在高职院校电商专业中，学生面临着众多的学习任务和发展方向，考证只是其中之一。然而，当有了考证奖学金这一经济激励后，学生会更加明确考证的重要性和价值。例如，对于那些原本对考证持观望态度或者缺乏动力的学生来说，考证奖学金就

像一个明确的目标在前方吸引着他们，他们会意识到，通过努力考取证书不仅可以提高自己的专业能力和就业竞争力，还能获得经济上的奖励，这会促使他们积极投入考证的准备工作中。

这种目标导向激励还体现在学生对考证等级的追求上。如果奖学金的设置与考证等级挂钩，例如，考取高级证书可以获得更高额的奖学金，那么学生就会更有动力去挑战高等级的证书，他们会在备考过程中更加努力地提升自己的知识和技能水平，而不仅仅满足于考取初级证书。这有助于提高整个班级或者专业学生的考证整体水平，推动学生向更高层次的专业发展。

2.竞争意识激发

考证奖学金等经济激励机制会激发学生之间的竞争意识。在一个班级或者专业内，当有部分学生因为考证而有可能获得经济奖励时，其他学生就会不甘落后。这种竞争意识会促使学生在备考过程中更加努力地学习和互相交流。例如，在学习小组中，学生们会更加积极地分享考证资料、交流学习心得，以提高整个小组的考证通过率。同时，学生之间也会互相监督、互相鼓励，形成良好的学习氛围。在竞争的压力下，学生还会不断寻找自己的优势和不足，努力改进自己的学习方法和备考策略。例如，有些学生可能发现自己在电商运营的数据分析方面比较薄弱，为了在竞争中脱颖而出，他们会主动寻求教师的帮助，参加课外辅导班或者自己加强这方面的学习。这种竞争意识的激发有助于提高学生的学习效率和整体素质。

（二）对学生职业发展的影响

1.提高就业竞争力

考证奖学金的设立间接提高了学生的就业竞争力。在就业市场上，拥有相关证书的学生往往更具优势。而通过考证奖学金的激励考取了证书的学生，不仅在专业知识和技能方面得到了提高，还给简历增添了光彩。例如，一个获得了电子商务师职业资格证书并且获得考证奖学金的学生，在应聘电商企业的运营岗位时，会比没有证书的学生更受企业的青睐。企业会认为该学生不仅具备相应的专业能力，而且在学习过程中表现出积极向上、有追求的态度，这是企业所看重的员工品质。同时，考证奖学金也反映了学校对学生考证的重视和支持，这也会给企业传递一个积极的信号，即学校培养的学生具有较高的专业素养和良好的职业发展潜力，有助于学生在众多求职者中脱颖而出，获得更好的就业机会和职业发展起点。

2.促进职业晋升

在学生进入职场后，在校期间获得的证书和考证奖学金也会对其职业晋升产生积极影响。例如，在电商企业内部的晋升考核中，员工的专业资格证书是一个重要的考量因素。那些在校期间因为考证奖学金激励而考取了高级证书的员工，在职业晋升时会更有优势，他们会比其他员工更容易获得晋升机会，如从普通运营专员晋升为运营主管或者经理等职位。这是因为他们在校期间已经积累了更丰富的专业知识和技能，并且通过获得考证奖学金证明了自己的学习能力和上进心，这些都是在职业晋升中非常重要的因素。

四、为学生提供有关考证资讯的服务

（一）考证信息收集与整理

1.证书种类与要求

在高职院校电商专业，学生需要面对众多的考证选择，因此收集与整理证书种类及其要求是提供考证资讯服务的首要任务。首先，要全面收集电商领域的各类证书信息，包括通用性的证书如电子商务师职业资格证书，以及特定平台相关的证书如亚马逊电商认证等。对于每一种证书，要详细整理其考试内容、考试形式、报考条件等信息。例如，电子商务师职业资格证书涵盖电商基础知识、网络营销、电商运营、法律法规等多个知识板块，考试形式包括理论笔试和实践操作考核，报考条件可能涉及电商专业学历要求、工作经验要求（对于不同等级证书）等。还要关注证书的更新情况，随着电商行业的快速发展，证书的考试内容和要求也会不断变化。例如，随着大数据和人工智能技术在电商中的应用日益广泛，一些电商证书可能会在考试内容中增加相关知识的考核。及时收集和整理这些更新信息，能够确保学生获取到最准确、最新鲜的考证资讯。

2.考证时间与地点安排

考证时间与地点安排是学生非常关心的资讯。对于每一种证书，都要准确掌握其考试时间规律。有些证书可能每年固定时间考试，如电商运营技能等级证书是每年的6月和12月考试；而有些证书可能根据报考人数不定期组织考试。要将这些考试时间信息及时告知学生，以便学生提前做好备考计划。同时，还要收集考证地点的相关信息，是在本校考点考试，还是需要到校外指定考点考试。如果是校外考点，要提供详细的地址、交通路线等信息，方便学生前往考试。

(二)考证资讯传播途径

1.校内平台发布

校内平台是传播考证资讯的重要途径之一。学校可以利用校园网、教务处网站等平台发布考证资讯。在校园网上,可以设置专门的考证资讯板块,将收集整理好的证书种类、要求、考试时间、地点等信息分类发布。例如,在证书种类板块,详细介绍各种电商证书的名称、颁发机构、证书的权威性等信息;在考试时间板块,列出每一种证书的考试时间安排,并且及时更新。学校的教务处网站也可以发布与考证相关的通知,如本校组织的考证培训课程安排、考证报名通知等。此外,学校的官方微信公众号、微博等新媒体平台也可以用于传播考证资讯。这些平台具有信息传播速度快、覆盖面广的特点,可以通过制作图文并茂的推文或者短视频的方式,向学生介绍考证的重要性、证书的价值、考证的最新资讯等内容。例如,制作一个关于“电商专业学生不可错过的五大证书”的推文,详细介绍这五种证书的特点、考试内容和对职业发展的影响,吸引学生关注考证资讯。

2.班级宣传与指导

班级是直接面向学生的基层组织,通过班级进行考证资讯宣传与指导具有很强的针对性。班主任或者辅导员可以在班级内定期开展考证资讯宣传活动,如每周安排一次考证资讯小讲座,向学生介绍本周新收集到的考证资讯,或者针对某一种热门证书进行详细解读。在讲座中,可以解答学生关于考证的疑问,包括如何选择适合自己的证书、如何备考等问题。

班级还可以建立考证资讯交流群,将班级内有意向考证的同学聚集在一起。在交流群中,学生可以互相分享考证资讯,如新的考证培训机构、新的备考资料等。班主任或者辅导员也可以在群里及时发布学校关于考证的通知和政策,确保每一位同学都能及时了解到考证资讯。

五、组织模拟考证活动提高学生应试能力

(一)模拟考证活动的组织形式

1.全真模拟考试

全真模拟考试是模拟考证活动的重要形式之一。在全真模拟考试中,要按照正式考证的要求进行全面模拟。包括考试时间、考试题型、考试环境等方面都要与正式考证保持一致。例如,对于电子商务师职业资格证书的模拟考试,考试时间要严格按照正式考试的时长设置,考试题型要涵盖选择题、判断题、简答题、案例分析题等正式考试的所有题型,考试环境要尽可能模拟正式考场的安静、严肃氛围。通过全真模拟考试,让学生提前适应正式考证的节奏和压力,熟悉考试

流程和规则。

在全真模拟考试结束后,要对学生的考试结果进行详细分析。分析学生在各个知识板块和题型上的得分情况,找出学生的优势和不足。如果发现学生在电商法律法规部分的简答题得分较低,说明学生对这部分知识的记忆和理解上存在问题,需要在后续的学习中加强这方面的辅导。同时,根据考试结果,为学生提供个性化的学习建议,帮助学生有针对性地改进备考策略。

2.专项模拟训练

除了全真模拟考试,专项模拟训练也是提高学生应试能力的有效形式。专项模拟训练可以针对考证中的重点知识板块或者难点题型进行单独模拟,对于电商运营技能等级证书考试中的运营数据分析题型,可以组织专项模拟训练。在专项模拟训练中,收集大量与运营数据分析相关的题目,让学生集中进行练习。通过这种方式,让学生深入掌握该题型的解题思路和技巧,提高在这一特定领域的应试能力。

专项模拟训练还可以根据学生的实际情况进行分层设计。对于基础较好的学生,可以设置难度较高的专项模拟训练题目,如复杂的数据分析模型应用题;对于基础一般的学生,可以从基础的数据分析概念题、简单的数据分析计算题开始进行模拟训练,逐步提高他们的解题能力。

(二)模拟考证活动的作用

1.提高应试技巧

模拟考证活动能够有效提高学生的应试技巧。在全真模拟考试中,学生通过多次实践,能够逐渐掌握考试时间的分配技巧。例如,知道在有限的时间内,如何合理安排答题顺序,先回答自己熟悉的、容易得分的题目,再去攻克那些较难的题目。同时,学生还能学会如何快速审题,准确理解题目的要求。在面对案例分析题时,能够迅速提炼出关键信息,结合所学知识进行作答。专项模拟训练则有助于学生针对特定题型掌握独特的解题技巧。例如,在做选择题时,学生可以通过专项训练学会运用排除法、对比法等方法来提高答题的准确率。在应对简答题时,能够掌握如何组织答案,使要点清晰、逻辑连贯。

2.增强心理素质

组织模拟考证活动对于增强学生的心理素质具有重要意义。正式的考试往往会给学生带来较大的心理压力,而模拟考证活动能够让学生提前适应这种压力环境。在多次模拟考试的过程中,学生逐渐克服紧张情绪,学会在压力下保持冷静,发挥出自己的正常水平。例如,有些学生在初次参加模拟考试时,可能会因为紧张而出现大脑空白、手忙脚乱的情况，但随着模拟考试次数的增加，他们能够更好地调整自己的心态，在正式考证时也能更加从容自信。此外，模拟考证活动还可以让学生在面对考试结果时，学会正确对待失败和挫折，从而培养他们坚韧不拔的意志品质。

六、对考证困难学生的帮扶措施

（一）学习困难分析与诊断

1.知识短板查找

对于考证困难学生，首先要进行知识短板的查找。通过对学生的课堂表现、作业完成情况、模拟考试成绩等多方面进行分析，找出他们在知识体系中的薄弱环节。例如，在电子商务师职业资格证书的备考过程中，有些学生可能在电商法律法规方面存在知识短板，表现为对相关法律条款的记忆不准确、理解不深刻。这可能是由于在学习这部分知识时，没有建立起有效的知识框架，或者缺乏实际案例的辅助理解。而对于电商运营技能等级证书，部分学生可能在运营数据的分析和解读上存在困难，如不能熟练运用数据分析工具，对数据背后的业务含义缺乏理解。

除了特定证书知识体系内的知识短板，还可能存在一些基础学科知识的不足影响考证。比如，数学基础较差的学生在涉及电商运营中的成本核算、利润分析等需要运用数学知识的部分时就会遇到困难；英语基础薄弱的学生在应对一些国际化电商证书中涉及英文术语、英文资料阅读等内容时会感到吃力。

2.学习方法问题剖析

学习方法问题也是导致学生考证困难的重要因素。有些学生缺乏有效的学习计划，学习过程比较盲目，没有合理安排复习时间，导致知识掌握不扎实。例如，在备考电商美工技能等级证书时，没有按照从基础图形处理到高级视觉设计的顺序逐步学习，而是杂乱无章地学习各个知识点，结果在实际操作和考试中无法熟练运用所学知识。还有些学生在学习过程中过于依赖死记硬背，缺乏对知识的深入理解和灵活运用能力。比如，在学习电商营销知识时，只是机械地背诵营销手段，而不能根据不同的市场情况和产品特点制定有效的营销方案。

（二）个性化帮扶策略

1.一对一辅导

针对考证困难学生的知识短板和学习方法问题，一对一辅导是一种非常有效的帮扶策略。教师可以根据每个学生的具体情况制订个性化的辅导计划。例如，对于在电商法律法规方面存在知识短板的学生，教师可以一对一地讲解法律条款，通过实际案例进行深入浅出的分析，帮助学生建立起完整的知识体系。在辅导过程中，教师还可以引导学生改进学习方法，如教学生如何制作思维导图来梳理知识点，提高记忆效率。对于在运营数据的分析和解读上存在困难的学生，教师可以单独指导学生使用数据分析工具，结合实际的电商运营数据进行详细讲解，让学生逐步掌握数据分析的方法和技巧。

在一对一辅导中，教师还可以关注学生的学习进度和心理状态。及时调整辅导内容和方法，以适应学生的学习需求。同时，给予学生足够的鼓励和支持，增强他们的自信心。例如，当学生在某个知识点上取得进步时，教师要及时给予表扬，让学生感受到自己的努力得到认可，从而激发他们继续学习的动力。

2.学习小组帮扶

组织学习小组也是对考证困难学生进行帮扶的有效措施。将考证困难学生与成绩较好的学生组成学习小组，通过小组合作学习的方式促进共同进步。在学习小组中，成绩较好的学生可以分享自己的学习经验和备考技巧。例如，在备考亚马逊电商认证时，成绩较好的学生可以向困难学生介绍如何更好地理解亚马逊平台的规则，如何进行有效的产品选品等经验。同时，小组内可以开展互助学习活动，如针对某一知识点进行讨论、互相提问解答等。这种互动式的学习方式有助于困难学生更好地理解知识，提高学习兴趣。

教师可以对学习小组进行定期的指导和监督。为小组学习制定明确的目标和任务，确保小组学习的有效性。例如，要求学习小组在一周内完成某一章节的知识点梳理和模拟题练习，并对小组的学习成果进行检查。同时，教师还可以根据小组的学习情况，调整小组的成员构成或者学习任务，以适应不同阶段的学习需求。[①]

①季丁. 1+X证书制度下高职电子商务专业书证融通课程建设研究[J]. 质量与市场，2021(15):37-39.

第六章　稳固根基:综合教学模式的实施保障

第一节　“双师型”师资队伍打造:企业经验引进、教师培训体系、激励机制

一、引进企业专家兼职教师的渠道与管理模式

(一)引进渠道

1.企业合作引入

高职院校与电商企业建立深度合作关系是引进企业专家兼职教师的重要渠道。例如,学校与大型电商企业开展产学研合作项目。在合作过程中,企业可以派遣内部的专家到学校兼职任教。这些企业专家能够将企业实际的运营经验、最新的业务流程等带入课堂,可以分享平台的大数据运营模式,以及如何根据数据进行精准营销等实战经验。

此外,学校与当地的中小电商企业合作也不容忽视。这些企业虽然规模相对较小,但在特定的电商业务领域可能具有独特的优势。例如,某些专注于跨境电商的本地企业,其专家可以为学校的跨境电商课程带来国外市场的需求分析、跨境物流管理等方面的知识,丰富学校的教学内容。

2.校友资源挖掘

校友是学校的宝贵资源。在电商行业发展的校友中,有不少人已经成为企业的骨干或者专家,学校可以与这些校友取得联系。校友往往对母校怀有深厚的感情,他们愿意回馈母校,将自己在企业积累的经验传授给学弟学妹。例如,一位毕业多年且在电商供应链管理方面有丰富经验的校友,接受母校的邀请,成为兼职教师,为电商专业的学生讲解供应链优化、库存管理等知识。

学校还可以通过举办校友返校日、校友经验分享会等活动,加强与校友的互动,从中发现适合担任兼职教师的校友资源。同时,为校友提供一定的回报机制,如荣誉称号、参与学校相关科研项目等,激励更多的校友参与到学校的教学工作中来。

(二)管理模式

1.教学资质审核

在引进企业专家兼职教师时，首先要进行教学资质审核。这包括对专家的学历背景、工作经历、专业技能等方面的审查。例如，对于讲授电商运营课程的专家，要求其至少具有本科以上学历，在电商运营领域有3年以上的工作经验，并且熟悉电商运营的各个环节，如商品管理、订单处理、客户服务等。审核的目的是确保兼职教师具备基本的教学能力和专业知识，能够胜任教学工作。

学校可以成立专门的审核委员会，成员包括学校的教学管理人员、电商专业的骨干教师等。审核委员会根据设定的标准，对企业专家的申请材料进行详细审查，并进行必要的面试和试讲环节。只有通过审核的专家才能被聘为兼职教师。

2.教学质量监督

一旦企业专家兼职教师开始授课，就要建立严格的教学质量监督机制。学校可以安排教学督导人员定期听课，对兼职教师的教学内容、教学方法、教学效果等进行评估。例如，教学督导人员会检查兼职教师是否按照教学大纲进行授课，教学内容是否准确、新颖，是否采用了适合学生的教学方法，如案例教学法、项目驱动教学法等。同时，收集学生的反馈意见也是教学质量监督的重要环节。学校可以通过问卷调查、学生座谈会等方式，了解学生对兼职教师教学的满意度。根据教学督导的评估结果和学生的反馈意见，及时与兼职教师进行沟通，提出改进建议，确保教学质量不断提高。

3.合同管理规范

与企业专家兼职教师签订规范的合同是管理的重要手段。合同中应明确双方的权利和义务，包括教学任务、教学时间、报酬待遇、知识产权归属等方面的内容。例如，规定兼职教师每周的授课时数、教学的课程名称和内容范围等。在报酬待遇方面，根据兼职教师的教学工作量、教学质量等因素确定合理的薪酬标准。合同还应包含保密条款，保护学校的教学资料、学生信息等不被泄露。同时，对于合同的变更、解除等情况也应有明确的规定，确保在各种情况下双方的权益都能得到保障。

二、教师到企业挂职锻炼的实施计划与考核标准

（一）实施计划

1.挂职锻炼目标设定

在教师到企业挂职锻炼之前，要明确设定目标。对于电商专业的教师而言，目标可以从多个方面确定。一是提高专业技能，通过在电商企业的挂职锻炼，熟练掌握电商平台的最新技术应用，如云计算在电商数据存储中的应用、人工智能在客户推荐系统中的应用等。二是深入了解企业运营流程，如了解电商企业的供应链管理从采购、仓储到配送的全过程，以及各环节之间的协同机制。另外，还可以设定教学资源开发目标，开发与企业实际接轨的教学资源。如开发基于企业真实项目的实训课程、编写包含企业最新运营模式的教材等。

2.挂职锻炼时间安排

合理的挂职锻炼时间安排是确保挂职效果的关键。可以将挂职锻炼时间分为短期挂职和长期挂职两种模式。短期挂职时间一般为1—3个月，适合教师进行专项技能提升或者了解企业特定业务流程。例如，教师可以利用暑假1个月的时间到一家电商营销公司挂职，重点学习新型营销手段如短视频营销在电商中的应用。长期挂职时间为3—12个月，这种模式更有利于教师全面深入地了解企业运营管理。例如，教师可以到一家大型电商企业挂职6个月，参与企业从战略规划到日常运营的各个环节，从而对电商企业的整体运作有更深刻的理解。在挂职锻炼时间安排上，还要考虑学校的教学任务安排，避免影响正常的教学秩序。

3.挂职锻炼企业选择

企业选择对于教师挂职锻炼的效果有着重要影响。首先，要选择与学校电商专业教学方向匹配的企业。如果学校的电商专业侧重于跨境电商方向，那么就应该选择具有丰富跨境电商业务的企业，如一些在国际市场上有广泛业务的跨境电商平台或外贸企业，这样教师能够接触到跨境电商的核心业务（如国际市场调研、跨境物流优化、海外仓管理等）。其次，要考虑企业的规模和影响力。大型电商企业具有完善的运营管理体系和先进的技术应用，教师在这些企业挂职能够学习到行业内最前沿的知识和管理经验。而一些中小电商企业可能在特定业务领域有独特的创新之处，如某些专注于农村电商的企业，在农产品上行的电商模式创新方面有值得借鉴的经验，也可以作为教师挂职锻炼的选择对象。

（二）考核标准

1.专业技能提升考核

考核教师在挂职锻炼期间专业技能的提升情况是重要的考核标准之一。可以通过技能测试、项目实践成果等方式进行考核。例如，对于在电商数据分析方向挂职锻炼的教师，要求其在挂职结束后能够熟练运用专业的数据分析软件，如Python中的数据分析库（Pandas、Numpy等）进行电商数据的挖掘、清洗和分析。通过实际的数据分析项目，检验教师是否能够准确解读数据背后的商业意义，并提出合理的业务建议。还可以对比教师挂职前后的专业技能水平，如在挂职前教师对电商平台的安全技术了解较少，挂职后能够熟练掌握常见的电商安全防护技术，又如数据加密技术、用户身份认证技术等，以此来评判教师专业技能的提升程度。

2.企业运营知识掌握考核

教师对企业运营知识的掌握程度也是考核的关键内容。通过笔试、面试、企业报告等方式进行考核。例如，在笔试中设置关于企业组织架构、业务流程、财务管理等方面的问题，考查教师是否全面掌握企业运营的基础知识。面试时，要求教师能够清晰地阐述企业的核心竞争力、市场定位策略以及面临的挑战等内容。

企业报告要求教师撰写在挂职企业的运营情况分析报告，包括企业的优势与不足、发展趋势预测等内容。通过对报告的质量评估，判断教师对企业运营知识的掌握情况。

3.教学资源开发成果考核

教师在挂职锻炼期间的教学资源开发成果是考核的重要组成部分。考核教师是否按照挂职锻炼目标开发出有效的教学资源。例如，检查教师编写的教材是否融入了企业的实际案例和最新运营模式，教材内容是否具有实用性和创新性。对于开发的实训课程，要评估课程的教学目标是否明确、教学内容是否与企业实际业务紧密结合、教学方法是否适合学生的学习特点等。还可以通过学生试用教学资源后的反馈来评价教学资源的质量。如果学生在使用教师开发的实训课程后，能够更好地理解企业的实际运作，提高了实践操作能力，说明教学资源开发成果达到了预期目标。

三、教师培训体系中的电商行业前沿知识培训内容

(一)电商技术前沿

1.人工智能在电商中的应用

人工智能在电商领域有着广泛而深入的应用,是教师必须掌握的前沿知识之一。例如,智能客服系统是人工智能在电商客服环节的典型应用。教师需要了解智能客服系统的构建原理,包括自然语言处理技术如何使系统理解客户的问题,机器学习算法如何根据客户的历史数据进行个性化推荐等。智能客服系统能够提高客户服务效率和质量,减少人工客服的工作量,这对于电商企业的运营成本控制和客户满意度提升有着重要意义。

此外,人工智能在电商的精准营销方面也发挥着重要作用。通过对海量消费者数据的分析,人工智能算法可以识别消费者的购买偏好、行为习惯等特征,从而实现精准的商品推荐和个性化的营销活动。教师要学习如何运用人工智能技术进行市场细分、目标客户定位等营销操作,以及如何评估这些营销活动的效果。

2.大数据与电商数据挖掘

大数据是电商行业的核心资产之一,教师需要深入了解大数据在电商中的应用以及数据挖掘技术。电商企业每天都会产生大量的数据,如交易数据、用户浏览数据、商品评价数据等。教师要学习如何利用大数据技术存储、管理和分析这些数据。例如,数据仓库技术用于整合不同来源的数据,数据挖掘技术用于从海量数据中发现有价值的信息,如消费者的潜在需求、市场趋势等。

在电商数据挖掘方面,教师要掌握关联规则挖掘、分类算法、聚类分析等技术的原理和应用。关联规则挖掘可以发现商品之间的关联关系,例如,哪些商品经常被一起购买,有助于电商企业进行商品推荐和货架布局优化。分类算法可以根据消费者的特征将其分为不同的类别,如高价值客户、潜在客户等,以便企业制定不同的营销策略。聚类分析则可以发现具有相似行为或特征的消费者群体,为企业的市场细分提供依据。

(二)电商商业模式创新

1.社交电商模式

社交电商是近年来电商行业的新兴商业模式,教师需要了解其特点、运营模式和发展趋势。社交电商将社交网络与电子商务相结合,通过社交平台进行商品推广和销售。教师要学习社交电商的核心要素,如社交关系链的构建和利用、

内容营销在社交电商中的作用等。例如,在某社交平台的社交电商模式中,用户通过邀请好友拼团的方式享受优惠价格,这种基于社交关系的营销模式能够快速扩大用户群体。教师还需要关注社交电商的盈利模式,如商家的入驻费用、广告收入、交易佣金等。同时,要研究社交电商面临的挑战,包括如何保证商品质量、如何处理社交关系与商业利益的冲突等问题,以便在教学中能够为学生提供全面的分析。

2.跨境电商新模式

随着全球经济一体化的加速,跨境电商不断发展并出现了新的模式。教师要了解跨境电商的新模式,如海外仓模式的优化。海外仓模式能够缩短配送时间,提高客户满意度,但也面临着库存管理、成本控制等挑战。教师要学习如何在跨境电商中优化海外仓的布局、管理库存水平以及降低运营成本。另外,新兴的跨境电商平台模式也值得关注,如特定市场的跨境电商平台,它们在市场定位、商品选择、营销策略等方面有独特的做法。教师要研究这些新模式的优势和劣势,以及如何根据不同的市场需求进行跨境电商业务的开展,为培养适应跨境电商发展的学生奠定基础。

(三)电商法律法规前沿

1.电商税收政策新动向

电商税收政策一直是行业关注的焦点,教师要及时掌握其新动向。随着电商行业的不断发展,税收政策也在不断调整。例如,一些国家和地区对电商企业的增值税、所得税等税收政策进行了改革。教师要了解这些改革的内容、目的和对电商企业的影响。对于国内而言,要关注跨境电商税收政策的变化,如跨境电商零售进口税收政策的调整,包括税率的变化、税收征管方式的改进等。教师还要研究在电商税收政策下,企业如何进行税务筹划,以合法降低税负。例如,企业如何利用税收优惠政策,如小型微利电商企业的税收减免政策,合理安排业务结构和财务核算方式。这对于培养学生的企业管理意识和法律合规意识具有重要意义。

2.电商知识产权保护新法规

在电商领域,知识产权保护日益重要,新的法规不断出台。教师要学习新的电商知识产权保护法规,如商标法、专利法、著作权法在电商环境中的应用。例如,在电商平台上,如何防止商标侵权、专利假冒等行为,如何处理涉及知识产权的纠纷。新法规对电商平台的知识产权保护责任也有明确规定,教师要了解平台在知识产权保护方面的义务和权力,如平台的侵权监测义务、侵权处理机制等。此外，教师要关注数字版权保护在电商中的新发展。随着数字内容的大量产生，如电子书、在线音乐、视频等在电商平台上的销售，数字版权保护成为新的焦点。教师要了解数字版权保护的技术手段，如数字水印技术、加密技术等，以及相关的法律法规，如数字版权的授权、侵权认定等规定。

四、教师技能培训的课程设置

（一）电商平台操作技能课程

1. 主流电商平台实操

这一课程主要针对主流电商平台的实际操作技能进行培训。以某主流电商平台为例，教师需要学习如何创建和管理店铺，包括店铺的基本信息设置，如店铺名称、店铺标志、店铺简介等的设计与优化。在商品管理方面，教师要掌握商品的上架、下架、编辑等操作，了解商品标题、图片、描述等要素的优化技巧，以提高商品的搜索排名和吸引力。订单处理也是重要的教学内容，教师要学会如何查看、处理订单，包括订单的确认、发货、退货等流程的操作规范。同时，对于主流电商平台的营销工具的使用也要进行培训，使教师能够熟练运用这些工具进行店铺的推广和营销活动。

2. 新兴电商平台探索

随着电商行业的发展，新兴电商平台不断涌现，教师需要对这些平台进行探索性学习。教师要学习新兴电商平台的操作技能培训，如如何开设小店，如何制作吸引人的短视频进行商品推广，以及如何利用直播功能进行产品销售。

对于一些专注于特定领域的新兴电商平台，如专注于潮流商品的销售，教师要了解其独特的商业模式和操作流程，如商品鉴定流程、潮流社区的运营模式等，以便在教学中能够为学生介绍不同类型的电商平台操作技能。

（二）电商营销技能课程

1. 网络营销理论与策略

这门课程首先要教授网络营销的基本理论，包括网络营销的概念、特点、发展历程等。教师要理解网络营销与传统营销的区别与联系，如网络营销在营销渠道、传播方式、目标客户定位等方面的独特性。在网络营销策略方面，教师要学习市场细分、目标市场选择和市场定位的方法，如何根据不同的网络平台和目标客户制定营销策略。例如，在搜索引擎营销方面，教师要掌握搜索引擎优化（SEO）和付费搜索广告的原理和操作技巧。在社交媒体营销方面，要了解如何利用社交媒体平台进行品牌推广、产品营销和客户关系管理。此外，还要学习内容营销、口碑营销等网络营销的重要策略及其应用。

2. 电商营销数据分析

电商营销数据分析是电商营销技能课程的重要组成部分。教师要学习如何收集、整理和分析电商营销数据。例如,通过电商平台提供的数据分析工具,收集商品的流量数据、转化率数据、客单价数据等。在数据整理方面,要学会使用Excel等工具对数据进行清洗、分类和汇总。

在数据分析方面,教师要掌握基本的数据分析方法,如描述性统计分析(计算平均值、中位数、标准差等),以及高级的数据分析技术,如回归分析、聚类分析等。通过数据分析,教师要能够解读营销数据背后的意义,如哪些营销活动有效、哪些需要改进,从而为制定更精准的营销策略提供依据。

(三)电商运营管理技能课程

1. 电商供应链管理

在电商供应链管理课程部分,教师要深入学习供应链的基本概念、结构以及在电商环境下的特点。了解电商供应链从供应商选择、采购、仓储、物流到配送等各个环节的操作与管理。例如,在供应商选择方面,教师要掌握如何评估供应商的信誉、产品质量、价格、交货期等因素,从而选择合适的供应商。对于采购环节,要学习如何制订采购计划,根据市场需求和库存情况确定采购数量和采购时间。

在仓储管理方面,要熟悉仓库布局、库存控制方法,如经济订货批量模型(EOQ)在电商仓储中的应用,以及如何利用现代仓储管理技术(如自动化仓储系统、仓储管理软件)提高仓储效率。物流与配送环节也是重点内容,教师要了解不同的物流模式(如第三方物流、自建物流)的优缺点,以及如何优化配送路线,提高配送速度和客户满意度。

2. 电商客户关系管理

这一板块聚焦于电商客户关系管理。教师首先要学习客户关系管理(CRM)的理论基础,包括客户生命周期理论,即客户获取、客户保持、客户发展和客户流失等阶段的管理策略。了解如何通过电商平台收集客户信息,如客户注册信息、购买历史、浏览记录等,进而构建客户画像。教师还要掌握如何根据客户画像实施个性化的客户服务和营销活动。例如,针对高价值客户提供专属的优惠和服务,提高客户忠诚度。同时,要学习如何处理客户投诉和纠纷,建立有效的反馈机制,以提升客户满意度并改善企业形象。

(四)电商技术应用技能课程

1.网页设计与开发

网页设计与开发技能对于电商教师来说是必不可少的。课程从基础的网页设计原理开始,包括网页布局、色彩搭配、字体选择等美学方面的知识。教师要学习如何使用超文本标记语言(HTML)构建网页的基本结构,层叠样式表(CSS)用于样式设计,使网页具有美观的外观和良好的用户体验。

在网页开发方面,要掌握JavaScript等脚本语言,用于实现网页的交互功能,如菜单的下拉效果、图片的轮播效果等。此外,教师还需要了解响应式网页设计的概念和技术,确保网页在不同设备(如电脑、手机、平板电脑)上都能自适应显示,这对于提高电商网站的用户访问率和转化率至关重要。

2.电商系统安全与维护

电商系统安全与维护课程旨在让教师掌握保障电商系统安全运行的知识和技能。教师要学习网络安全的基础知识,如防火墙的原理与应用、入侵检测系统(IDS)的功能与配置等。了解常见的网络攻击方式,如DDoS攻击(分布式拒绝服务攻击)、SQL注入攻击等,并掌握相应的防范措施。

在电商系统维护方面,教师要学习系统备份与恢复的方法,确保在系统出现故障时能够快速恢复数据。同时,要掌握系统性能优化的技巧,如优化数据库查询、提高服务器响应速度等,以保障电商系统的稳定运行。

五、“双师型”教师激励机制的构建

(一)物质激励

1.薪酬待遇提高

对于“双师型”教师,适当提高薪酬待遇是一种有效的物质激励方式。学校可以根据教师在企业挂职锻炼、参与企业项目、将企业经验融入教学等方面的表现,给予相应的薪酬加成。例如,在企业挂职锻炼期间,根据挂职企业的规模、挂职岗位的重要性以及教师在挂职期间的业绩,给予额外的挂职补贴。对于将企业真实案例和前沿技术成功引入教学内容的教师,给予教学创新奖金。

设立“双师型”教师专项津贴也是一种可行的方法。该津贴可以根据教师的“双师”资质等级(如初级双师、中级双师、高级双师)进行发放,等级越高,津贴金额就越多。这样可以鼓励教师不断提升自己的双师能力,积极参与企业实践和教学创新。

2.科研经费支持

为“双师型”教师提供科研经费支持是激励他们开展与电商行业相关研究的重要手段。学校可以设立专门的双师型教师科研基金,教师可以根据自己的研究方向和项目计划申请基金资助。例如,对于研究电商行业前沿技术在教学中的应用的教师,如人工智能在电商教学中的融合研究,学校可以提供足够的科研经费,用于购买研究设备、开展调研、参加学术会议等。

科研经费支持还可以与企业合作项目相结合。当“双师型”教师与企业合作开展产学研项目时,学校可以根据项目的规模和重要性,按比例给予科研经费配套支持,这样既能鼓励教师积极参与企业合作项目,又能提高教师的科研水平和对企业实际需求的把握能力。

(二)精神激励

1.荣誉称号授予

授予“双师型”教师荣誉称号是一种重要的精神激励方式。学校可以设立诸如“优秀双师型教师”“电商双师之星”等称号,每年对在双师型教师队伍建设中表现突出的教师进行评选和表彰。获得荣誉称号的教师可以在学校内部得到广泛宣传,成为其他教师学习的榜样。

荣誉称号的授予可以与教师的教学成果、企业实践成果、对学生的培养成果等因素挂钩。例如,在教学成果方面,教师所教授的课程在学生的考证通过率、竞赛获奖率等方面有显著提高;在企业实践成果方面,教师为企业解决了重大的技术或管理问题;在对学生的培养成果方面,教师指导的学生在电商企业中得到广泛认可等,都可以作为授予荣誉称号的依据。

2.职业发展机会提供

为“双师型”教师提供更多的职业发展机会也是一种有效的精神激励。学校可以优先推荐双师型教师参加高级别的学术交流活动、专业培训课程或行业研讨会,如推荐他们参加全国性或国际性的电商学术会议,使他们能够与国内外的电商专家和学者进行交流,拓宽视野,提高专业素养。

学校还可以在内部晋升机制中对“双师型”教师给予倾斜。在教师职称评定、岗位晋升等方面,将“双师型”教师的企业实践经验、教学成果与企业的融合程度等作为重要的考量因素。这样可以鼓励教师积极向“双师型”方向发展,提高教师队伍的整体双师素质。

六、“双师型”师资队伍对教学质量提高的作用评估

（一）教学内容更新评估

1.企业实际案例融入情况

评估“双师型”师资队伍对教学质量提高的作用，要考查企业实际案例在教学内容中的融入情况。“双师型”教师由于具有企业工作经验或挂职锻炼经历，能够将企业中的实际案例引入课堂教学。例如，在电商营销课程中，教师可以引入企业的某次成功营销活动案例，如饥饿营销策略，详细分析其营销策略的制定、实施过程以及取得的效果。

通过统计教学内容中企业实际案例的数量、质量以及与课程知识点的契合度等指标，可以评估“双师型”教师对教学内容更新的贡献。如果案例数量较多、质量较高且与知识点紧密结合，说明“双师型”教师能够有效地将企业实际情况融入教学，使学生更好地理解和应用所学知识。

2.行业前沿知识传递情况

“双师型”教师还应能够将电商行业的前沿知识传递给学生。这可以通过考查教师在教学过程中涉及行业前沿知识的内容比例来评估。例如，在电商技术课程中，教师是否介绍了人工智能、大数据等前沿技术在电商中的最新应用。同时，还要考查教师对前沿知识讲解的深度和广度，如是否能够深入解释技术原理，是否能够将前沿知识与传统知识体系进行有机整合。如果“双师型”教师能够及时、准确地将行业前沿知识传递给学生，并且学生能够较好地理解和掌握这些知识，说明“双师型”教师在提升教学内容的时效性和先进性方面发挥了积极作用。

（二）教学方法改进评估

1.项目驱动教学法应用

项目驱动教学法是一种以项目为导向，让学生在完成项目的过程中学习知识和技能的教学方法。“双师型”教师由于熟悉企业项目运作流程，应该能够更好地应用项目驱动教学法。评估“双师型”教师对项目驱动教学法的应用情况，可以从项目的设计、实施和评价等方面入手。

在项目设计方面，考查教师设计的项目是否具有实际意义和挑战性，是否与企业实际项目有一定的相似度。例如，在电商运营课程中，教师设计的项目可以是模拟创建一个电商店铺并进行运营管理。在项目实施过程中，观察教师是否能够有效地组织学生进行项目小组合作，是否能够及时给予学生指导和帮助。在项目评价方面，检查教师的评价标准是否合理，是否能够全面、客观地评价学

生的项目成果。

2.实践教学环节强化

“双师型”教师应能够强化教学中的实践教学环节。评估这一点可以通过考查实践教学在整个教学过程中的比重以及实践教学的效果来实现。例如,在电商实训课程中,关注“双师型”教师是否增加了学生实际操作电商平台的时间,是否提高了学生的实践操作能力。可以通过学生的实践操作成果(如学生创建的电商店铺的运营效果、学生完成的电商营销方案的可行性等)以及学生对实践教学的满意度调查等方式来评估“双师型”教师对实践教学环节强化的效果。如果学生的实践操作成果较好,且对实践教学满意度较高,说明“双师型”教师在强化实践教学环节方面发挥了积极作用。

(三)学生学习效果评估

1.知识掌握程度

评估“双师型”师资队伍对学生学习效果的影响,要考查学生对知识的掌握程度。可以通过课程考试成绩、知识测验等方式进行量化评估。例如,对比“双师型”教师授课班级和非“双师型”教师授课班级在相同课程上的平均成绩,如果“双师型”教师授课班级的平均成绩较高,说明“双师型”教师能够更好地帮助学生掌握知识。

除了量化成绩,还可以通过学生对知识的理解深度和应用能力来评估。例如,在电商法规课程中,观察学生是否能够准确解读法规条文并运用到实际案例分析中。如果“双师型”教师授课的学生在这方面表现更好,说明“双师型”教师有助于提高学生对知识的掌握程度。

2.职业能力提高

“双师型”教师应该能够提高学生的职业能力。这可以通过考查学生在考证通过率、竞赛获奖率以及毕业后的就业竞争力等方面的情况来评估。例如,在电商职业资格证书考试方面,如果“双师型”教师授课班级的学生考证通过率较高,说明“双师型”教师在教学过程中有效地提升了学生的考证能力。

在竞赛获奖率方面,统计“双师型”教师指导的学生在电商相关竞赛(如全国电子商务大赛)中的获奖情况。如果获奖率较高,说明教师能够培养学生的竞赛能力。毕业后的就业竞争力可以通过调查学生就业的企业质量、薪资水平、岗位晋升速度等因素来评估,如果“双师型”教师授课的学生在就业方面具有优势,说明教师对学生职业能力的提高起到了积极作用。①

第二节　教学资源整合与创新：教材开发、线上平台建设、校企合作资源利用

一、教材开发中融合企业实际案例与行业标准的方法

（一）企业实际案例的选取

1.典型性与代表性

在教材开发中，选取具有典型性和代表性的企业实际案例至关重要。典型案例能够反映电商行业某一领域或业务环节的常见情况。例如，在电商营销教材中，可以选取电商购物节的营销案例。这一案例具有很强的代表性，它涉及大规模的市场推广、复杂的促销策略、海量用户的参与以及对供应链的巨大挑战等多方面内容。通过对这个案例的详细分析，学生可以深入了解电商营销中的品牌推广、用户获取、流量转化等核心概念。

对于电商运营教材，像京东的仓储物流管理案例就很典型。京东以其高效的仓储物流体系闻名，这个案例能够展示电商运营中的库存管理、订单处理、配送优化等重要环节。选取这样的案例可以让学生直观地学习到行业领先企业在实际运营中的操作模式和管理经验。

2.时效性与创新性

为了使教材内容与时俱进，选取的企业案例必须具有时效性和创新性。以社交电商模式为例，它是近年来电商行业的创新模式，将其纳入教材中，可以让学生了解到社交网络如何与电商相结合，创造出新的商业模式和营销手段。一些新兴的跨境电商企业的案例也具有很高的价值。如快速崛起的跨境时尚电商品牌，其独特的供应链管理、小单快反的生产模式以及精准的国际市场定位等方面都体现了创新。在教材中加入这类案例，能够让学生接触到电商行业的最新发展动态。

（二）行业标准的融入

1.直接引用与解读

教材开发要直接引用电商行业的标准规范。例如，在电商支付安全方面，要引用支付卡行业数据安全标准（PCI DSS）的相关内容。对这些标准的直接引用

①王璐，方贝贝．产教融合背景下电商专业“双师型”教师队伍建设研究[J]．教育现代化，2020(75):59-62,93.

能够让学生明确行业的基本要求和规范底线。同时，需要对这些标准进行详细解读，将复杂的标准条款转化为通俗易懂的解释，以便学生理解。

对于电商商品描述的行业标准，如要求准确、详细、包含必要的产品信息等标准，要在教材中通过实例进行解读。可以展示一些符合和不符合标准的商品描述案例，让学生进行对比分析，从而加深对行业标准的理解。

2.结合案例进行说明

在融入行业标准时，要结合企业实际案例进行说明。以电商售后服务标准为例，引用某知名电商企业的售后服务流程，如海尔在电商平台上的售后服务体系。在这个案例中，详细说明海尔是如何按照行业标准建立客服响应机制、退换货流程、质量保证承诺等售后服务环节的。通过这种方式，学生可以更好地理解行业标准在实际企业运营中的应用。

在电商数据隐私保护标准方面，结合Facebook数据泄露事件（假设涉及电商业务中的用户数据隐私部分），分析事件中违反的数据隐私保护标准，以及企业应该如何按照标准来避免类似事件的发生。这样的结合可以使学生深刻认识到行业标准的重要性。

二、线上教学平台功能的建设要求

（一）教学资源管理功能

1.资源分类与存储

线上教学平台需要具备完善的教学资源分类与存储功能。对于电商专业的教学资源，可以按照课程模块进行分类，如电商基础理论、电商营销、电商运营等。在每个课程模块下，再进一步细分资源类型，如将电商营销资源分为文字资料（营销案例、营销理论文档）、视频资料（营销讲座视频、企业营销活动视频）、图片资料（广告图片、产品图片）等。

存储方面，要确保资源的安全存储和高效访问。采用分布式存储系统，以应对大量教学资源的存储需求，同时保证在高访问时（如多个学生同时下载教学资源）能够快速响应，并且要具备资源备份和恢复功能，以防止数据丢失。

2.资源更新与检索

线上教学平台要能够及时更新教学资源。随着电商行业的快速发展，新的理论、案例、技术不断涌现，线上教学平台管理员或教师应能够方便地对教学资源进行更新。例如，当有新的电商政策出台时，能够迅速将相关解读资料上传至线上教学平台对应的课程板块。

强大的检索功能也是必不可少的。学生和教师能够通过关键词、课程名称、资源类型等多种方式进行检索。例如，学生想要查找关于电商直播营销的视频资料，能够快速准确地定位到相关资源。检索结果应按照相关性进行排序，方便用户选择。

（二）教学互动功能

1.师生交流互动

线上教学平台应提供多种师生交流互动的方式（如即时通信功能）。教师和学生可以像使用微信一样实时聊天，方便学生随时提问，教师及时解答。同时，还可以设置论坛功能，教师可以在论坛上发布讨论话题，如“电商平台如何应对恶意差评”，学生可以在论坛上发表自己的观点，展开讨论。在线答疑室也是一种有效的互动方式。教师可以在固定的时间进入答疑室，解答学生在学习过程中遇到的各种问题，并且答疑记录要能够保存下来，方便学生复习回顾。

2.学生协作学习

为了促进学生的协作学习，线上教学平台要支持小组项目功能。教师可以在线上教学平台上创建小组，分配项目任务，小组成员可以在线上教学平台上共享资料、讨论方案、共同编辑文档等。例如，在电商运营课程的小组项目中，小组成员可以一起制订电商店铺的运营计划，通过线上教学平台进行分工协作。

互评功能也有助于学生协作学习。学生可以在小组项目完成后，对小组成员的表现进行互评，评价内容可以包括工作态度、贡献度、团队合作能力等方面。这种互评结果可以作为教师评价学生成绩的参考依据。

（三）教学评价功能

1.教师对学生的评价

线上教学平台要具备教师对学生的评价功能。教师可以根据学生的在线学习时长、作业完成情况、考试成绩等多方面因素对学生进行综合评价。例如，线上教学平台可以自动统计学生观看教学视频的时长，教师根据课程要求设定一个标准时长，若学生达到或超过标准时长，可以给予一定的分数。

在作业评价方面，教师可以在线批改作业，对学生的作业进行批注、打分，并给出详细的评语。对于考试成绩，线上教学平台能够自动统计分数，并按照一定的比例（如平时成绩占30%，期末考试成绩占70%）计算出学生的最终成绩。

2.学生对教师的评价

线上教学平台要提供学生对教师的评价功能。学生可以对教师的教学内容、教学方法、教学态度等方面进行评价。评价方式可以采用打分（如1—5分）和文字评价相结合的方式。例如，学生可以给教师的教学内容是否新颖、是否与实际结合紧密打分，同时在文字评价中详细说明自己的感受，如“教师在电商营销课程中引入的案例非常实用,但希望能增加一些互动环节”。线上教学平台应定期收集学生对教师的评价数据,并将这些数据反馈给教师,以便教师改进教学方法和提高教学质量。

三、校企合作开发教学资源的合作模式

(一)共建课程模式

1.课程目标设定

在共建课程模式下,校企双方首先要共同设定课程目标。对于电商专业课程,企业可以根据自身的人才需求和行业发展趋势提出课程目标的建议。例如,企业希望培养出能够熟练掌握电商平台数据分析、具有创新营销思维的人才,那么在课程目标中就要明确体现对这些能力的培养要求。

学校则从教育教学的规律出发,将企业的需求与学校的教学体系相结合。例如,将企业对数据分析能力的要求转化为具体的教学目标,如学生是否能够运用数据分析工具对电商平台的流量数据、销售数据等进行分析,并撰写数据分析报告。

2.课程内容开发

校企双方共同开发课程内容。企业提供实际的业务案例、行业数据等资源。例如,企业可以将自己在电商运营中的库存管理案例提供给学校,包括库存盘点、补货策略、滞销品处理等方面的详细资料。学校的教师则根据教学大纲和学生的学习能力,将这些案例融入课程内容中。

企业的专家还可以参与课程内容的编写工作中,与学校教师共同撰写教材、制作课件等。在编写过程中,企业专家可以将企业内部的操作流程、技术标准等内容融入其中,使课程内容更贴近企业实际需求。

(二)实训基地共建模式

1.实训基地规划

在校企合作共建实训基地时,双方要共同规划实训基地的建设。企业根据自身的业务规模和运营模式,提出实训基地的功能需求。例如,对于一家电商企业来说,实训基地可能需要具备模拟电商店铺运营、客服接待、物流配送等功能区域。学校则从教学和学生实践的角度出发,考虑实训基地的布局和设施配备。例如,在模拟电商店铺运营区域,要配备足够数量的电脑、网络设备以及电商平台模拟软件等,以满足学生的实践操作需求。

2.实训项目设置

校企双方共同设置实训项目。企业根据自身的业务流程和岗位需求设计实训项目。例如,企业可以设计一个电商促销活动策划的实训项目,要求学生根据企业提供的产品、市场情况等信息,制定一个完整的促销活动方案。

学校则负责组织学生参与实训项目,并在实训过程中给予学生必要的指导。同时,学校要根据实训项目的完成情况对学生进行考核,考核结果可以作为学生课程成绩的一部分。

(三)师资共享模式

1.企业专家进校任教

在师资共享模式下,企业专家进校任教是一种重要的合作方式。企业选派具有丰富实践经验的专家到学校担任兼职教师。这些专家可以将企业的前沿技术、实际操作经验等带入课堂。例如,企业的电商平台技术专家可以为学生讲解电商平台的架构、开发流程、安全维护等知识。

企业专家在教学过程中,可以采用案例教学、项目驱动教学等方法,让学生更好地理解企业的实际运作。同时,学校要为企业专家提供必要的教学支持,如教学场地、教学设备等。

2.教师进企业挂职

学校教师进企业挂职也是师资共享的重要内容。教师到企业挂职锻炼可以深入了解企业的运营管理、业务流程等。例如,电商专业教师到企业挂职期间,可以参与企业的电商营销活动策划、供应链管理等工作。教师在企业挂职的经历也可以提升自身的教学水平和实践能力。

四、利用企业资源丰富教学内容的途径

(一)企业专家讲座

1.讲座主题确定

企业专家讲座是利用企业资源丰富教学内容的有效途径之一。在确定讲座主题时,要结合电商专业的课程设置和学生的学习需求。例如,根据电商营销课程的进度,可以邀请企业营销专家举办“电商品牌建设与推广”的讲座。这个主题与课程内容紧密相关,能够让学生从企业的实际操作角度深入了解品牌建设和推广的策略。对于电商运营课程,可以确定“电商企业的供应链优化”这样的讲座主题。企业专家可以在讲座中分享企业在供应链管理方面的成功经验,如如何降低库存成本、提高配送效率等。

2.讲座组织实施

在组织实施企业专家讲座时,学校要做好充分的准备工作。首先,要与企业专家沟通讲座的时间、地点、讲座形式(如PPT演示、案例分析、互动问答等)。其次,要向学生宣传讲座的主题、专家简介等信息,提高学生的参与度。在讲座过程中,要安排专人负责记录讲座内容,包括专家的观点、案例分析、学生的提问和专家的解答等。最后,讲座结束后,要对讲座内容进行整理,形成文字资料,提供给学生复习参考,同时也可以将其作为教学资源保存下来。

(二)企业项目引入

1.项目筛选

引入企业项目来丰富教学内容时,首先要进行项目筛选。要选择适合学生学习能力和课程要求的项目。例如,对于电商专业二年级的学生,可以选择一些相对简单的电商产品推广项目。这些项目的规模不宜过大,任务要求明确,如在一定时间内将某款电商产品的知名度提高一定比例。同时,要考虑项目的教育价值。选择能够涵盖多个知识点、培养多种能力的项目。例如,一个电商店铺装修项目,学生在完成这个项目的过程中,能够学习到电商平台的界面设计、用户体验优化、商品展示策略等多个方面的知识。

2.项目实施与指导

在项目实施过程中,学校要为学生提供必要的支持和指导。教师要根据项目的要求,将学生分成小组,明确每个小组的任务和责任。例如,在电商营销项目中,教师可以将学生分成市场调研小组、营销策划小组、执行推广小组等。

教师要对学生在项目实施过程中的问题及时给予解答,引导学生运用所学知识解决实际问题。同时,企业也要派出专人对项目进行指导,提供企业的实际经验和操作规范,确保项目能够按照企业的要求顺利进行。

(三)企业数据共享

1.数据类型与用途

企业数据共享可以为教学内容提供丰富的素材。企业的数据类型多样,对于电商专业教学有不同的用途。例如,企业的销售数据可以用于电商数据分析课程的教学。学生可以通过分析企业的销售数据,了解销售额的波动规律、不同产品的销售趋势、客户的地域分布等信息,从而掌握数据分析的方法和技巧。

企业的用户行为数据也非常有价值。在电商用户体验设计课程中,学生可以分析用户的浏览行为、购买行为等数据,了解用户的需求和偏好,进而设计出更符合用户需求的电商界面和功能。

2.数据安全与隐私保护

在共享企业数据时，要重视数据安全与隐私保护。企业要对共享的数据进行脱敏处理，去除涉及个人隐私、商业机密等敏感信息。例如，在共享用户行为数据时，要将用户的姓名、联系方式等个人信息进行处理，只保留与教学相关的数据部分。

学校要建立严格的数据管理制度，确保数据的安全存储和合法使用。只有在符合教学目的和法律法规的前提下，才能使用企业共享的数据。

五、教学资源创新在电商教学中的应用前景

（一）提高学生学习兴趣

1.创新教学资源的趣味性

教学资源创新能够显著提高学生的学习兴趣。创新的教学资源往往具有更高的趣味性。例如，开发具有互动性的电商营销模拟游戏教学资源。在这个游戏中，学生可以扮演电商企业的营销人员，通过制定营销策略、投放广告、进行促销活动等操作，来提高自己的虚拟企业的销售额。这种游戏化的教学资源能够让学生在轻松愉快的氛围中学习电商营销知识。

制作生动有趣的动画视频来讲解电商运营流程也是一种创新方式。动画视频可以将复杂的运营流程，如电商订单从下单到收货的全过程，以形象的动画形式展示出来，比传统的文字讲解更能吸引学生的注意力。

2.满足学生个性化学习需求

教学资源创新有助于满足学生的个性化学习需求。随着在线教育技术的发展，教学资源可以实现个性化定制。例如，利用大数据和人工智能技术，根据学生的学习进度、学习习惯、知识掌握情况等因素，为学生推送个性化的学习内容。

对于电商专业的学生来说，一些学生可能对电商技术更感兴趣，而另一些学生可能更倾向于电商营销。创新的教学资源可以根据学生的不同兴趣点，提供不同类型的学习资源，如为对电商技术感兴趣的学生提供更多关于电商系统开发、数据分析技术的深入学习资料，为对电商营销感兴趣的学生提供更多的营销案例和营销策略分析资料。

（二）提高教学质量

1.促进教学方法改革

教学资源创新能够促进教学方法的改革。例如，VR和AR技术在电商教学中的应用。教师可以利用VR技术创建虚拟的电商店铺，学生可以身临其境地

体验店铺的布局、商品展示、客户服务等环节。这种新的教学方法可以改变传统的课堂讲授模式，让学生更加主动地参与学习。

在线协作学习平台的创新也为教学方法改革提供了可能。通过创新的在线协作学习平台，学生可以在全球范围内与其他学生、教师和企业专家进行协作学习。例如，不同国家的电商专业学生可以共同完成一个跨境电商项目，在这个过程中，学生可以学习到不同国家的电商市场特点、文化差异等知识，同时也提高了自己的团队协作能力和国际视野。

2.增强学生实践能力

创新的教学资源能够增强学生的实践能力。以电商直播教学资源为例，学校可以建设电商直播实验室，配备专业的直播设备，为学生提供真实的直播环境。学生可以在这个实验室里进行电商直播的实践操作，学习如何进行产品介绍、与观众互动、处理直播中的突发情况等技能。

模拟电商企业运营的软件资源也是增强学生实践能力的重要手段。学生可以在模拟软件中创建自己的电商企业，从企业的战略规划、产品采购、营销推广到财务管理等各个环节进行操作，从而全面提升自己的实践能力。

（三）适应行业发展需求

1.紧跟电商行业技术变革

教学资源创新能够使电商教学紧跟行业技术变革。随着电商行业的快速发展，新技术不断涌现，如区块链技术在电商中的应用。创新的教学资源可以及时将区块链技术的原理、应用场景等内容融入教学中。例如，开发关于区块链技术在电商供应链追溯中的应用案例集，让学生了解区块链技术如何确保商品的来源可追溯、信息不可篡改等特性。同时，随着大数据和人工智能技术的广泛应用，创新的教学资源也应涵盖这些前沿技术。可以设计基于大数据分析的电商消费者行为研究课程，以及利用人工智能技术优化电商推荐系统的实践项目。通过这些课程和项目，学生能够掌握如何利用大数据和人工智能技术来洞察市场需求、提高用户体验，从而更好地适应电商行业的发展需求。

2.培养符合行业新兴岗位人才

电商行业不断涌现新兴岗位，如电商数据分析师、电商内容运营专员等。教学资源创新能够针对这些新兴岗位需求，调整教学内容和资源形式。创建专门的电商数据分析师在线学习课程，包含数据挖掘、数据可视化等工具的使用教程，以及实际的电商数据案例分析。通过这种创新的教学资源，能够培养出符合新兴岗位需求的电商专业人才。例如，对于电商内容运营专员岗位，开发包含文案撰写技巧、短视频制作、社交媒体营销等多方面内容的教学资源包。同时，结合行业内优秀的内容运营案例进行深入剖析，让学生能够更好地掌握该岗位所需的技能，满足行业对这类人才的需求。

六、教学资源整合与创新对教学效果的影响评估

（一）学生学习成果评估

1.知识掌握程度的提高

评估教学资源整合与创新对教学效果的影响，首先要考查学生知识掌握程度的提高情况。通过对比传统教学资源和创新整合后的教学资源下学生的知识掌握情况，可以发现明显差异。例如，在电商营销课程中，传统教学资源下学生对营销渠道的理解可能仅仅停留在理论层面，而在引入创新的企业实际案例和线上模拟营销项目后，学生能够更加深入地理解不同营销渠道的特点、适用场景以及如何根据产品和目标受众选择合适的营销渠道。其次，可以通过课程考试成绩、课堂问答表现以及课后作业完成质量等多方面来衡量学生知识掌握程度的提高。在课程考试中，如果涉及教学资源创新内容的知识点，学生的得分率明显提高，这就表明创新的教学资源有助于学生更好地掌握知识。在课堂问答中，学生能够更加准确、全面地回答问题，课后作业中也能运用所学知识进行深入分析和解答，这些都是知识掌握程度提升的表现。

2.实践技能的增强

教学资源整合与创新对学生实践技能的增强有着重要影响。以电商运营课程为例，在整合企业实训项目资源和线上实践操作平台后，学生的实践技能得到了显著提高。学生在参与企业真实项目的模拟操作过程中，学会了如何进行库存管理、订单处理、客户关系维护等实际操作技能。

通过对学生在实践课程中的操作表现、实践成果（如创建的电商店铺的运营效果、制定的运营策略的可行性等）进行评估，可以直观地看出教学资源整合与创新对学生实践技能产生的积极影响。例如，若学生能够独立完成一个功能齐全、运营良好的电商店铺的创建和运营，并且在市场推广、客户服务等方面有自己的创新思路和有效做法，这就说明教学资源整合与创新在增强学生实践技能方面取得了良好的效果。

(二)教师教学体验评估

1.教学方法的灵活性

从教师的教学体验角度来看,教学资源整合与创新增加了教学方法的灵活性。在传统教学资源下,教师的教学方法相对单一,主要以课堂讲授为主。而在整合创新教学资源后,教师可以根据不同的教学内容和学生的学习需求,灵活选择教学方法。例如,在讲解电商行业的新兴技术时,可以利用线上的VR或AR技术教学资源,采用情境教学法,让学生身临其境地感受新技术的应用场景。

在教授企业实际案例时,教师可以采用案例分析法,引导学生深入分析案例中的问题和解决方案。教师在教学过程中不再局限于一种教学方法,而是能够根据教学资源的多样性,灵活切换教学方法,提高教学效果。这种灵活性也让教师在教学过程中更具主动性和创造性,能够更好地满足不同学生的学习需求。

2.教学效率的提高

教学资源整合与创新还有助于提高教师的教学效率。在传统教学模式下,教师需要花费大量时间收集教学案例、整理教学资料等。而在创新教学资源整合后,许多优质的教学资源可以直接获取,如企业提供的标准化案例、线上教学平台提供的教学素材等。教师可以利用这些现成的资源,将更多的时间和精力放在教学设计和学生指导上。例如,在电商法规课程中,教师可以直接利用线上教学平台提供的最新法规解读资料和案例,快速构建教学内容,提高教学效率。同时,创新的教学资源往往具有更好的组织性和系统性,能够让教师更清晰地传授知识,减少教学过程中的重复和冗余,进一步提高教学效率。

(三)教学质量整体提升评估

1.课程吸引力的增加

教学资源整合与创新对教学质量整体提高的一个重要体现是课程吸引力的增加。创新的教学资源能够让课程更加生动、有趣、实用,从而吸引学生的注意力,提高学生的学习积极性。例如,在电商课程中引入电商直播教学资源,让学生可以实时观看电商直播并参与互动,这种形式的教学资源比传统的理论讲解更具吸引力。结合企业实际项目的课程设置也能增加课程的吸引力。学生在学习过程中能够感受到课程与实际工作的紧密联系,知道自己所学知识的实际应用价值,从而更加积极地投入课程学习中。课程吸引力的增加不仅能够提高学生的到课率,还能提升学生在课堂上的参与度,为提高教学质量奠定良好的基础。

2.与行业接轨的紧密性

教学资源整合与创新使得教学内容与电商行业的接轨更加紧密。通过整合企业资源、引入行业标准和最新案例,教学内容能够及时反映行业的发展动态和需求。例如,在电商技术课程中,及时加入区块链、人工智能等新兴技术在电商中的应用内容,让学生所学知识与行业实际应用保持同步。这种紧密的接轨能够让学生在毕业后迅速适应工作岗位,减少企业对新员工的培训成本。同时,也能让学校的电商专业在人才培养方面更具竞争力,提高学校在行业内的声誉,进一步推动教学质量的整体提高。①

第三节　制度革新护航:教学质量监控、考核评价体系、教学管理流程优化

一、教学质量监控的指标体系构建

(一)教学目标达成度指标

1.课程目标与岗位需求的匹配

在构建教学质量监控的指标体系时,课程目标与岗位需求的匹配度是一个关键的考量因素。对于高职院校电商专业而言,课程目标应紧密围绕电商行业的岗位需求来设定。例如,电商运营岗位需要学生具备商品管理、订单处理、客户关系维护等能力,那么在相关课程的目标中就应明确体现对这些能力的培养要求。通过对课程教学内容与岗位实际需求的对比分析,来衡量课程目标的达成度。

从宏观层面看,整个电商专业的课程体系应全面覆盖电商行业主要岗位群的需求。如电商营销岗位、电商客服岗位等,每个岗位所需的知识、技能和素养都应在课程体系中有相应的体现。这就要求对课程体系进行定期评估,确保其能够随着行业岗位需求的变化而及时调整。

2.学生对课程目标的掌握程度

衡量学生对课程目标的掌握程度可以从多个方面入手。首先是知识层面,通过课程考试、测验等方式来检测学生对电商专业知识的掌握情况,如电商平台的运营规则、营销理论等。其次是技能层面,例如考查学生能否熟练运用电商工

①詹宇灵.高职商务英语专业深化校企合作,实现“岗课赛证”融通路径探索——助力华南地区跨境电商贸易腾飞[J].校园英语,2023(19):54-56.

具进行商品推广、订单处理等操作。最后,还可以通过实践项目来评估学生对课程目标的掌握程度。例如,在电商运营课程结束后,要求学生完成一个模拟电商店铺的运营项目,根据项目的完成情况,包括店铺的销售额、客户满意度、商品库存管理等方面的表现,来判断学生是否达到了课程目标所设定的要求。

(二)教学过程质量指标

1.教师教学方法的有效性

教师教学方法的有效性对教学质量有着重要影响。在电商专业教学中,教师可以采用多种教学方法,如案例教学法、项目驱动教学法等。对于案例教学法,要评估教师所选取案例的质量,包括案例的代表性、时效性和与课程内容的相关性如在电商营销课程中,教师选取的电商某购物节电商营销案例是否能够清晰地阐述营销原理和策略。

项目驱动教学法,要考查教师对项目的设计和组织能力。教师是否能够根据课程目标和学生的实际水平设计合适的项目,在项目实施过程中是否能够有效地引导学生进行团队协作、解决问题。同时,还要关注教师是否能够根据不同的教学内容和学生的学习情况灵活调整教学方法。

2.课堂互动与学生参与度

课堂互动和学生参与度是教学过程质量的重要体现。在电商专业的课堂上,互动形式可以多种多样。例如,教师提出关于电商行业趋势的问题,引导学生进行讨论,观察学生参与讨论的积极性和深度。在实践操作课程中,如电商平台操作课程,学生之间的相互协作、交流也是一种互动形式。

可以通过课堂观察、学生反馈等方式来衡量学生的参与度如统计学生在课堂上主动发言的次数、参与小组讨论的活跃度等。同时,也要关注教师是否能够营造积极的课堂氛围,鼓励学生提问、发表不同的观点,以提高学生的参与度。

(三)教学资源利用效率指标

1.教材与教学大纲的契合度

教材是教学资源的重要组成部分,教材与教学大纲的契合度是衡量教学资源利用效率的一个方面。对于电商专业教材,其内容应与教学大纲紧密结合。教学大纲规定了课程的教学目标、教学内容、教学进度等,教材应全面涵盖这些内容。例如,在电商数据分析课程中,教学大纲要求学生掌握数据挖掘、数据分析工具的使用等内容,教材就应详细讲解相关的理论知识和实际操作案例。要定期对教材进行评估,看其是否随着行业的发展和教学大纲的更新而及时修订。如果教材内容陈旧,与教学大纲脱节,就会影响教学资源的利用效率。

2.线上线下教学资源的整合

在当今的教育环境下,线上线下教学资源的整合对于提高教学质量至关重要。对于电商专业教学,线上教学资源如在线课程平台、电商模拟软件等,线下教学资源如教材、实训设备等应进行有效的整合。例如,在电商运营课程中,教师可以将线上的电商平台模拟运营软件与线下的教材内容相结合,让学生先通过教材学习理论知识,再通过模拟软件进行实践操作。评估线上线下教学资源整合的效果,可以看学生是否能够在两种资源之间顺利切换,是否能够通过整合后的资源更好地理解和掌握课程知识。同时,也要关注学校是否建立了有效的资源整合机制,以确保资源的合理利用。

二、基于OBE理念的考核评价体系设计

(一)以学习成果为导向的考核目标设定

1.明确电商专业核心能力要求

在基于OBE理念设计考核评价体系时,首先,要明确电商专业的核心能力要求。电商专业的核心能力包括电商平台运营能力、电商营销能力、电商数据分析能力等。每个核心能力对学生的要求都不同。如电商平台运营能力要求学生能够熟练掌握电商平台的后台管理,包括商品上架、订单处理、店铺装修等操作。

其次,根据这些核心能力要求,设定相应的考核目标。对于电商营销能力的考核目标可以设定为学生能够制定有效的电商营销方案,包括市场调研、目标受众定位、营销渠道选择等方面的内容。通过明确这些考核目标,能够使学生清楚地知道自己需要达到的学习成果。

2.分层级设定考核目标

为了更全面、准确地评价学生的学习成果,可以分层级设定考核目标。例如,对于电商数据分析能力的考核,可以分为基础层级、中级层级和高级层级。基础层级的考核目标是学生能够运用基本的数据分析工具对简单的电商数据进行收集和整理;中级层级要求学生能够对数据进行分析,得出有意义的结论,如分析销售数据的趋势、客户的购买行为等;高级层级则要求学生能够运用高级数据分析技术,如数据挖掘算法,对电商数据进行深度分析,并提出优化建议。分层级的考核目标能够适应不同学习能力的学生,同时也能够激励学生不断提升自己的能力水平。

(二)多元化考核方式的运用

1.过程性考核与终结性考核相结合

在考核评价体系中,应将过程性考核与终结性考核相结合。过程性考核包括学生的课堂表现、作业完成情况、小组项目参与度等。例如,在电商营销课程中,教师可以观察学生在课堂上对营销案例的分析能力、小组讨论中的贡献度,以及课后作业中营销方案的撰写质量等。终结性考核则主要是课程结束后的考试。考试内容应涵盖课程的核心知识和技能。通过将两者相结合,可以更全面地评价学生的学习过程和学习成果。例如,过程性考核占总成绩的60%,终结性考核占40%,这样的比例分配能够促使学生注重平时的学习积累,而不仅仅是为了应付期末考试。

2.理论考核与实践考核并重

由于电商专业具有较强的实践性,考核评价体系应理论考核与实践考核并重。理论考核可以通过书面考试的形式,考查学生对电商专业知识的掌握情况,如电商法规、营销理论等。实践考核则可以通过实际操作、项目成果等方式进行。例如,在电商运营课程中,实践考核可以要求学生实际操作电商平台,展示自己的店铺运营成果,包括店铺的销售额、客户满意度等指标。

理论考核与实践考核的权重应根据课程的性质和特点进行合理分配。例如,对于电商运营课程,实践考核的权重可以适当提高,以体现该课程对实践能力的重视。

(三)考核反馈与持续改进机制

1.及时有效的考核反馈

考核评价体系应建立及时有效的考核反馈机制。在学生完成考核后,教师应尽快将考核结果反馈给学生。反馈内容不仅包括学生的成绩,还应包括对学生学习情况的详细评价。例如,在电商数据分析课程的考核反馈中,教师可以指出学生在数据分析方法运用上的优点和不足,以及在数据解读方面存在的问题。反馈方式可以多样化,如面对面交流、书面评语等。及时有效的考核反馈能够让学生清楚地认识到自己的学习状况,从而有针对性地进行改进。

2.基于考核结果的教学持续改进

根据考核结果,教师和教学管理部门应进行教学的持续改进。如果考核结果显示学生在某一知识点或技能方面普遍存在问题,教师就应调整教学内容和教学方法。例如,如果在电商营销课程的考核中发现学生对营销渠道的选择掌握不好,教师可以增加相关案例的分析,加强对这一知识点的讲解。

教学管理部门也可以根据考核结果对课程体系、教学资源等进行优化。例如,如果发现某一课程的考核成绩普遍较低,可能是课程设置不合理或者教学资源不足,就需要进行相应的调整和改进。

三、教学管理流程中的选课、排课、调课等环节的优化措施

(一)选课环节优化

1.完善选课信息发布

在选课环节,完善选课信息发布是优化的重要措施之一。对于高职院校电商专业的学生来说,他们需要清晰、全面的选课信息来做出正确的选择。学校应在选课系统中详细列出每门课程的课程名称、课程简介、授课教师、课程目标、选修课程要求等信息。例如,在电商营销课程的选课信息中,应明确说明该课程将重点学习电商营销的策略、渠道、客户关系管理等内容,以及需要选修电子商务基础课程。除了文字信息,还可以增加视频介绍等形式,让学生更直观地了解课程内容。同时,选课信息应及时更新,确保学生获取到最新的课程信息。

2.个性化选课推荐

根据学生的学习进度、兴趣爱好、职业规划等因素,为学生提供个性化的选课推荐。例如,对于对电商运营感兴趣的学生,可以推荐与电商运营相关的进阶课程(如电商供应链管理、电商仓储物流等课程)。对于计划毕业后从事电商营销工作的学生,可以推荐营销策划、网络广告等课程。

个性化选课推荐可以通过分析学生的课程成绩、在电商专业相关课程中的表现以及学生自己填写的兴趣和职业规划信息来实现。这有助于提高学生选课的准确性和满意度。

(二)排课环节优化

1.课程时间安排的合理性

在排课环节,课程时间安排的合理性至关重要。对于电商专业的课程,要考虑到课程之间的关联性和学生的学习负担。例如,将电商基础课程安排在大一阶段,为后续的专业课程学习奠定基础。同时,避免将难度较大的课程集中安排在同一时间段,以免学生学习压力过大。还要考虑到教师的教学安排和教学资源的利用效率。如果某一教师在某一时间段同时教授多门电商专业课程,可能会导致教学精力分散,因此要合理安排教师的授课时间。此外,对于需要使用实训设备的电商课程,要确保在排课时能够合理分配实训设备的使用时间。

2.满足不同教学模式的需求

随着教育教学的发展，电商专业的教学模式也日益多样化，包括线上线下混合教学模式、项目驱动教学模式等。在排课过程中要满足不同教学模式的需求。对于线上线下混合教学模式的课程，要安排适当的线上学习时间和线下课堂教学时间。例如，将理论知识讲解部分安排在线上学习，将实践操作、案例讨论等部分安排在教室进行。对于项目驱动教学模式的课程，要给予学生足够的连续时间来进行项目操作，可以将这类课程安排在相对集中的时间段，如一周中的某几天连续授课，以便学生能够集中精力完成项目。

（三）调课环节优化

1.简化调课流程

调课环节的优化首先要简化调课流程。目前，许多高职院校的调课流程较为烦琐，涉及多个部门的审批。对于电商专业的课程调课，可以建立一个相对简化的调课申请系统。教师只需在系统中填写调课原因（如生病、参加学术会议等）、调课时间、调课方案等信息，然后提交给相关部门进行审批。审批部门应明确审批的时间限制，如在24小时内完成审批。同时，要建立审批结果的及时反馈机制，让教师能够及时了解调课申请是否通过。

2.调课信息的及时通知

当调课申请通过后，要及时将调课信息通知到学生。可以通过多种方式进行通知，如学校的教务管理系统、短信通知、班级群通知等。通知内容应包括调课的课程名称、原上课时间、新上课时间、上课地点等详细信息。同时，要确保调课信息通知的准确性和完整性，避免因通知不到位而导致学生错过课程。

四、教学管理制度对教师教学行为的激励作用

（一）教学成果奖励制度

1.教学成果的分类与认定

教学管理制度中的教学成果奖励制度对教师的教学行为有着重要的激励作用。首先要对教学成果进行分类与认定。教学成果可以分为教学改革成果、教学质量成果、教学科研成果等。教学改革成果包括新的教学方法的应用、课程体系的优化等；教学质量成果可以体现在学生的学习成绩提高、实践能力增强等方面；教学科研成果则是教师在电商专业领域的科研项目、论文发表等。

对于每一类教学成果，要建立明确的认定标准。例如，对于教学改革成果，要明确新教学方法应用的创新性、对教学效果的提高程度等认定标准。通过清

晰的分类与认定标准,使教师明确努力的方向。

2.奖励措施与激励效果

根据不同的教学成果,制定相应的奖励措施。对于教学改革成果显著的教师,可以给予教学改革项目资助、教学成果奖金、荣誉称号等奖励。例如,对于成功优化电商专业课程体系的教师,给予一定金额的项目资助,用于进一步的教学研究。

这些奖励措施能够激励教师积极探索教学改革,提高教学质量。教师为了获得教学改革项目资助,会积极尝试新的教学方法,将电商行业的最新发展成果融入教学内容中,从而提高教学的时效性和实用性。

(二)教师教学评价与反馈机制

1.评价指标的合理性

教师教学评价与反馈机制是教学管理制度的重要组成部分。评价指标的合理性直接影响到对教师教学行为的激励效果。评价指标应包括教学态度、教学方法、教学内容、教学效果等方面。对于教学态度,可以从教师的教学责任心、对学生的关注度等方面进行评价;教学方法评价应关注教师是否能够根据课程内容和学生的学习情况灵活运用多种教学方法。在教学内容方面,评价指标应涵盖教学内容的准确性、新颖性、与电商行业实际结合的紧密性等。教学效果则可以通过学生的学习成绩、学生对教师的满意度等指标来衡量。合理的评价指标能够全面、客观地反映教师的教学行为,激励教师不断提高教学质量。

2.积极的反馈与教师成长

除了评价,积极的反馈对于教师的成长也非常重要。教学管理部门应将评价结果及时、详细地反馈给教师。反馈内容不仅包括教师的得分情况,还应包括对教师教学行为的具体建议。例如,如果教师在教学方法上存在不足,反馈中可以建议教师学习某种新的教学方法,并提供相关的培训资源。

这种积极的反馈能够让教师认识到自己的优势和不足,从而有针对性地进行改进。例如,教师在收到关于教学内容新颖性不足的反馈后,会积极关注电商行业的最新动态,将新的案例、技术等融入教学内容中,以提高自己的教学水平。

(三)教师培训与发展机会提供

1.培训内容的针对性

教学管理制度应为教师提供培训与发展机会,培训内容的针对性是关键。对于电商专业教师,培训内容应针对电商行业的发展趋势、电商专业的教学需求等方面。随着人工智能技术在电商中的应用日益广泛,应开展关于人工智能在电商营销、运营等方面应用的培训。同时,也要针对教师的不同教学水平和教学需求提供个性化的培训内容。例如,对于新入职的教师,可以提供教学基本功、教学方法等方面的培训;对于有一定教学经验的教师,可以开展教学改革、课程开发等方面的培训。

2.发展机会与教师积极性

提供教师发展机会能够极大地提高教师的积极性。学校可以选派优秀教师参加电商行业的学术会议、企业实践等活动。参加学术会议可以让教师了解到电商领域的最新研究成果,拓宽学术视野;企业实践则可以让教师深入了解电商企业的实际运营情况,将实际经验融入教学中。这些发展机会能够激励教师不断提升自己的教学能力和专业水平,从而提高教学质量。

五、学生对教学管理流程和制度的反馈机制建设

(一)反馈渠道的多样性

1.线上反馈平台的建设

在建设学生对教学管理流程和制度的反馈机制时,线上反馈平台的建设是重要的一环。学校可以开发专门的教学管理反馈平台,学生可以在平台上匿名或实名反馈教学管理流程和制度方面的问题和建议,如学生可以在平台上反映选课系统存在的漏洞、排课不合理等问题。

线上反馈平台应具备操作简便、界面友好的特点。学生可以通过简单的操作,如选择问题类型、填写详细内容等方式进行反馈。同时,平台应设置反馈的跟踪功能,让学生能够了解自己反馈的问题是否得到处理以及处理的进度。

2.线下反馈途径的设立

除了线上反馈平台,还应设立线下反馈途径。学校可以设立教学管理意见箱,方便学生将书面的意见和建议投入意见箱,而学校要定期收集意见箱中的反馈信息。此外,还可以定期召开学生代表座谈会。在座谈会上,学生代表能够直接与教学管理人员进行面对面的交流,深入地反馈在教学管理流程和制度方面遇到的各种情况。学生代表可以就调课通知不及时、某些课程考核方式不合理等问题提出自己的看法,并与教学管理人员共同探讨解决方案。这种线下的反馈途径能够让学生感受到学校对他们意见的重视,同时也能让教学管理人员更直观地了解学生的需求和困惑。

（二）反馈信息的处理与回应

1.信息分类与整理

对于学生反馈的信息，首先要进行分类与整理。将关于选课的反馈归为一类，如选课信息不清晰、选课限制不合理等；关于排课的反馈归为另一类，如课程时间安排冲突、排课不符合教学模式需求等；还有考核评价、教学管理制度等方面的反馈也各自分类。通过这种方式，能够使信息更加条理化，便于后续的处理。

在整理反馈信息时，还要对问题的严重程度和出现的频率进行标注。对于那些严重影响学生学习体验且频繁出现的问题，如选课系统频繁崩溃等，应优先处理。

2.及时回应与解决方案制定

学校应及时对学生的反馈做出回应。对于一些简单的问题，如某个课程的教材版本错误等，可以在短时间内给予答复并立即解决。对于复杂的问题，如教学管理制度与学生实际需求存在较大差距等，则需要制定详细的解决方案。

在制定解决方案时，要充分考虑学生的利益和学校的教学管理实际情况。例如，如果学生反映某门课程的考核方式过于单一，学校可以组织教师进行研讨，参考其他院校的经验，制定出多元化的考核方案，并将解决方案及时反馈给学生，让学生知道学校在积极解决他们提出的问题。

六、制度革新在保障综合教学模式有效运行中的长效机制

（一）制度的动态调整机制

1.监测与评估

为了保障综合教学模式的有效运行，制度革新需要建立动态调整机制，先要设置监测与评估环节。学校要建立专门的监测小组，对教学质量监控指标、考核评价体系、教学管理流程等方面进行持续监测。定期对电商专业课程的教学质量进行评估，查看教学目标达成度是否符合预期，考核评价是否公平合理，教学管理流程是否顺畅等。在监测过程中，要收集多方面的数据，包括学生的学习成绩、学生的满意度调查结果、教师的教学反馈等，这些数据将作为评估制度有效性的依据。如果学生的某门课程成绩普遍不理想，且满意度较低，就需要深入分析是教学内容、教学方法还是考核评价体系存在问题。

2.根据评估结果调整制度

根据评估结果对制度进行调整。如果发现教学质量监控指标体系中的某些指标无法准确反映教学质量，就需要对这些指标进行修订。例如，发现原有的

“学生课堂出勤率”指标不能完全体现教学效果,因为有些学生虽然出勤但并未积极参与学习,那么可以考虑增加“学生课堂有效参与度”指标。

对于考核评价体系,如果发现某种考核方式存在不公平或不能有效评价学生学习成果的情况,就要及时调整。如果实践考核中存在评分标准不明确的问题,就需要重新制定详细、科学的评分标准。对于教学管理流程,如发现选课流程仍然烦琐,即使经过优化后学生的满意度仍然不高,就要进一步简化流程或改进操作方式。

(二)制度与行业发展的协同机制

1.关注行业动态

制度革新要建立与行业发展的协同机制,要关注行业动态。电商行业发展迅速,新的技术、新的商业模式不断涌现。高职院校的电商专业教学制度必须与时俱进。学校可以设立专门的行业观察部门,负责收集电商行业的最新资讯,如人工智能在电商中的深度应用、跨境电商的新政策等。还可以与电商企业建立密切的合作关系,企业可以及时向学校通报行业的发展变化情况。例如,电商企业在采用新的营销技术或运营模式时,可以将相关信息分享给学校,以便学校能够及时调整教学内容和教学管理制度。

2.制度调整适应行业需求

根据行业发展需求调整教学制度。当电商行业对数据分析人才的需求增加时,学校可以在教学管理制度中增加对电商数据分析课程的资源投入,如增加师资力量、更新教学设备等。同时,在考核评价体系中,可以加大对数据分析能力考核的权重。

在教学管理流程方面,如果行业对电商人才的实践能力要求提高,学校可以优化实践教学的管理流程,如增加学生的企业实习时间、加强实习期间的管理等。通过制度与行业发展的协同机制,能够确保高职院校电商专业的综合教学模式培养出符合行业需求的人才。

(三)制度的传承与创新平衡机制

1.制度传承的价值

在制度革新过程中,要注重制度的传承与创新的平衡。制度传承具有重要的价值,传统的教学管理制度中一些经过实践检验的有效做法应该保留。例如,严谨的教学质量监控方法,通过定期的教学检查、学生评教等方式来保证教学质量,这种方法在新的教学模式下仍然可以继续发挥作用。

一些传统的教师激励制度，如对优秀教师的表彰和奖励，能够激发教师的工作积极性，也应该传承下去。这些传承下来的制度元素为新制度的构建提供了基础。

2.创新与传承的结合

在传承的基础上进行创新。例如，在教学质量监控方面，可以在传统的监控方法基础上，利用现代信息技术创新监控手段。如通过在线学习平台的数据跟踪，更精准地了解学生的学习行为和学习效果，将其纳入教学质量监控体系。

在教师激励制度方面，可以创新激励方式，除了传统的物质奖励和荣誉称号，还可以为教师提供更多的学术交流机会、企业挂职锻炼机会等。通过制度的传承与创新平衡机制，能够使教学管理制度既保持稳定又充满活力，保障综合教学模式的长期有效运行。①

①韩冰．“岗课赛证”融通背景下高职“跨境电商实用英语”课程教学改革探究[J]．电脑采购，2022(21)：166-168．

第七章　成效检验：教学模式的量化与质性评估

第一节　构建多维度评估指标体系：学生成绩、技能水平、就业质量等指标

一、学生成绩指标的量化与分析

（一）课程成绩的量化

1. 理论课程成绩量化

在高职院校电商专业中，理论课程是构建学生知识体系的重要组成部分。对于电商专业的理论课程（如电子商务概论、电商营销理论等）成绩量化可以关注学生的平时成绩。这部分成绩可以涵盖出勤情况、课堂表现、作业完成质量等。出勤情况可以简单地以出勤次数占总课程次数的比例来计算，例如，一学期总共有30次课程，学生出勤25次，那么出勤情况的分数可以为25÷30×100=83.33（分）（假设出勤情况满分100分）。课堂表现可以包括学生在课堂上的提问、回答问题的质量、参与课堂讨论的积极性等。教师可以根据自己的观察和记录，对每个学生的课堂表现进行打分。积极参与讨论且回答问题质量高的学生可以得到80—100（分），而很少参与的学生可能得到60分以下。作业完成质量则可以根据作业的准确性、完整性、创新性等因素进行评分。期末考试成绩也是理论课程成绩的重要组成部分，期末考试可以全面考查学生对课程知识的掌握程度。

2. 实践课程成绩量化

实践课程在电商专业教学中具有举足轻重的地位。以电商平台运营实践课程为例，成绩量化方式有所不同。实践操作的熟练程度是一个重要的考量因素，例如，学生在电商平台上进行商品上架操作，操作的速度、准确性以及是否遵循平台规则等都可以作为评分依据。如果学生能够快速、准确地完成商品上架，且商品信息完整、符合平台规范，就可以得到较高的分数。

项目成果也是实践课程成绩的关键部分。比如，要求学生在课程结束时完

成一个模拟电商店铺的运营项目，那么店铺的销售额、客户满意度、店铺的装修效果等都可以用来衡量项目成果。可以设定一定的标准，如销售额达到一定数额、客户满意度达到某个百分比等，根据学生的实际完成情况进行打分。团队协作能力在实践课程中也不容忽视，特别是在涉及小组项目的实践课程中，教师可以根据小组成员之间的沟通协作情况、任务分配合理性以及团队解决问题的能力等对学生的团队协作能力进行评分。

（二）成绩数据的分析

1.个体成绩分析

对于个体学生的成绩分析，能够帮助教师了解每个学生的学习状况。通过分析个体学生在不同课程中的成绩分布，可以发现学生的优势和劣势学科。例如，某学生在电商营销理论课程中成绩优秀，但在电商数据分析实践课程中成绩较差，这就表明该学生在营销理论方面有较好的理解能力，但在数据分析的实践操作方面可能存在不足。还可以分析个体学生成绩的波动情况。如果一个学生的成绩在整个学期中波动较大，如前期成绩较好，后期成绩明显下降，教师就需要深入探究原因。可能是学生在后期学习态度发生了变化，或者是遇到了学习上难以克服的困难。这种分析有助于教师对学生进行个性化的指导，针对学生的问题提出改进的建议。

2.整体成绩分析

整体成绩分析对于评估教学效果和发现教学中存在的问题具有重要意义。计算班级或年级的平均成绩、中位数、众数等统计指标，可以了解学生群体的整体学习水平。例如，如果一个班级的电商运营课程平均成绩较低，可能说明教学内容、教学方法或者教学资源存在问题。

分析成绩的分布情况，如正态分布、偏态分布等，也能提供有价值的信息。如果成绩呈现正态分布，说明学生的学习情况符合一般规律，教学效果较为稳定；如果是偏态分布，比如成绩向高分段偏斜，可能表示教学内容相对简单或者考核方式不够严格；反之，如果成绩向低分段偏斜，则可能需要对教学内容、教学方法进行调整，或者加强对学生的学习辅导。

二、技能水平指标的测试与评估

（一）电商核心技能测试

1.电商平台操作技能

电商平台操作技能是电商专业学生必须掌握的核心技能之一。测试可以包括平台后台的基本操作，如商品管理方面，能否熟练进行商品的添加、编辑、删除等操作;订单管理方面,是否能准确处理订单的接收、发货、退货等流程;客户管理方面,是否懂得如何查询客户信息、处理客户咨询和投诉等。

以国内某知名电商平台为例,测试学生能否在规定时间内完成一定数量商品的上架操作,并且保证商品信息的准确性,包括商品标题、图片、描述等内容。同时,考查学生对平台促销工具的使用能力,如设置优惠券、参加平台促销活动等操作的熟练程度。

2. 电商营销技能

电商营销技能对于电商专业学生的就业竞争力有着重要影响。测试学生的营销策划能力,给定一个产品和目标市场,看学生能否制定出有效的营销方案,包括市场定位、目标受众分析、营销渠道选择、促销活动策划等内容。还可以通过案例分析的方式进行测试,让学生分析实际的电商营销案例,找出其中的营销亮点和不足之处,并提出改进方案。

网络广告投放也是电商营销技能的重要方面。考查学生对不同网络广告形式(如搜索引擎广告、社交媒体广告等)的了解程度,包括广告投放的平台选择、投放策略(如关键词选择、出价策略等)、广告效果监测与评估等方面的能力。

(二)技能水平的评估标准

1. 操作熟练程度标准

在评估学生的电商技能水平时,操作熟练程度是一个重要的标准。对于电商平台操作技能,以商品上架操作为例,如果学生能够在5分钟内准确无误地完成10种商品的上架操作,并且商品信息符合平台要求,可视为熟练操作;如果需要10分钟以上或者出现较多错误,则操作熟练程度较低。

在电商营销技能方面,如营销策划能力,如果学生能够在1小时内制定出一个完整、合理、具有创新性的营销方案,包括对目标受众的精准定位、多种营销渠道的有效整合以及明确的促销活动安排,那么其营销策划的操作熟练程度较高;反之,如果花费较长时间且方案存在较多漏洞,则熟练程度较低。

2. 技能应用效果标准

技能应用效果也是评估的关键标准。对于电商平台操作技能,从店铺运营效果来看,如果学生运营的模拟电商店铺在一个月内的销售额达到一定数额,客户满意度达到较高水平(如90%以上),并且店铺的流量稳定增长,这表明学生的平台操作技能应用效果良好。

对于电商营销技能,通过实际的营销活动效果来评估。例如,学生策划并执行的网络广告投放活动,能够使产品的点击率提高一定比例(如20%以上),转化率达到行业平均水平以上，并且广告成本控制在合理范围内，就说明其营销技能的应用效果较好。

三、就业质量指标的调查与统计

（一）就业岗位对口率

1.初次就业岗位对口率

就业岗位对口率是衡量高职院校电商专业教学成果的一个重要指标。初次就业岗位对口率反映了学生毕业后直接进入与电商专业相关岗位工作的比例。通过对毕业生的就业情况进行跟踪调查，可以获取相关数据。例如，调查一个班级的毕业生，统计出从事电商运营、电商营销、电商客服等电商相关岗位的人数，除以班级总毕业生人数，得到初次就业岗位对口率。如果初次就业岗位对口率较低，可能是教学内容与实际岗位需求存在差距，或者是学生在求职过程中缺乏对电商专业岗位的正确认识和定位。需要深入分析原因，以便调整教学模式，提高学生的岗位适应性。

2.长期就业岗位对口率

长期就业岗位对口率则更能反映学生在职业生涯中与电商专业的契合度。随着时间的推移，部分学生可能会因为各种原因转行或者在企业内部转岗。跟踪毕业多年（如3—5年）后的学生就业情况，统计仍然从事电商相关岗位的人数比例。长期就业岗位对口率高说明电商专业的教学能够为学生提供可持续发展的知识和技能，使学生在电商领域有长期的职业发展潜力。

（二）就业薪资水平

1.起薪水平

起薪水平是就业质量的一个直观体现。对于电商专业的毕业生，起薪水平受到多种因素的影响。通过调查同地区、同批次毕业的电商专业学生的起薪情况，可以得到一个平均起薪数值。影响起薪水平的因素包括学生的学历层次、学校的知名度、学生自身的技能水平等。例如，在经济发达地区，具有较高技能水平（如熟练掌握电商平台高级运营技巧、精通数据分析等）的高职电商专业毕业生可能会比技能一般的学生起薪高出20%—50%。同时，学校与企业的合作关系、实习经历等也会对起薪水平产生影响。如果学校与知名电商企业有深度合作，学生有机会在这些企业实习并表现优秀，那么起薪可能会相对较高。

2.薪资增长幅度

薪资增长幅度反映了学生在职业生涯中的发展潜力。跟踪毕业生在工作后的薪资变化情况，计算每年的薪资增长幅度。对于电商专业学生来说，薪资增长幅度与他们的技能提升、工作业绩、职业晋升等因素密切相关。例如,在电商营销岗位上,能够不断创新营销模式、提高营销效果的员工,往往会获得更高的薪资增长幅度。同时,行业的发展趋势也会影响薪资增长幅度。如果电商行业处于快速发展阶段,对电商专业人才的需求旺盛,那么员工的薪资增长幅度可能会较大;反之,如果行业竞争激烈、发展趋于平稳,薪资增长幅度可能会受到一定限制。

(三)就业企业规模与性质

1.就业企业规模

就业企业规模是就业质量的一个重要维度。将就业企业按照规模大小分为大型企业(如员工人数在1000人以上)、中型企业(100—999人)和小型企业(10—99人)。统计毕业生在不同规模企业的就业比例。在大型企业就业的学生可能会享受到更完善的培训体系、更高的薪资待遇和更广阔的发展空间,但竞争也更为激烈。在小型企业就业的学生则可能有更多的机会接触到企业的核心业务,锻炼综合能力,但可能面临资源有限、发展不稳定等问题。分析学生在不同规模企业的就业分布情况,可以了解学生的就业倾向以及学校教学模式与不同规模企业需求的匹配程度。

2.就业企业性质

就业企业性质也是需要考虑的因素。电商专业学生的就业企业性质可以分为国有企业、民营企业、外资企业等。不同性质的企业在企业文化、管理模式、薪资待遇等方面存在差异。例如,外资企业可能在国际化视野、先进管理理念方面具有优势,薪资待遇可能相对较高,但对员工的外语水平、国际商务规则的熟悉程度等要求也较高。民营企业则在灵活性、创新能力方面可能表现突出,员工可能有更多的机会参与到企业的创业和发展过程中。通过调查毕业生在不同性质企业的就业情况,可以为学校调整教学内容和就业指导方向提供依据。

四、学生学习满意度指标的测量方法

(一)问卷调查法

1.问卷设计

问卷调查法是测量学生学习满意度的常用方法之一。在设计问卷时,要确保问卷内容全面、合理、具有针对性。问卷可以分为几个部分,首先,对教学内容的满意度调查。例如,针对电商专业课程,询问学生对课程内容的实用性、新颖性、与行业实际结合的紧密性等方面的满意度,设置不同的选项,如“非常满意”“满意”“一般”“不满意”“非常不满意”等。

其次,对教师教学的满意度调查,包括教师的教学方法、教学态度、教学能力等方面。例如,"您对教师的案例教学法是否满意?""您认为教师对学生的关注度如何?"等问题。还可以设置关于教学资源的满意度调查,如教材、实训设备、线上学习资源等方面的问题。

最后,设置一些开放性问题,如"您对提高电商专业教学质量有什么建议?"以便学生能够充分表达自己的意见。

2.问卷实施与数据收集

在问卷实施过程中,要选择合适的时间和方式。可以在学期末或者课程结束时进行问卷调查,以确保学生对整个学习过程有全面的体验和感受。问卷可以通过线上和线下两种方式发放。线上方式可以利用学校的教务管理系统、班级群等平台发布问卷链接,方便学生填写;线下方式可以在课堂上发放纸质问卷,现场回收。

在收集数据时,要确保数据的完整性和准确性。对回收的问卷进行初步筛选,剔除无效问卷(如填写不完整、明显随意作答的问卷)。然后对有效问卷的数据进行整理和统计,例如,计算每个问题选项的选择比例,以便分析学生在不同方面的满意度情况。

(二)访谈法

1.访谈对象选择

访谈法是深入了解学生学习满意度的重要方法。访谈对象的选择要具有代表性,可以选择不同年级、不同成绩水平、不同性别、不同就业意向的学生作为访谈对象。例如,选择大一的学生了解他们对电商专业初始课程的满意度,选择即将毕业的学生了解他们对整个电商专业学习过程的综合满意度。还可以根据学生在课堂上的表现、参与社团活动的情况等进行分层抽样。可以选择在电商实践课程中表现优秀的学生和表现一般的学生分别进行访谈,比较他们在学习满意度上的差异和原因。

2.访谈过程与数据分析

在访谈过程中,要营造轻松、开放的氛围,让学生能够真实地表达自己的感受和想法。访谈者可以提前准备好访谈提纲,但也要根据访谈的实际情况灵活提问。访谈提纲中可以有"您在电商专业学习过程中最满意的是什么?最不满意的是什么?"等问题。

对访谈内容进行记录,访谈结束后对记录内容进行整理和分析。通过对访谈数据的定性分析,可以发现一些问卷调查难以发现的深层次问题。例如,学生可能在问卷中选择了“满意”选项，但在访谈中却表达了对某些教学环节的具体不满和改进建议。

五、学生创新能力指标的评价方式

（一）项目成果评价

1.创新项目选题

在项目成果评价中，创新项目的选题是重要的考量因素。对于电商专业学生的创新项目，选题应具有一定的新颖性和实际应用价值。例如，选择“基于区块链技术的电商供应链金融创新”这样的选题，既结合了当下热门的区块链技术，又与电商供应链金融这一实际应用领域相关，体现了学生对行业前沿技术和实际业务的关注与思考。

如果选题只是简单重复已有的研究或实践内容，缺乏创新性，那么在评价中就会处于劣势。可以通过与现有电商项目选题库进行对比，或者邀请行业专家对选题进行初步评估，判断选题的创新性。

2.项目实施过程中的创新表现

在项目实施过程中，学生的创新表现也是评价的关键。例如，在电商营销创新项目中，学生是否采用了新的营销模式或策略，如利用VR技术进行产品推广，这种创新的营销方式突破了传统营销的局限，能够为消费者带来全新的体验。

学生在项目实施过程中解决问题的创新能力也值得关注。如果遇到技术难题或市场推广困难时，学生是否能够提出独特的解决方案，如通过整合社交媒体资源和大数据分析来解决客户定位不准确的问题，而不是采用常规的方法。

（二）竞赛成果评价

1.竞赛参与度与获奖情况

竞赛成果是评价学生创新能力的重要方面。(1)看学生的竞赛参与度，积极参与电商相关竞赛（如全国大学生电子商务“创新、创意及创业”挑战赛等）表明学生具有较强的创新意识和勇于挑战的精神。(2)统计学生参与竞赛的次数、在竞赛团队中的角色（如队长、核心成员等）等信息。(3)获奖情况更是直接体现学生创新能力的重要指标。在竞赛中获得不同级别的奖项（如国家级、省级、校级奖项），说明学生的创新项目在众多参赛项目中脱颖而出。(4)分析获奖项目的创新点，如获奖项目是因为独特的商业模式创新、技术应用创新，还是营销手段创新等。

2.竞赛项目中的创新元素

对于竞赛项目中的创新元素要进行深入分析。在电商竞赛项目中,创新元素可能体现在多个方面。例如,在电商运营项目竞赛中,创新的库存管理模式,采用智能算法优化库存水平,既能保证商品供应又能降低库存成本,这就是一种创新元素。或者在电商平台设计竞赛中,创新的用户界面设计,运用了新的交互技术,提高了用户体验,也是重要的创新元素。通过对竞赛项目中创新元素的分析,可以全面评价学生的创新能力。

六、多维度评估指标体系的权重分配与综合评估方法

(一)权重分配原则

1.重要性原则

在多维度评估指标体系中,权重分配的重要性原则是首要考虑的因素。对于高职院校电商专业的综合评估来说,不同的评估指标在反映教学效果和学生能力方面具有不同的重要性。例如,就业质量指标对于衡量教学模式的最终成效具有非常重要的意义,因为教学的最终目的是让学生能够顺利就业并在职业生涯中有良好的发展,所以就业质量指标应分配相对较高的权重。

相比之下,虽然学生的学习满意度也很重要,但它更多的是从学生主观感受的角度来反映教学质量,相对就业质量等客观指标来说,其重要性稍次,所以应分配相对较低的权重。但这并不意味着可以忽视学习满意度指标,它仍然是评估体系中不可或缺的一部分。

2.可操作性原则

权重分配还应遵循可操作性原则。有些指标虽然在理论上很重要,但在实际测量和统计过程中难度较大,可能需要耗费较多的人力、物力和时间,对于这样的指标,权重分配不宜过高。例如,学生创新能力指标的评价相对复杂,其评价方式涉及项目成果评价和竞赛成果评价等多个方面,且评价过程中定性因素较多,难以精确量化。因此,在权重分配时,要考虑到实际操作的可行性,避免因权重过高而导致评估过程过于烦琐且不准确。

(二)权重分配方案

1.学生成绩指标权重

学生成绩指标在整个评估体系中具有基础地位,反映学生对知识和技能的掌握程度。考虑到其重要性和可操作性,可分配20%的权重。其中理论课程成绩和实践课程成绩可以按照1:1的比例进一步细分权重,即理论课程成绩占10%,实践课程成绩占10%。这样既强调了理论知识学习的重要性,也突出了

实践操作能力在电商专业中的关键地位。

2.技能水平指标权重

技能水平指标直接关系到学生的就业竞争力，是教学成果的重要体现。鉴于其重要性，可分配30%的权重。在技能水平指标内部，电商核心技能测试中的电商平台操作技能和电商营销技能可分别占15%的权重。这是因为这两项技能在电商专业领域是最基本且关键的能力要求，对于学生能否在电商行业立足具有决定性作用。

3.就业质量指标权重

就业质量指标是衡量教学模式是否成功的关键因素，如前所述，应分配较高的权重，可设为30%。在就业质量指标中，就业岗位对口率、就业薪资水平、就业企业规模与性质这三个子指标可按照1∶1∶1的比例分配权重，各占10%。就业岗位对口率反映了教学与岗位需求的匹配度，就业薪资水平体现了学生在就业市场的价值，就业企业规模与性质则从就业环境方面反映就业质量，这三个子指标同等重要，共同构成就业质量的完整评估。

4.学生学习满意度指标权重

学生学习满意度指标从学生主观感受角度反映教学质量，虽然相对其他客观指标重要性稍低，但也不可忽视。可分配10%的权重。这一权重既能体现出对学生意见的尊重，也能反映出其在整体评估中的相对地位。

5.学生创新能力指标权重

学生创新能力指标对于培养适应时代发展需求的电商人才具有重要意义，但由于其评价的复杂性，可分配10%的权重。在创新能力指标内部，项目成果评价和竞赛成果评价可按照1∶1的比例分配权重，各占5%。这有助于全面评估学生在不同创新场景下的表现。

（三）综合评估方法

1.数据标准化处理

在进行综合评估之前，需要对各指标的数据进行标准化处理。由于不同指标的数据类型和取值范围不同，例如学生成绩指标可能取值在0—100分之间，而就业企业规模是按照企业员工人数进行分类的定性数据，所以要将这些数据转化为统一的、可比较的标准形式。对于数值型数据，可以采用Z-score标准化方法，将数据转化为均值为0，标准差为1的标准正态分布数据。对于定性数据，可以采用虚拟变量编码的方式，将其转化为数值型数据。例如，对于就业企业性质，国有企业设为1，民营企业设为2，外资企业设为3等。

2.加权求和计算

经过数据标准化处理后，采用加权求和的方法进行综合评估。将每个指标标准化后的数据乘以对应的权重，然后将所有乘积相加，得到综合评估得分。例如，某学生的成绩指标标准化后得分为0.8，按照20%的权重计算，该项得分贡献为0.8×0.2=0.16；技能水平指标标准化后得分为0.7，乘以30%的权重，得分贡献为0.7×0.3=0.21；以此类推，将所有指标的得分贡献相加，得到该学生的综合评估得分。

3.综合评估结果分析

根据综合评估得分，可以对学生个体或学生群体进行全面的评估分析。对于学生个体而言，可以了解自己在各个指标上的表现以及在整体评估中的位置。例如，如果一个学生的综合评估得分较高，且在就业质量指标上得分突出，说明该学生在就业方面具有较强的竞争力，可能是因为其在技能水平、学生成绩等方面表现较好。对于学生群体而言，可以通过分析综合评估得分的分布情况，如平均得分、标准差等统计指标，了解整个班级或年级的教学效果。如果平均得分较低，且标准差较大，说明学生之间的差异较大，可能需要对教学模式进行调整，重点关注得分较低的指标所对应的教学环节。同时，还可以通过对比不同班级、不同年级甚至不同学校之间的综合评估得分，发现自身教学模式的优势和不足，以便进行教学改革和提升教学质量。①

第二节　数据采集与科学分析方法：问卷调查、访谈、数据分析工具运用

一、问卷调查设计的原则与技巧

（一）原则

1.目标导向原则

在设计高职院校电商专业相关的问卷调查时，必须明确调查的目标。例如，是要了解学生对“岗位、课程、竞赛、证书”综合教学模式下课程设置的满意度，还是要探究学生在电商竞赛中的收获与不足等。所有的问题都应围绕这个目标展开，避免出现与目标无关的问题。如果目标是了解课程设置的满意度，那么问题

①杨蓉.“岗课赛证”融通背景下高职精品在线开放课程的建设与实践——以“电商视觉设计”课程为例[J].福建轻纺，2024(5)：72-76.

就应聚焦于课程内容的实用性、课程的难易程度、课程与岗位需求的匹配度等方面。这样能确保问卷收集到的数据对评估教学模式具有直接的价值。同时，目标导向原则也有助于确定问卷的结构和问题的顺序。一般来说，先从较为宽泛的问题开始，逐渐深入到具体的细节问题。可以先询问学生对电商专业整体课程体系的印象，再具体到某一门课程，如电商营销课程的教学方法是否满意等。

2. 合理性原则

问卷的合理性体现在多个方面。首先，问题的数量要合理。既不能过多让被调查者感到厌烦而敷衍作答，也不能过少导致无法全面收集信息。对于高职院校电商专业的问卷调查，一般控制在20—30个问题较为合适。其次，问题的难度要合理。避免使用过于专业或生僻的术语，除非是针对特定的专业人群进行调查。在面向全体电商专业学生的问卷中，应尽量使用通俗易懂的语言解释专业概念。最后，问题的逻辑关系要合理。问题之间应相互关联，避免出现逻辑跳跃或自相矛盾的情况。前面的问题如果询问学生是否参加过电商竞赛，后面的问题如果涉及竞赛中的表现，就应在前面的回答为“是”的基础上进行提问，否则会让被调查者感到困惑。

3. 客观性原则

（1）问卷中的问题应保持客观，避免带有倾向性或诱导性。在调查学生对电商专业教师教学质量的评价时，不能使用诸如“您是否认为我们优秀的教师在教学中采用了非常有效的方法？”这样带有明显倾向性的问题。而应采用中性的表述，如“您对电商专业教师的教学方法有何评价？”

（2）在设计选项时也要遵循客观性原则。选项应全面、客观地涵盖各种可能的情况，避免遗漏重要选项或者设置不合理的选项。例如，在询问学生选择电商专业的原因时，选项应包括对电商行业前景的看好、个人兴趣、家庭影响等多种可能的因素，而不能只列出一两个片面的选项。

（二）技巧

1. 问题类型多样化

在设计问卷时，应采用多种类型的问题。对于高职院校电商专业的问卷，可以包括选择题、填空题、简答题等。选择题适用于收集一些具有明确选项的信息，如学生对电商专业课程类型（理论课程、实践课程、理论与实践结合课程）的偏好。选择题可以是单项选择，也可以是多项选择，多项选择能够获取更丰富的信息，但在数据统计时相对复杂一些。填空题可用于收集一些特定的信息，如学生希望在电商专业中增加的课程名称或者学生参加电商竞赛的具体成绩等。简答题则适合让学生表达更深入、更个性化的观点，例如，询问学生对电商专业未来发展方向的看法或者对改进现有教学模式的具体建议等。

2.语言简洁明了

使用简洁明了的语言是问卷设计的重要技巧。在描述问题和选项时，应避免冗长、复杂的句子。对于电商专业的问卷，应使用行业内常见的术语，但也要确保非专业人士能够理解。例如，在询问电商平台运营相关的问题时，可以使用"您是否熟悉电商平台的商品上架流程?"而不是"您是否对电商平台中涉及将商品信息录入系统以便在前台展示的操作流程有所了解?"同时，要注意避免使用歧义的词汇和句子。一个问题应该只有一种明确的解释，否则会导致被调查者的回答不一致，影响数据的准确性。

3.预测试

预测试是问卷设计中不可或缺的一个技巧。在正式发放问卷之前，选择一小部分具有代表性的对象（如部分电商专业的学生、教师等）进行预测试。通过预测试，可以发现问卷中存在的问题，如问题是否清晰、选项是否合理、是否存在逻辑漏洞等。

根据预测试的反馈结果对问卷进行修改和完善。例如，如果预测试中发现很多被调查者对某个问题的理解存在偏差，就需要重新调整问题的表述；如果某个选项几乎没有人选择，可能就需要重新考虑该选项的合理性或者增加其他更合适的选项。

二、访谈对象的选择依据

（一）基于角色的选择

1.学生角色

在高职院校电商专业的访谈中，学生是重要的访谈对象。不同年级的学生具有不同的特点和经历，因此需要有针对性地选择。大一学生刚进入电商专业，他们对专业的初始印象、对课程体系的初步理解以及对未来的期望等都是有价值的访谈内容。例如，可以了解他们选择电商专业是基于兴趣、就业前景还是其他因素，以及他们对第一学期开设的基础电商课程的感受。大二学生已经有了一定的专业知识积累并且开始接触一些实践课程，他们能够提供关于课程与实践结合情况的反馈，如可以分享在电商运营实践课程中遇到的困难、对实践教学方法的看法以及如何将理论知识应用到实践中的经验。大三学生即将毕业，他们对整个电商专业教学模式有更全面的认识，包括对实习安排、就业指导、与岗位需求的对接等方面的看法。可以询问他们在求职过程中感受到的电商专业知识和技能的实用性，以及对学校在培养电商专业人才方面还需要改进的地方的建议。

2.教师角色

教师在电商专业教学中扮演着关键的角色，也是重要的访谈对象。不同教龄和教学专长的教师能够提供不同角度的信息。年轻教师可能更了解学生的现代学习需求和新兴的电商行业趋势，他们可以分享在教学过程中如何尝试新的教学方法以适应学生的需求，以及如何将新的电商技术融入教学内容。经验丰富的教师则可以从教学模式的长期发展角度提供见解，他们可以讲述电商专业教学模式在过去的变化历程，以及在当前“岗位、课程、竞赛、证书”综合教学模式下，如何传承和改进传统的教学经验。他们可以分享如何根据岗位需求调整课程内容，以及如何在竞赛和证书获取方面给予学生有效的指导。

3.企业人员角色

企业人员是了解电商专业人才需求和教学模式实践效果的重要来源。与电商企业的人力资源部门人员访谈，可以获取企业对电商专业毕业生的招聘标准、岗位需求特点以及对学校教学内容和技能培养方面的期望等信息。例如，他们可以告知学校在招聘电商运营岗位时，更看重学生的哪些技能（如平台操作熟练程度、数据分析能力等），以及学校的教学模式在哪些方面与企业实际需求存在差距。

与企业中的电商业务部门人员访谈，可以深入了解电商专业学生在实际工作中的表现。他们可以分享学生在处理电商项目、应对客户需求、运用电商工具等方面的优点和不足，这有助于学校调整教学模式，使培养出的学生更符合企业的实际需求。

（二）基于表现的选择

1.高绩效表现者

在学生群体中，选择高绩效表现者进行访谈具有重要意义。对于电商专业来说，高绩效表现可以体现在以下多个方面。

在学习成绩方面，成绩优秀的学生可能有独特的学习方法和对教学内容的深入理解。例如，在电商营销课程中取得高分的学生，可能对营销理论有独特的见解，能够分享他们是如何将理论知识与实际案例相结合进行学习的，以及对课程教学方法中哪些部分对他们的学习帮助最大。

在竞赛方面，在电商相关竞赛中获得优异成绩的学生可以分享他们的竞赛经验。比如，在全国大学生电子商务“创新、创意及创业”挑战赛中获奖的学生，可以讲述他们在项目策划、团队协作、创新思维等方面的成功经验，以及学校的教学模式对他们参加竞赛的支持和影响。

在实践实习方面，在电商企业实习中表现出色的学生能够提供关于学校教学与企业实际工作对接的宝贵经验。他们可以讲述在实习中如何运用学校所学知识解决实际问题，以及在实习过程中发现学校教学内容还需要补充哪些方面的知识和技能。

2.低绩效表现者

低绩效表现者同样也是重要的访谈对象。学习成绩较差或者在电商实践活动中表现不佳的学生，他们的反馈可以帮助学校发现教学模式中可能存在的问题。例如，在电商数据分析课程中成绩不理想的学生，可能是因为课程难度过大、教学方法不适合或者缺乏实践机会等原因。通过访谈这些学生，可以深入了解他们在学习过程中遇到的困难，如是因为对数据分析概念理解困难，还是在实际操作软件时遇到了问题。

在竞赛中没有取得理想成绩或者在实习中表现不好的学生，他们可以从失败的角度提供对教学模式的看法。例如，在电商竞赛中失败的学生可能会指出团队在准备过程中缺乏有效的指导、学校的课程没有提供足够的相关知识或者技能培训等问题。在实习中表现不佳的学生可能会反馈学校的教学内容与企业实际需求脱节的地方，以及在职业素养培养方面学校还需要加强的部分。

三、访谈提纲的编制内容与结构要求

（一）内容要求

1.针对性

访谈提纲的内容必须具有针对性，针对高职院校电商专业“岗位、课程、竞赛、证书”综合教学模式的评估目的。例如，如果要评估课程设置的合理性，访谈提纲中的问题就要围绕课程内容、课程顺序、课程与岗位需求的匹配度等方面。可以问教师：“您认为目前电商专业课程设置中，哪些课程对学生的岗位能力培养最直接？哪些课程还需要调整或改进？”问学生：“您在学习电商专业课程过程中，感觉哪些课程与您预期的岗位技能需求差距较大？”

对于竞赛和证书方面，针对竞赛可以问学生：“您参加电商竞赛时，学校的课程对您的竞赛项目有哪些支持？哪些方面还需要加强？”问企业人员：“您认为在电商竞赛中表现出色的学生具备哪些能力？学校的教学模式是否有助于培养这些能力?”针对证书可以问学生:“您获取电商相关证书的动力是什么?学校的教学是否为您获取证书提供了足够的帮助?”

2.全面性

访谈提纲的内容要全面,涵盖教学模式的各个方面。除了课程设置,还应包括教学方法、教学资源、师资力量、企业的反馈等。对于教学方法,可以问教师:“您在电商专业教学中主要采用哪些教学方法?这些方法对提高学生的学习效果有何影响?”问学生:“您对电商专业教师的教学方法有什么看法?您认为哪种教学方法最有助于您学习电商知识和技能?”在教学资源方面,可以问教师:“您认为目前学校提供的电商教学资源(如图书资料、实验室设备、线上学习平台等)是否满足教学需求?还需要增加哪些资源?”问学生:“您在使用学校的电商教学资源时,遇到过哪些问题?您希望学校提供哪些新的教学资源?”对于师资力量,可以问学生:“您认为电商专业的教师在专业知识、教学能力、行业经验等方面表现如何?有哪些需要改进的地方?”对于企业的反馈,可以问企业人员:“您对学校电商专业教师的专业水平和实践经验有何看法?您认为教师应该具备哪些能力才能更好地培养电商人才?”

3.深入性

访谈提纲的内容要具有深入性,不能仅仅停留在表面现象的询问。例如,在询问学生对电商专业学习体验时,不能只问:“您是否喜欢学习电商专业?”这样简单的问题,而要深入挖掘。可以问:“您在学习电商专业过程中,遇到的最大挑战是什么?您是如何克服这些挑战的?您认为学校和教师可以为您克服这些挑战提供哪些帮助?”

在了解企业对电商专业人才的需求时,不能只问:“您需要电商专业的学生具备哪些能力?”而要进一步追问:“您为什么认为这些能力对电商人才来说是重要的?您在招聘和使用电商人才过程中,发现学校培养的学生在这些能力方面存在哪些不足?您希望学校如何改进教学模式来提升学生的这些能力?”

(二)结构要求

1.开场部分

访谈提纲的开场部分应简洁明了,主要目的是建立良好的访谈氛围,向被访谈者介绍访谈的目的、大致内容和预计时长。例如,“您好,我们正在进行高职院校电商专业教学模式的评估访谈。此次访谈大概需要30分钟,主要想了解您对电商专业的课程、教学方法、学生培养等方面的看法,您的意见对我们改进教学模式非常重要,希望您能如实回答”。开场部分也可以简单提及访谈的保密性,让被访谈者感到放心。例如,“您的回答将被严格保密,仅用于教学模式的研究和改进”。

2. 主体部分

主体部分是访谈提纲的核心，应按照一定的逻辑顺序组织问题。一般可以按照从宏观到微观、从整体到局部的顺序。例如，先从对电商专业教学模式的整体印象开始提问，然后逐渐深入到具体的课程、教学方法、实践教学等方面。在主体部分，要注意问题之间的连贯性和递进性。例如，先问教师：“您对电商专业目前的整体教学模式有何评价？”然后根据教师的回答，进一步追问：“您认为这种教学模式在课程体系构建方面存在哪些优点和不足？”再接着问：“针对这些不足，您认为应该如何调整课程设置？”这样的问题顺序有助于引导被访谈者深入思考并全面回答问题。

3. 结尾部分

结尾部分主要是对访谈进行总结和感谢。可以简要回顾访谈的主要内容，例如，“非常感谢您今天抽出时间接受我们的访谈，我们今天主要讨论了电商专业的教学模式相关问题，您的回答对我们非常有帮助”。同时，结尾部分还可以给被访谈者一个补充信息的机会，例如，“如果您还有其他关于电商专业教学模式的想法或者建议，欢迎您现在补充”。最后，再次表达感谢之情。

四、常用数据分析工具在评估中的功能与应用

（一）Excel在数据整理与初步分析中的应用

1. 数据录入与整理

Excel是一款功能强大且易于使用的工具，在高职院校电商专业教学模式评估的数据采集与分析中具有重要作用。从数据录入方面上看，无论是问卷调查得到的数据还是访谈记录整理后的数据，都可以方便地录入Excel工作表中。例如，将学生的成绩数据、对问卷中每个问题的回答选项、访谈中提到的各项指标等按照一定的格式录入Excel中。

在数据整理过程中，Excel的排序、筛选功能非常实用。通过排序功能，可以按照某一特定列（如学生的成绩高低、企业对学生能力需求的重要性排序等）对数据进行升序或降序排列，这样有助于快速发现数据中的规律。筛选功能则可以根据特定的条件筛选出符合要求的数据。例如，筛选出成绩优秀（如85分以上）的学生在电商专业不同课程中的表现数据，或者筛选出企业人员对某一特定技能（如电商平台操作技能）要求较高的数据。

2.初步数据分析

Excel提供了一些基本的统计函数，可用于初步的数据分析。使用AVERAGE函数可以计算某一数据列（如学生某门课程的平均成绩）的平均值，使用STDEV函数可以计算标准差，以了解数据的离散程度。通过计算平均值和标准差，可以对学生群体在电商专业学习中的整体水平和个体差异有一个初步的认识。还可以使用COUNT函数统计满足特定条件的数据个数。例如，统计在问卷调查中选择某一特定选项（如对电商专业课程设置满意）的学生人数，从而了解学生对课程设置的满意度比例。Excel的图表功能也有助于数据的直观展示。例如，制作柱状图可以比较不同年级学生在电商技能掌握方面的差异，制作折线图可以展示学生在不同学期的成绩变化趋势等。

（二）SPSS在深入数据分析中的应用

1.数据描述性统计分析

SPSS（Statistical Package for the Social Sciences）在深入分析高职院校电商专业评估数据方面具有更强大的功能。在数据描述性统计分析方面，SPSS可以提供比Excel更详细、更全面的统计结果。例如，除了能够计算均值、标准差等基本统计量外，还可以计算偏度和峰度等统计量，以便更深入地了解数据的分布特征。

对于电商专业的评估数据，如学生的成绩数据、企业对学生能力需求的评分数据等，SPSS可以生成详细的描述性统计报表，包括数据的最小值、最大值、中位数等信息。通过这些信息，可以更全面地把握数据的整体情况，例如，了解学生成绩的分布范围、是否存在极端值以及数据的集中趋势等。

2.差异性分析

SPSS可以进行多种差异性分析。例如，独立样本t检验可以用于比较不同组别的数据是否存在显著差异。在电商专业评估中，可以用来比较不同年级学生（如大一和大三学生）在电商知识掌握程度上是否存在显著差异，或者比较男生和女生在电商技能水平上是否存在显著差异。

方差分析（ANOVA）也是SPSS中常用的差异性分析方法。可以用于分析多个组别的数据差异情况。例如，比较不同教学方法（如传统讲授法、项目驱动法、案例教学法）下学生的学习效果（如成绩、技能提升等）是否存在显著差异，从而为选择更有效的教学方法提供依据。

3.相关性分析

在分析电商专业相关变量之间的关系时，SPSS的相关性分析功能非常有用。例如，可以分析学生的理论课程成绩与实践课程成绩之间的相关性，以了解理论学习与实践操作之间的联系程度。如果两者之间存在显著的正相关关系，这意味着学生在理论课程上学得好往往在实践课程中也表现较好，这可能表明学校的教学模式在理论与实践结合方面具有一定的合理性。还可以分析学生的竞赛成绩与他们的就业质量之间的相关性。如果发现竞赛成绩好的学生在就业质量（如就业薪资水平、就业岗位对口率等方面）也较高，那么可以推断出竞赛在一定程度上提高了学生的就业竞争力，这有助于学校进一步重视竞赛在教学模式中的地位，并鼓励更多学生参与竞赛。

（三）Python在数据挖掘与高级分析中的应用

1.数据挖掘

Python拥有丰富的库（如Pandas、NumPy等），这些库为数据挖掘提供了强大的支持。在高职院校电商专业教学模式评估中，Python可以用于挖掘隐藏在大量数据中的有价值信息。例如，利用Pandas库对从各种渠道（如学校的教学管理系统、企业的人才评价数据库等）收集到的电商专业学生的多维度数据（包括学习成绩、实践项目参与情况、企业实习评价等）进行数据清洗和预处理。

通过NumPy库可以进行高效的数值计算，如计算复杂的统计指标或者对数据进行矩阵运算等。此外，Python中的Scikit-learn库可用于机器学习算法的应用。可以使用聚类算法对电商专业的学生进行分类，根据他们的学习行为、技能水平等特征将学生分为不同的群体，如学习能力强且实践能力突出的群体、理论学习较好但实践能力较弱的群体等，以便学校针对不同群体的学生制定更个性化的教学策略。

2.高级分析

在高级分析方面，Python可以进行预测分析。例如，根据学生的历史学习数据（如前几个学期的成绩、竞赛参与情况等），使用回归分析算法预测学生未来的学习表现或者就业情况。这有助于学校提前发现可能存在学习困难或者就业风险的学生，并及时给予帮助和指导。还可以进行文本分析，如果在问卷调查或访谈中包含了大量的文本数据（如学生对教学模式的建议、企业对人才的需求描述等），Python的自然语言处理库（如NLTK、TextBlob等）可以对这些文本进行分析。例如，提取文本中的关键词，了解学生和企业最关注的问题；对文本进行情感分析，判断学生和企业对教学模式的满意度是正面还是负面等。

五、数据采集过程中的质量控制措施

(一)数据来源的可靠性

1.问卷设计的审核

在进行问卷调查之前,要对问卷设计进行严格的审核。审核的内容包括问卷的目标是否明确、问题是否具有合理性和客观性、选项是否全面等。对于高职院校电商专业的问卷,要确保问卷能够准确地反映教学模式的各个方面。例如,如果问卷是为了评估课程与竞赛的衔接情况,那么问题就应该能够深入到课程内容对竞赛的支持程度、竞赛对课程的反馈作用等方面。

审核应由经验丰富的教师或者专业的教育研究人员进行。他们可以从不同的角度对问卷进行审查,提出修改意见。例如,他们可能发现某个问题的表述容易引起歧义,或者某个选项与其他选项之间存在逻辑重叠等问题,从而保证问卷设计的质量,提高从问卷中获取数据的可靠性。

2.访谈对象的筛选与培训

在选择访谈对象时,要遵循一定的筛选标准,以确保访谈对象能够提供有价值的信息。对于电商专业的访谈,如前所述,要根据角色和表现等因素进行筛选。在筛选后,还要对访谈对象进行必要的培训。对于学生访谈对象,培训的内容可以包括如何准确表达自己的观点、如何理解访谈的目的等。对于教师和企业人员访谈对象,培训可以侧重于如何从专业和实践的角度提供全面、深入的信息。例如,向教师介绍访谈的重点是教学模式的评估,希望他们能够结合自己的教学经验,从课程设置、教学方法等方面提供建设性的意见;向企业人员介绍是希望他们从企业需求和人才评价的角度出发,分享对电商专业教学模式的看法。通过培训,可以提高访谈对象的配合度和回答的质量,从而增强数据来源的可靠性。

(二)数据采集的准确性

1.问卷发放与回收的管理

在问卷发放过程中,要确保问卷能够发放到具有代表性的样本群体中。对于高职院校电商专业的问卷,可以按照年级、性别、学习成绩等因素进行分层抽样发放。例如,每个年级抽取一定比例的学生,男女生比例也要尽量保持均衡,以保证样本能够反映整个电商专业学生群体的情况。

在回收问卷时,要对回收的问卷进行初步的检查。检查的内容包括问卷是否完整填写、是否存在明显的随意作答情况(如所有问题都选择同一个选项)等。

对于不完整或无效的问卷要进行适当的处理，如如果无效问卷数量较多，可能需要重新发放问卷或者调整抽样方法，以保证最终用于分析的数据是准确可靠的。

2.访谈过程的规范

在访谈过程中，要遵循一定的规范以确保数据采集的准确性。访谈者要保持中立的态度，避免对访谈对象进行诱导性的提问。例如，在询问学生对电商专业课程的看法时，不能说：“您是不是也觉得这门课程的教学方法很先进？”而应该采用中性的提问方式，如“您对这门课程的教学方法有什么看法”？

访谈者要做好详细的记录，记录的内容不仅包括访谈对象的回答，还包括访谈的时间、地点、访谈对象的基本信息等。如果条件允许，可以使用录音设备进行辅助记录，但要事先征得访谈对象的同意。在访谈结束后，要及时对记录进行整理和核对，确保记录的准确性，为后续的数据分析提供可靠的基础。

（三）数据录入与整理的正确性

1.数据录入的双人核对

在将问卷数据或访谈数据录入电子表格或数据库时，要采用双人核对的制度。可以安排两名工作人员分别进行数据录入，然后对录入的数据进行逐一核对。对于高职院校电商专业的数据，要特别注意数据的准确性，如学生的成绩数据、问卷中的选项代码等。如果两个人录入的数据存在差异，要重新核对原始资料，找出正确的数据。

这种双人核对制度可以有效地减少数据录入过程中的错误，提高数据的正确性。同时，在数据录入过程中，要设置合理的数据格式和验证规则。例如，对于成绩数据，要设置为数字格式，并且限制在合理的取值范围（如0—100分）内；对于问卷中的选项代码，要设置为固定的字符格式，防止录入错误的数据类型。

2.数据整理的逻辑检查

在数据整理过程中，要进行逻辑检查。在对电商专业学生的课程成绩和竞赛成绩进行整理时，如果发现某个学生的课程成绩很低，但竞赛成绩却很高，这可能存在逻辑上的矛盾。这时需要进一步核实数据的来源，可能是数据录入错误，也可能是有特殊情况（如学生在竞赛中发挥了自己的特长领域，而课程学习涵盖的范围更广）。

通过逻辑检查，可以发现数据整理过程中的错误或者不合理之处，及时进行调整和修正，保证数据的正确性，为后续的数据分析提供准确的数据基础。

六、通过数据分析得出结论并反馈教学模式改进的流程

(一)数据分析结论的得出

1.综合分析

在对高职院校电商专业的数据进行分析后,要进行综合分析以得出结论。例如,通过Excel、SPSS、Python等工具对问卷数据、访谈数据等进行分析后,要将各个方面的数据结果进行整合。如果从问卷中发现大部分学生对电商专业的实践课程设置不满意,教师在访谈中也提到实践教学资源不足,从数据分析工具中也显示出学生在实践技能测试中的成绩普遍较低,那么可以综合得出结论:电商专业的实践课程设置存在问题,需要改进。

综合分析还需要考虑不同数据来源的权重。例如,虽然问卷数据显示大部分学生对某一教学方法表示满意,但访谈中企业人员却认为这种教学方法不利于培养学生的实际工作能力,而企业的反馈在教学模式改进中可能具有更高的权重,所以在得出结论时要综合考虑这些因素,不能仅仅依赖某一种数据来源。

2.针对性结论

除了综合分析得出的一般性结论外,还要得出针对性结论。若通过相关性分析发现学生的电商平台操作技能与他们的就业岗位对口率有显著的正相关关系,那么可以得出针对性结论:提高学生的电商平台操作技能有助于提高就业岗位对口率。针对这一结论,学校可以在教学模式中加大对电商平台操作技能的培养力度,如增加相关课程的课时、优化教学内容等。

(二)反馈教学模式改进的流程

1.内部沟通

在得出数据分析结论后,要进行内部沟通。内部沟通的参与者包括电商专业的教师、教学管理人员等。将数据分析的结果以清晰、易懂的方式呈现给他们,可以制作详细的报告或者进行专题汇报。在沟通中,要重点讨论数据分析得出的结论对教学模式改进的意义。如果结论显示课程体系中某几门课程的衔接存在问题,那么教师们就可以共同探讨如何调整课程顺序、优化课程内容等。内部沟通还可以促进不同教师之间的经验交流。例如,有的教师可能在实践教学方面有较好的经验,有的教师可能在理论教学方面有独特的见解,通过内部沟通,他们可以互相学习,共同为教学模式的改进出谋划策。

2.方案制定

根据内部沟通的结果,制定教学模式改进方案。方案的内容应包括具体的改进目标、改进措施、实施步骤、预期效果等。例如,如果目标是提高学生的电商

营销能力，改进措施就可以包括更新电商营销课程的教材、增加案例教学的比例、邀请企业营销专家举办讲座等，实施步骤可以明确各个措施的执行时间和责任人，预期效果可以设定为在一定时间内学生的电商营销能力测试成绩有显著提高。

在制定方案时，要充分考虑学校的实际情况，如教学资源、师资力量等。如果学校的教学资源有限，那么在制定改进措施时就要考虑如何在有限的资源内实现最大的效果。可以利用现有的实验室设备开展更多的实践教学活动，或者通过网络平台共享优质的教学资源等。

3.实施与监控

在教学模式改进方案实施过程中，要进行监控。监控的内容包括改进措施的执行情况、学生的反馈、教师的实施效果等。例如，如果改进措施是增加案例教学的比例，那么要监控教师是否按照计划增加了案例教学的课时，学生对案例教学的接受程度如何，教师在案例教学过程中是否达到了预期的教学效果等。

根据监控的结果，及时调整改进方案。如果发现某个改进措施实施起来困难较大或者没有达到预期的效果，就要分析原因并进行调整。如果邀请企业营销专家举办讲座遇到了时间安排上的困难，那么就可以考虑调整讲座的时间或者采用线上讲座的形式，以确保教学模式改进方案能够顺利实施并达到预期的效果。①

第三节　典型案例呈现：成功案例剖析、经验总结与问题反思

一、成功案例的筛选标准

（一）教学成果显著

1.学生就业质量高

在筛选高职院校电商专业的成功案例时，学生的就业质量是一个关键指标。这包括就业岗位与电商专业的对口率，例如，成功案例中的学生毕业后有较大比例能够进入电商企业从事如电商运营、电商营销、电商客服等核心岗位工作。高对口率表明学校的教学模式能够精准地对接企业岗位需求，让学生所学知识和

①廖完美．“岗课赛证”融合模式下高职英语跨境电商校企合作课程建设研究[J]．才智，2024(34)：93-96.

技能在实际工作中得到有效应用。

就业薪资水平也是重要的考量因素。较高的薪资水平往往反映出学生在就业市场上的竞争力，这可能得益于学校教学模式在培养学生专业能力、实践技能以及综合素质方面的优势。某些成功案例中的学生在毕业后的起薪明显高于同地区同专业的平均水平，这可能是因为学校在教学过程中注重引入企业真实项目，使学生积累了丰富的实践经验，从而在求职中脱颖而出。

2.学生竞赛成绩优异

电商专业的竞赛成绩是衡量教学成果的重要方面。在众多电商相关竞赛中，如全国大学生电子商务“创新、创意及创业”挑战赛等，成功案例中的学校或学生团队应取得突出的成绩。这可能体现在获得高等级奖项的数量上，例如，多次获得省级以上奖项。竞赛成绩优异说明学校的教学模式有助于激发学生的创新能力、团队协作能力以及解决实际问题的能力。

学生在竞赛中的表现也反映了教学模式在整合课程知识、提升实践操作能力方面的有效性。在竞赛中，如果学生能够熟练运用电商运营、营销、数据分析等多方面的知识，这表明学校的课程设置合理，能够将不同的知识模块有机结合，并且在实践教学环节中能够给予学生足够的锻炼机会，使学生在面对复杂的竞赛任务时能够游刃有余。

（二）教学模式创新

1.课程体系创新

成功案例中的课程体系应具有创新性。例如，突破传统的以理论课程为主的模式，构建了以岗位需求为导向的课程体系。在这个体系中，课程的设置不再是孤立的，而是按照电商岗位的实际工作流程进行整合。比如，将电商平台运营、商品管理、客户服务等相关课程进行有机融合，形成一个完整的课程链条，让学生在学习过程中能够清晰地了解电商业务的全貌，提高学习的系统性和实用性。

课程内容的更新速度也是一个重要的筛选标准。电商行业发展迅速，新技术、新趋势不断涌现。成功案例中的课程内容应能及时反映这些变化，例如，将新兴的电商直播、跨境电商等内容纳入课程体系，并且能够根据行业发展动态持续更新和优化课程内容，确保学生所学知识与行业实际需求保持同步。

2.教学方法创新

创新的教学方法是成功案例的重要特征。例如，采用项目驱动式教学方法，让学生以实际的电商项目为载体进行学习。在项目实施过程中，学生需要自主完成项目策划、市场调研、运营推广等一系列任务,教师则扮演指导者的角色。这种教学方法能够充分调动学生的学习积极性和主动性,培养学生的自主学习能力和解决实际问题的能力。

混合式教学也是一种创新的教学方法。将线上学习与线下学习相结合,利用线上教学平台提供丰富的学习资源,如视频教程、在线测试、虚拟实验室等,让学生可以根据自己的学习进度进行自主学习。线下则进行面对面的辅导、小组讨论和实践操作,提高学习的效果。这种教学方法能够满足不同学生的学习需求,提高教学的灵活性和适应性。

(三)多方合作协同

1.校企合作深度

成功案例应展现出深度的校企合作关系。例如,企业深度参与学校的教学过程,从课程设置到教学内容的确定,再到实践教学环节的安排,都有企业的积极参与。企业可以为学校提供真实的项目案例,派遣企业专家到学校授课或开展讲座,为学生提供实习和就业机会等。

学校与企业还应建立长效的合作机制,如共同成立电商专业建设委员会,定期开展交流与合作,共同制定人才培养方案,共同评价教学质量等。深度的校企合作能够确保学校的教学与企业的实际需求紧密结合,提高学生的就业竞争力。

2.校际合作与资源共享

在筛选成功案例时,还应考虑校际合作的情况。成功的案例可能涉及与其他高职院校或高校之间的合作,通过校际合作实现资源共享。例如,共享优质的教学课程、师资力量、实践教学基地等。校际之间可以开展联合教学、联合科研等活动,共同探索电商专业的教学改革与发展。

校际合作还可以促进不同学校之间的文化交流和经验借鉴,拓宽学生的视野,提高学生的综合素质。例如,组织学生进行校际交流学习、参加校际间的竞赛活动等,让学生在更广阔的平台上学习和成长。

二、成功案例中教学模式的具体实施过程

(一)以岗位需求为导向的课程设置

1.岗位能力分析

学校对电商行业的各类岗位应进行深入的能力分析。这从电商运营岗位方面看,需要具备平台操作能力,如熟练使用电商平台的后台管理系统,包括商品上架、订单处理、客户关系管理等功能;数据分析能力,能够运用数据分析工具(如Excel、SPSS等)对销售数据、用户数据进行分析,以制定营销策略和优化运

营方案;具有营销推广能力,掌握各种电商营销手段,如搜索引擎优化(SEO)、社交媒体营销、广告投放等。

从电商客服岗位方面看,需要具备良好的沟通能力,能够及时、准确地回答客户的咨询,解决客户的问题;具备产品知识,熟悉所销售产品的特点、功能、使用方法等;还需要有一定的情绪管理能力,在面对客户的投诉和不满时能够保持冷静,妥善处理。通过对岗位能力的详细分析,为课程设置提供依据。

2.课程体系构建

根据岗位能力分析的结果,构建相应的课程体系。在基础课程方面,设置了电商概论、计算机基础、管理学基础等课程,为学生学习专业知识奠定基础。在专业核心课程方面,针对电商运营岗位,设置了电商平台运营管理、电商数据分析、电商营销实务等课程;针对电商客服岗位,设置了客服沟通技巧、产品知识与管理、客户关系管理等课程。

此外,还应设置拓展课程,如跨境电商、电商直播、移动电商等课程,以满足学生的个性化发展需求和适应电商行业的新兴发展趋势。在课程的先后顺序安排上,遵循由浅入深、循序渐进的原则,先让学生学习基础课程,掌握基本的理论知识和技能,再学习专业核心课程,深入掌握电商专业的核心知识和技能,最后学习拓展课程,拓宽学生的知识面和视野。

(二)创新教学方法的运用

1.项目驱动式教学

在教学过程中,广泛运用项目驱动式教学方法。例如,在电商营销实务课程中,教师将学生分成若干个项目小组,每个小组选择一个真实的电商产品或品牌作为营销对象。项目的实施过程包括市场调研、营销执行与推广、效果评估等阶段。

在市场调研阶段,学生需要通过线上线下多种渠道收集产品的市场信息、竞争对手信息、目标客户需求信息等;在营销策划阶段,学生要根据市场调研的结果,制定详细的营销方案,包括营销目标、营销策略、营销预算等;在执行与推广阶段,学生要运用所学的营销手段,如制作宣传海报、拍摄短视频、开展线上线下促销活动等,对产品进行营销推广;在效果评估阶段,学生要运用数据分析工具对营销活动的效果进行评估,分析营销活动的优点和不足,提出改进措施。通过项目驱动式教学,让学生在实践中学习和成长。

2.混合式教学

采用混合式教学方法,将线上线下教学有机结合。在线上教学平台上,教师提前上传课程教学视频、课件、学习资料等,学生可以根据自己的学习进度进行自主学习。视频内容包括课程的重点知识讲解、案例分析、操作演示等，课件和学习资料则对课程内容进行补充和扩展。

在线下教学环节，教师组织学生进行面对面的课堂讨论、小组作业、实践操作等活动。例如，在电商平台运营管理课程中，线下课堂上教师组织学生进行电商平台的模拟运营操作，让学生亲身体验平台的商品管理、订单处理、客户服务等功能。同时，教师还针对学生在线上学习过程中遇到的问题进行答疑解惑，加强对重点知识和难点知识的讲解，提高学生的学习效果。

（三）校企合作与实践教学

1.企业参与教学

企业深度参与学校的教学过程。企业专家到学校授课，例如，邀请电商企业的运营总监为学生讲解电商平台的实际运营流程、运营策略以及行业的最新发展动态；邀请企业的营销经理为学生传授电商营销的实战经验，包括如何制定有效的营销方案、如何进行市场推广等。

企业还可以为学校提供真实的项目案例，用于教学实践。例如，某电商企业将自己的新品推广项目交给学校的学生团队来完成，学生在教师和企业专家的指导下，按照企业的要求和标准，制定并执行新品推广方案，这不仅让学生学到了实际的知识和技能，也为企业节省了营销成本。

2.实习与就业安排

学校与企业合作，为学生提供实习和就业机会。

在实习方面，学校根据企业的需求和学生的专业方向，安排学生到相关的电商企业进行实习。实习岗位包括电商运营、电商营销、电商客服等，实习时间一般为6—12个月。在实习期间，企业为学生安排实习导师，对学生进行一对一的指导，让学生尽快熟悉企业的工作环境和工作流程。

在就业方面，企业优先录用在实习期间表现优秀的学生。通过实习与就业的紧密结合，实现了学校、学生和企业的三方共赢。学校提高了学生的就业率和就业质量，学生获得了稳定的就业机会，企业得到了符合自身需求的高素质人才。

三、从成功案例中总结出的可推广的教学经验

（一）以市场需求为导向的课程改革

1.动态调整课程内容

成功案例表明，课程内容应根据市场需求进行动态调整。电商行业发展迅速，新技术、新应用不断涌现。例如，随着电商直播的兴起，学校应及时将电商直

播相关知识和技能纳入课程体系，包括直播平台的操作、直播内容策划、主播形象塑造等方面的内容。同时，对于一些过时的内容，如传统的电话营销技巧（在电商环境下已逐渐被线上营销手段所取代），应及时进行删减或更新。

课程内容的调整还应结合当地的产业特色和市场需求。如果当地的跨境电商产业较为发达，那么学校应在课程中增加跨境电商的相关内容，如跨境电商平台的选择、跨境物流、海外市场推广等，以提高学生的就业针对性和适应性。

2.构建模块化课程体系

构建模块化的课程体系是一种有效的教学经验。将电商专业课程按照不同的功能和岗位需求划分为若干个模块，如电商运营模块、电商营销模块、电商客服模块、电商技术模块等。每个模块包含一组相关的课程，学生可以根据自己的兴趣和职业规划选择不同的模块进行学习。

这种模块化课程体系具有较高的灵活性和适应性。例如，对于想要从事电商运营工作的学生，可以重点学习电商运营模块中的课程，同时也可以选修其他模块中的部分课程，拓宽自己的知识面；对于想要从事电商技术开发的学生，可以专注于电商技术模块的学习，同时也可以了解其他模块的基础知识，以便更好地与其他部门协作。

（二）多样化教学方法的融合

1.理论与实践相结合的教学

成功案例显示，将理论与实践相结合的教学方法是提高教学质量的关键。在课堂教学中，教师不仅要传授理论知识，更要注重通过实践案例、项目操作等方式让学生将理论知识应用到实际中。在电商数据分析课程中，教师在讲解数据分析理论知识（如数据挖掘算法、统计分析方法等）的同时，让学生利用真实的电商数据进行分析操作，如分析某电商店铺的销售数据，找出销售高峰和低谷的原因，制定相应的营销策略。

通过理论与实践相结合的教学方法，能够让学生更好地理解和掌握知识，提高学生的动手能力和解决实际问题的能力。同时，这种教学方法也能够激发学生的学习兴趣，让学生感受到所学知识的实用性。

2.启发式与探究式教学

启发式与探究式教学方法在成功案例中也得到了广泛应用。教师在教学过程中不再是单纯地灌输知识，而是通过提出问题、引导思考、组织讨论等方式启发学生自主学习。例如，在电商营销课程中，教师提出“如何在竞争激烈的电商市场中打造一个独特的品牌？”这样的问题，引导学生思考品牌定位、品牌形象塑造、品牌传播等方面的内容。

探究式教学则鼓励学生主动探究未知的知识领域。例如,在电商创新课程中,教师布置一些开放性的课题,如“探索未来电商的发展趋势”,让学生通过查阅资料、市场调研、小组讨论等方式进行探究,最后形成自己的观点和结论。这种教学方法能够培养学生的创新思维和自主学习能力。

(三)强化校企合作与协同育人

1.建立长期稳定的校企合作关系

从成功案例中可以看出,建立长期稳定的校企合作关系是提高人才培养质量的重要保障。学校和企业应在人才培养、课程建设、实践教学、就业等多个方面开展全方位的合作。学校和企业可以共同制定人才培养方案,根据企业的岗位需求和学校的教学资源,确定人才培养的目标、课程设置、教学方法等。在合作过程中,双方应建立定期的沟通机制,及时解决合作过程中出现的问题。例如,每学期召开一次校企合作会议,共同讨论教学过程中的问题、学生的实习情况、企业的人才需求变化等,根据讨论结果对合作内容进行调整和优化。

2.共享资源实现协同育人

校企双方应实现资源共享,协同育人。企业为学校提供实习基地、实践项目、企业专家等资源,学校为企业提供人才储备、员工培训、技术研发等方面的支持。例如,企业将自己的生产车间、电商运营中心等作为学校的实习基地,让学生在真实的工作环境中学习和实践;学校利用自己的师资力量和教学设施为企业员工提供培训服务,提高企业员工的专业素质。通过资源共享和协同育人,能够提高学校的教学质量和企业的竞争力,实现学校、企业和学生的三方共赢。

四、成功案例中仍然存在的问题

(一)课程体系方面

1.课程深度与广度的平衡

在成功案例的课程体系中,存在课程深度与广度难以平衡的问题。随着电商行业的不断发展,为了让学生掌握更多的知识和技能,课程体系不断拓宽,纳入了许多新兴的领域,如跨境电商、电商直播等。然而,在拓宽课程广度的同时,部分课程的深度可能会受到影响。例如,在电商数据分析课程中,既要涵盖传统的统计分析方法,又要涉及新兴的大数据分析技术,这可能导致在有限的课时内,每个知识点的教授只能浅尝辄止,学生难以深入掌握数据分析的核心技术。这种情况可能会影响学生在实际工作中的竞争力,特别是在需要深入专业知识的岗位上。

2.课程之间的衔接问题

虽然课程体系是按照一定的逻辑构建的，但仍然存在课程之间衔接不够紧密的问题。例如，电商运营课程和电商营销课程之间存在一定的交叉内容，但在教学过程中，可能会出现重复教学或者教学内容脱节的情况。一方面，重复教学会浪费教学资源，降低学生的学习效率；另一方面，教学内容脱节会使学生难以形成完整的知识体系，无法将不同课程中的知识有机地结合起来。例如，在电商运营课程中学习了平台的用户获取策略，但在电商营销课程中没有进一步深入探讨如何将这些策略与营销活动相结合，导致学生在实际应用中存在困难。

（二）教学方法方面

1.学生个体差异的适应性

在教学方法的应用过程中，存在对学生个体差异适应性不足的问题。虽然项目驱动式教学和混合式教学等方法在整体上提高了教学效果，但对于不同学习能力、学习风格的学生来说，可能存在不适应的情况。

例如，在项目驱动式教学中，一些学习能力较强、自主学习意识较高的学生能够充分发挥自己的优势，积极参与项目的各个环节，从中获得更多的知识和技能。然而，对于一些学习能力较弱、自主学习意识较差的学生来说，可能会在项目实施过程中感到迷惘和无助，无法跟上项目的进度，从而影响学习效果。

2.实践教学的质量监控

在实践教学环节，存在质量监控难度较大的问题。虽然企业参与了实践教学，为学生提供了实习和项目实践的机会，但由于实践教学的地点分散（可能在不同的企业或项目现场），难以对实践教学的质量进行统一的监控。

例如，在企业实习期间，不同企业的实习导师对学生的指导水平参差不齐，有些导师能够认真负责地指导学生，而有些导师可能由于工作繁忙等原因，对学生的指导不够到位。同时，学校也难以对学生在实习期间的表现进行全面、准确的评估，这可能会影响实践教学的效果。

（三）校企合作方面

1.企业参与教学的深度与持续性

在成功案例的校企合作中，企业参与教学的深度和持续性存在一定的问题。虽然企业在一定程度上参与了学校的教学过程，如派遣专家授课、提供项目案例等，但在某些方面，企业的参与还不够深入。例如，企业专家的授课内容可能更多地侧重于自身企业的实际操作经验，缺乏对电商行业整体理论体系的构建和系统性讲解,这可能导致学生对电商专业知识的理解不够全面。

从持续性来看,部分企业由于自身业务的波动或其他因素,可能无法保证长期稳定地参与学校教学。比如,当企业面临业务旺季时,可能会减少对学校教学的投入,如减少专家授课的次数或者延迟学生实习计划等。这种不稳定性会影响教学计划的正常实施,也不利于学生系统地接受企业实践知识的传授。

2.校企合作的利益分配与风险分担

在校企合作中,利益分配与风险分担机制还不够完善。在利益分配方面,双方对于学生实习期间创造的价值、合作研发成果等的归属和分配存在模糊地带。例如,学生在企业实习期间可能参与了企业的一些项目开发,如果这些项目取得了一定的商业成果,学校和企业对于学生贡献的认可以及相应的利益分配可能存在争议。在风险分担方面,当企业经营不善面临风险时,可能会影响学生的实习安排,甚至可能导致学生实习中断,但对于这种情况下的风险承担责任并没有明确的界定。同样,学校在教学过程中如果出现教学质量问题,影响了学生对企业岗位的适应能力,企业可能会遭受人才质量下降的风险,而对于这种风险如何分担也缺乏明确的规定。

五、针对成功案例中问题提出的改进建议与措施

(一)课程体系优化

1.深度与广度的协调

为解决课程深度与广度的平衡问题,学校应进行课程体系的优化。首先,对课程内容进行详细的梳理,明确每个知识点的重要性和优先级。对于核心知识和技能,应保证足够的课时,确保学生能够深入掌握。例如,在电商数据分析课程中,可以将大数据分析技术作为重点深入讲解,而对于一些相对基础的统计分析方法,可以适当精减课时,但确保学生掌握基本原理。同时,可以设置分层课程或者选修课程来满足不同学生的需求。对于有更高学习需求和能力的学生,可以提供进阶课程,进一步深入学习电商专业知识;对于希望拓宽知识面的学生,可以选择更多与新兴领域相关的选修课程,如跨境电商的高级运营、电商直播的创意营销等。

2.加强课程衔接

为了加强课程之间的衔接,学校应建立课程之间的关联图或者知识图谱。明确各课程之间的交叉内容和递进关系,教师在教学过程中可以依据这个图谱进行教学内容的调整。例如,在电商运营课程和电商营销课程的衔接上,教师可

以共同备课,确定在运营课程中涉及营销的部分讲解到何种程度,在营销课程中如何进一步深化和拓展相关知识。

学校还可以定期开展课程教学研讨活动,让不同课程的教师交流教学经验和教学内容,及时发现并解决教学内容脱节或者重复教学的问题。例如,可以每月组织一次电商专业课程的教学研讨会议,针对课程衔接问题进行深入讨论,并制定相应的改进措施。

(二)教学方法改进

1.关注个体差异

针对学生个体差异的适应性问题,教师在教学过程中应采用更加灵活的教学策略。在项目驱动式教学中,可以根据学生的学习能力和风格进行分组,将学习能力强和学习能力弱的学生合理搭配,让能力强的学生带动能力弱的学生共同进步。例如,在项目小组中设立不同的角色,如项目组长、技术骨干、资料收集员等,根据学生的特长进行分配,让每个学生都能在项目中发挥自己的作用。

教师还应加强对学习有困难的学生的个别辅导。例如,利用课余时间为这些学生提供一对一的辅导,帮助他们理解项目任务和相关知识。同时,在混合式教学中,可以根据学生的学习进度提供个性化的学习资源推荐,让学生能够按照自己的节奏学习。

2.完善实践教学质量监控

为完善实践教学质量监控,学校和企业应建立联合的监控机制。学校应制定详细的实践教学质量标准,包括学生在实习期间的技能提升要求、实习报告的质量标准等。企业应按照这个标准,加强对实习导师的培训和管理,确保实习导师能够按照要求对学生进行指导。

学校还可以建立多元化的评价体系,除了企业实习导师的评价外,还应增加学生自评、互评以及学校教师的远程评价等方式。例如,学生可以定期对自己的实习收获、遇到的问题等进行总结和自我评价;同学之间可以互相评价在实习过程中的团队协作能力等;学校教师可以通过线上沟通、实习成果检查等方式对学生进行评价。通过综合多方面的评价结果,全面、准确地监控实践教学质量。

(三)校企合作深化

1.提高企业参与深度与持续性

为提高企业参与教学的深度,学校和企业应进一步明确企业专家的授课目标和内容要求。企业专家在授课前应与学校教师进行充分的沟通,了解学生的知识基础和教学大纲要求,制定既包含企业实际操作经验又有行业理论体系构建的授课内容。例如,可以建立企业专家教学资源库,将企业专家的授课资料进行整理和共享,方便教师和学生学习与参考。

为确保企业参与的持续性,学校和企业可以签订长期的合作协议,明确双方的权利和义务。在协议中规定企业在不同业务周期下参与学校教学的最低限度,如在业务旺季时,企业应保证每月至少派遣专家授课一次,或者为学生提供一定数量的线上学习资源等。同时,学校也应为企业提供一定的激励措施,如为积极参与教学的企业提供人才优先选拔权、税收优惠政策的协助申报等。

2.建立合理的利益分配与风险分担机制

建立合理的利益分配与风险分担机制是完善校企合作的关键。在利益分配方面,对于学生实习期间创造的价值,应根据学生的投入、学校的教学管理和企业的项目提供等因素进行合理分配。例如,可以制定明确的分成比例,或者通过协商确定以其他形式(如技术共享、人才优先供应等)进行利益分配。对于合作研发成果,应在合作前签订知识产权协议,明确成果的归属、使用范围和利益分配方式。在风险分担方面,当企业面临经营风险影响学生实习时,企业应承担一定的经济补偿责任,如为学生提供一定的生活补贴或者协助学校重新安排实习企业。学校在教学质量出现问题时,应承担对学生的再培训责任,以降低企业的人才质量风险。同时,双方可以共同购买实习保险等方式来分担可能出现的意外风险。

六、成功案例对其他高职院校电商专业教学的示范意义

(一)教学理念的引领

1.以就业为导向的理念

成功案例为其他高职院校电商专业的教学理念带来了引领作用,其中以就业为导向的教学理念尤为突出。这些成功案例表明,教学应紧密围绕学生的就业需求展开,从课程设置到教学方法的选择都要考虑如何提高学生的就业竞争力。例如,通过深入分析电商行业的岗位需求,构建与之相匹配的课程体系,让学生在学校期间就能掌握就业所需的知识和技能。

这种理念的推广可以促使其他高职院校改变传统的教学观念,不再仅仅注重理论知识的传授,而是更加关注学生的职业发展。例如,引导其他学校将就业市场的反馈纳入教学决策过程中,根据企业的人才需求及时调整教学内容和教学方法,从而提高学生毕业后的就业成功率。

2.创新与实践并重的教学理念

成功案例还体现了创新与实践并重的教学理念。在教学过程中,不仅要鼓励学生创新思维的发展,如通过开展创新课程、组织创新竞赛等方式,还要注重实践能力的培养。例如,采用项目驱动式教学和混合式教学等方法,让学生在实践中学习和创新。

这一理念对其他高职院校具有示范意义,可以促使它们在电商专业教学中积极探索创新教学方法,加强实践教学环节。例如,引导其他学校建立更多的校内校外实践基地,开展更多与电商企业合作的实践项目,培养学生的创新意识和实践操作能力。

(二)教学模式的借鉴

1.综合教学模式的构建

成功案例中的“岗位、课程、竞赛、证书”综合教学模式为其他高职院校提供了很好的借鉴。这种综合教学模式将岗位需求、课程设置、竞赛参与和证书获取有机地结合在一起。以岗位需求为导向设置课程,通过竞赛提高学生的综合能力,将证书作为检验学生学习成果的一种方式。

其他高职院校可以借鉴这种模式,构建适合自己学校的综合教学模式。例如,可以根据当地的产业特色和学校的教学资源,调整岗位需求的分析重点,优化课程设置,鼓励学生积极参与相关竞赛,将与电商专业相关的职业资格证书纳入教学考核体系,提高教学的针对性和有效性。

2.教学资源整合与利用

成功案例在教学资源整合与利用方面也有值得借鉴之处。这些案例中,学校充分整合了校内的师资、实验室等资源,同时积极引入校外的企业资源,如企业专家、实习基地等,实现了教学资源的优化配置。例如,将校内教师与企业专家组成教学团队,共同授课;利用企业的实习基地开展实践教学。

其他高职院校可以学习这种资源整合的方式,加强与当地电商企业的合作,整合校内外的教学资源。例如,与电商企业合作建立实训中心,共享双方的师资、设备等资源,为学生提供更加优质的教学环境,提高教学质量。

(三)人才培养质量提升的启示

1.全面发展的人才培养目标

成功案例在人才培养目标上注重学生的全面发展,这对其他高职院校有重要的启示。在这些案例中,不仅注重培养学生的专业知识和技能,还关注学生的综合素质提升,如沟通能力、团队协作能力、创新能力等。例如,通过项目驱动式教学和企业实习等方式，让学生在实际操作中锻炼各种能力。

其他高职院校可以借鉴这种人才培养目标，在电商专业教学中制定更加全面的人才培养方案。例如，增加人文素质课程的比重，开展丰富多彩的社团活动，为学生提供更多锻炼综合素质的机会，培养出适应社会需求的全面发展的电商专业人才。

2.高质量就业的实现

成功案例中的教学模式有助于实现学生的高质量就业，这为其他高职院校提供了启示。通过优化课程体系、创新教学方法、深化校企合作等措施，学生在就业市场上具有较强的竞争力，能够获得与专业对口、薪资待遇较好的工作岗位。

其他高职院校可以学习这些成功经验，不断改进自己的教学模式，提高人才培养质量，从而实现学生的高质量就业。例如，加强与企业的沟通与合作，了解企业的最新人才需求，调整教学内容和教学方法，为学生的高质量就业奠定坚实的基础。①

①朱秀敏．高职院校跨境电商基础与实训课程“岗课赛证”融通育人模式研究[J]．知识经济，2023(27):133-135.

第八章　收官与展望：电商教学模式的未来蓝图

第一节　研究成果梳理：模式成效、理论贡献、实践经验总结

一、综合教学模式在提高学生电商专业能力方面的成效

（一）知识体系构建

1. 专业知识的系统性掌握

在“岗位、课程、竞赛、证书”综合教学模式下，学生能够系统地掌握电商专业知识。课程设置紧密围绕电商行业的核心知识领域，如电商运营、电商营销、电商物流、电商客服等。以电商运营课程为例，学生将深入学习电商平台的搭建与管理、商品信息的管理与优化、订单处理流程等内容。这种系统性的知识传授避免了传统教学中知识碎片化的问题，使学生能够构建起完整的电商知识框架。

竞赛活动也为学生巩固和拓展知识体系提供了平台。例如，在电商创业竞赛中，学生需要运用所学的电商知识进行项目策划、市场分析、商业模式设计等。在这个过程中，他们不仅要掌握电商运营的基本流程，还需要了解市场营销、财务管理、法律法规等多方面的知识，从而进一步丰富和完善自己的知识体系。

2. 前沿知识的及时更新

电商行业发展迅速，新模式能够确保学生及时获取前沿知识。课程内容会根据行业的最新发展动态进行更新，如将电商直播、社交电商、跨境电商等新兴领域的知识纳入教学。教师会通过案例分析、专题讲座等形式向学生介绍这些新兴业态的运营模式、发展趋势以及相关技术应用。

参加行业相关的竞赛和考取证书也促使学生关注前沿知识。例如，一些电商竞赛会涉及最新的电商技术应用，如大数据分析在电商精准营销中的运用。为了在竞赛中取得好成绩，学生就需要主动学习这些前沿知识。同时，考取相关的电商证书，如跨境电商职业能力等级证书，也要求学生掌握行业最新的规范和

技术要求。

(二)实践技能提高

1.模拟项目与真实项目操作

该教学模式注重实践教学,通过模拟项目与真实项目操作来提高学生的实践技能。在课程教学中,教师会引入模拟电商项目,让学生在虚拟的商业环境中进行电商平台的运营、营销推广、客户服务等操作。例如,利用模拟电商软件,学生可以创建自己的虚拟店铺,进行商品上架、价格设置、促销活动策划等操作,熟悉电商运营的各个环节。

真实项目则为学生提供了更具挑战性和实际意义的实践机会。学校与企业合作,将企业的真实项目引入教学,如企业的新品推广、电商渠道拓展等项目。学生以团队的形式参与这些项目,与企业人员直接沟通协作,按照企业的要求和标准完成项目任务。这种真实项目操作能够让学生更好地将理论知识应用到实际工作中,提高解决实际问题的能力。

2.多岗位实践能力

基于岗位需求的课程设置使学生具备多岗位实践能力。电商专业涉及多个岗位,如运营专员、营销专员、客服专员、物流专员等。在教学过程中,学生将有机会接触和学习不同岗位的技能要求。例如,在课程实践环节,学生可能会轮流参与电商运营、营销推广、客服接待等不同岗位的实践工作。

竞赛和证书考试也对学生的多岗位实践能力提出了要求。在电商综合竞赛中,参赛团队需要涵盖运营、营销、客服等不同职能的成员,学生需要在团队中承担不同的角色任务,从而锻炼自己在不同岗位上的实践能力。考取电商证书也需要学生具备多岗位相关的知识和技能,如电商运营师证书不仅考查运营岗位的知识,还涉及营销、客服等岗位的相关内容。

(三)综合素质发展

1.创新与创业能力

综合教学模式激发了学生的创新与创业能力。在课程教学中,鼓励学生提出创新性的电商运营思路和商业模式。例如,在电商营销课程中,教师引导学生探索新的营销渠道、创意的营销手段,如利用短视频平台进行电商产品推广的创新营销方式。

竞赛活动为学生的创新与创业能力提供了实践舞台。电商创业竞赛要求学生设计具有创新性的电商创业项目,从项目的创意构思、商业模式设计到市场推广策略都需要体现创新元素。在这个过程中,学生不仅要发挥自己的创新思维,还要具备创业的勇气和能力,包括项目的组织管理、资源整合、风险评估等能力。

2.团队协作与沟通能力

该教学模式通过项目实践和竞赛活动有效地提高了学生的团队协作与沟通能力。在项目操作和竞赛中,学生通常是以团队的形式开展工作。例如,在电商运营项目中,团队成员需要分工合作,分别负责商品管理、订单处理、客户服务、营销推广等不同的任务。在这个过程中,学生需要不断地进行沟通协作,共同解决项目中遇到的问题。通过与团队成员的定期讨论、任务分配、进度协调等活动,学生学会了如何倾听他人的意见、表达自己的观点、有效地进行团队合作,这些能力对于学生未来的职业发展至关重要。

二、新模式对电商专业教学理论的贡献

(一)构建以岗位需求为导向的教学理论

1.岗位能力分析与课程对接

新模式强调以岗位需求为导向进行教学,这为电商专业教学理论做出了重要贡献。首先,通过对电商岗位能力的深入分析,明确了不同岗位所需的知识、技能和素质要求。例如,电商运营岗位需要具备平台操作、数据分析、营销策划等能力,电商客服岗位需要具备良好的沟通能力、产品知识和情绪管理能力等。

其次,将这些岗位能力要求与课程设置进行精准对接。课程内容根据岗位能力需求进行设计,确保学生所学的课程知识能够直接应用于岗位工作。这种岗位能力分析与课程对接的理论为电商专业教学提供了一种科学、有效的课程设计方法,使教学更加贴近实际岗位需求。

2.动态调整课程体系的理论依据

以岗位需求为导向的教学理论为课程体系的动态调整提供了依据。由于电商行业发展迅速,岗位需求也在不断变化。新模式下的教学理论认为,课程体系应根据岗位需求的变化进行动态调整。例如,随着电商直播的兴起,岗位市场对主播、直播运营等相关岗位的需求增加,教学理论指导下的课程体系应及时纳入电商直播相关的课程内容。同时,对于岗位需求减少的领域,相应的课程内容应进行优化或删减。这种动态调整课程体系的理论使电商专业教学能够始终保持与行业岗位需求的紧密结合,提高了教学的时效性和针对性。

(二)整合教学资源的理论创新

1.多元教学资源的协同整合

新模式在教学资源整合方面提出了新的理论创新,它强调多元教学资源的协同整合,包括校内教学资源(如师资、实验室、教学设备等)和校外教学资源(如

企业资源)。例如,将校内教师与企业专家整合为教学团队,教师主要负责理论知识的传授,企业专家则侧重于实践经验的分享和实际操作的指导。同时,整合实验室资源与企业的真实项目资源,让学生在实验室中能够模拟企业的真实工作环境,进行项目实践操作。这种多元教学资源的协同整合理论打破了传统教学资源单一利用的局限,实现了教学资源的优化配置,提高了教学资源的利用效率。

2.基于资源整合的教学模式创新

在教学资源整合的基础上,新模式创新了教学模式。例如,提出了"课堂教学+企业实习+竞赛锻炼+证书考取"的综合教学模式。在这个模式中,课堂教学是基础,传授学生基本的理论知识和技能;企业实习是实践环节,让学生在真实的企业环境中积累实践经验;竞赛锻炼是提升环节,通过参加各种电商竞赛提高学生的综合能力;证书考取是检验环节,以相关的电商证书来检验学生的学习成果。这种基于资源整合的教学模式创新为电商专业教学提供了一种全新的教学思路,使教学不再局限于单一的课堂教学,而是形成了一个全方位、多层次的教学体系,提高了教学的整体质量。

(三)强化实践教学的理论体系

1.实践教学环节的分层设计

新模式构建了强化实践教学的理论体系,其中,实践教学环节的分层设计是重要组成部分。该理论将实践教学分为基础实践、综合实践和创新实践三个层次。基础实践主要是针对课程中的基本技能进行训练,如电商平台的基本操作、商品信息的录入等,通过课程实验、课程作业等形式开展。综合实践则是对多个课程知识和技能的综合运用,如以企业真实项目为载体,让学生综合运用电商运营、营销、客服等多方面的知识和技能完成项目任务。创新实践是最高层次的实践教学,鼓励学生开展创新性的电商实践项目,如探索新的电商商业模式、应用新的电商技术等。这种实践教学环节的分层设计理论使实践教学更加具有系统性和针对性,能够逐步提高学生的实践能力。

2.实践教学评价的多元理论

新模式在实践教学评价方面提出了多元理论。传统的教学评价往往侧重于理论知识的考核,而新模式下的实践教学评价则强调多元评价。包括过程性评价和结果性评价相结合,不仅关注学生实践项目的最终成果,还重视学生在实践过程中的表现,如团队协作能力、问题解决能力等。

同时,评价主体也多元化,除了教师评价外,还引入了企业评价、学生自评和互评等方式。例如,企业可以对学生在企业实习期间的表现进行评价,学生可以对自己在项目实践中的收获和不足进行自我评价,同学之间可以互相评价在团队协作中的表现。这种多元的实践教学评价理论使评价结果更加全面、客观,能够准确反映学生的实践能力水平。

三、在师资队伍建设、教学资源整合等方面的实践经验总结

(一)师资队伍建设

1.教师培训与发展

在师资队伍建设方面,一个重要的实践经验是重视教师的培训与发展。学校为教师提供了多种培训机会,以提高教师的专业素养和教学能力。例如,定期组织教师参加电商行业的研讨会、学术讲座等,让教师及时了解行业的最新发展动态、前沿技术和教学理念。同时,开展校内的教师培训课程,如电商运营实践培训、电商教学方法培训等。这些培训课程由校内经验丰富的教师或邀请企业专家进行授课,帮助教师提升在电商实践操作和教学方法方面的能力。此外,还鼓励教师参加企业挂职锻炼,让教师深入企业实际工作岗位,了解企业的岗位需求和工作流程,以便更好地将企业实际需求融入教学内容。

2.教师团队协作与交流

实践证明,加强教师团队的协作与交流对于师资队伍建设具有重要意义。学校建立了教师团队协作机制,例如,以电商专业课程群为单位组建教师团队,共同开展课程建设、教学改革等工作。在课程建设方面,教师团队共同商讨课程目标、课程内容、教学方法等,确保课程之间的衔接性和系统性。在教学改革方面,教师团队成员分享教学经验、交流教学心得,共同探索适合电商专业的教学模式。此外,学校还积极搭建教师交流平台,如定期举办教师教学经验交流会、教学成果展示会等,让教师之间能够相互学习、相互借鉴,提高整个教师团队的教学水平。

(二)教学资源整合

1.校内资源的整合与优化

在教学资源整合方面,校内资源的整合与优化是一个重要的实践经验。学校对校内的师资、实验室和教学设备资源进行了全面的整合。

在师资整合方面,打破了教师之间的学科界限,根据电商专业的教学需求,将不同学科背景的教师组合成教学团队,如将计算机专业教师、市场营销专业教师、物流管理专业教师等组合在一起,共同承担电商专业的教学任务。

在实验室和教学设备整合方面，学校将分散在各个学科的实验室资源进行集中管理和优化配置，建立了电商综合实验室。该实验室配备了先进的电商模拟软件、服务器等设备，能够满足学生进行电商平台模拟运营、数据分析、网络营销等多种实践教学需求。通过校内资源的整合与优化，提高了教学资源的利用效率，为电商专业教学提供了更好的保障。

2.校外资源的引入与融合

引入校外资源并与校内资源相融合是教学资源整合的另一个重要实践经验。学校积极与电商企业建立合作关系，引入企业的资源，如企业专家、实习基地、真实项目等。企业专家到学校授课，为学生带来了企业一线的实践经验和最新的行业信息。实习基地为学生提供了真实的实习环境，让学生在实习期间能够深入了解企业的工作流程和岗位要求。

真实项目的引入则将企业的实际业务融入教学过程，让学生在完成项目的过程中提高实践能力。同时，学校还与行业协会合作，获取行业协会的资源，如行业标准、行业研究报告等。这些校外资源与校内资源的融合，丰富了教学资源的种类和内涵，为电商专业教学注入了新的活力。

四、综合教学模式对学校电商专业整体发展的影响

（一）专业知名度提高

1.学生就业与竞赛成绩的影响力

综合教学模式对学校电商专业的整体发展有着积极的影响，其中专业知名度的提高是一个重要方面。学生的就业情况和竞赛成绩在提升专业知名度方面发挥了重要作用。由于该教学模式注重培养学生的实践能力和综合素质，学生在就业市场上具有较强的竞争力，能够在电商企业中获得较好的就业岗位。例如，许多毕业生在知名电商企业中担任重要岗位，他们的出色表现为学校电商专业赢得了良好的口碑。同时，学生在各类电商竞赛中取得的优异成绩也引起了行业的广泛关注。如在全国大学生电子商务“创新、创意及创业”挑战赛中，一些学校电商专业的学生团队多次获得大奖，这些成绩在提高学校的电商专业知名度方面起到了积极的推动作用。

2.行业认可与合作的增加

综合教学模式下培养出来的学生符合行业需求，得到了电商行业的认可。这种认可促使更多的企业与学校电商专业开展合作。一些知名电商企业会主动与学校建立实习基地合作关系，为学生提供实习和就业机会；还有企业与学校开

展产学研合作,共同进行电商项目研发、人才培养方案制定等工作。

(二)教学质量提高

1.课程体系优化与教学方法创新

综合教学模式推动了学校电商专业教学质量的提高。在课程体系方面,以岗位需求为导向的课程设置使课程体系更加优化。课程内容更加贴合实际岗位需求,避免了教学内容的空洞和脱节现象。例如,根据电商运营岗位对数据分析能力的要求,在课程体系中增加了电商数据分析课程,并优化了课程内容,使其涵盖了数据挖掘、数据可视化等前沿技术。

在教学方法上,该模式鼓励创新教学方法的运用。如项目驱动式教学、混合式教学等方法在电商专业教学中得到了广泛应用。项目驱动式教学以实际项目为载体,让学生在做项目的过程中学习知识和技能,提高了学生的学习积极性和主动性。混合式教学将线上线下教学相结合,充分利用了网络教学资源,拓展了教学空间和时间,提高了教学效率。

2.学生学习效果的提升

由于课程体系的优化和教学方法的创新,学生的学习效果得到了显著提高。学生在掌握电商专业知识方面更加扎实,实践技能也得到了更好的锻炼。例如,在电商运营课程的实践教学中,学生通过模拟项目和真实项目操作,能够熟练掌握电商平台的运营流程、商品管理技巧、营销推广策略等。

在综合素质方面,学生的创新能力、团队协作能力、沟通能力等也得到了很大的提高。在电商创业竞赛中,学生能够运用所学知识和技能,提出创新性的创业项目,并与团队成员有效地协作完成项目任务,这些都表明学生的学习效果得到了明显的提升。

(三)学科建设发展

1.学科特色的形成

综合教学模式有助于学校电商专业学科特色的形成。通过"岗位、课程、竞赛、证书"综合教学模式的实施,学校电商专业在人才培养方面形成了自己的特色。在课程设置上,突出了以岗位需求为导向的课程体系,将电商岗位所需的知识、技能和素质要求融入课程内容中,这与其他高校的电商专业课程设置有所区别。在教学方法上,强调项目驱动式教学和混合式教学等创新教学方法的应用,注重培养学生的实践能力和创新能力。这种在人才培养方面的特色逐渐演变为学校电商专业的学科特色,使学校电商专业在电商教育领域中具有独特的竞争力。

2.学科交叉与拓展

综合教学模式还促进了学科交叉与拓展。电商专业本身涉及多个学科领域,如计算机科学、市场营销、物流管理等。在综合教学模式下,学校鼓励不同学科背景的教师参与电商专业教学,促进了学科之间的交叉融合。例如,计算机专业教师在电商技术课程中传授计算机技术在电商中的应用,而市场营销专业教师在电商营销课程中讲解市场营销策略在电商环境下的创新应用。

随着电商行业的发展,学校电商专业也在不断拓展学科领域。如随着跨境电商的兴起,学校电商专业逐渐开展跨境电商相关的课程和研究,涉及国际贸易、国际物流、外语等多个学科领域,进一步拓宽了学科的发展空间。

五、综合教学模式在促进校企合作深度与广度方面的成果

(一)深度合作成果

1.人才培养方案的共同制定

在促进校企合作深度方面,综合教学模式取得了显著成果。其中一个重要成果是人才培养方案的共同制定。学校和企业双方基于电商行业的岗位需求以及企业的实际业务要求,深入参与到人才培养方案的制定过程中。企业根据自身的发展战略、岗位技能要求和人才储备需求,向学校提供关于电商专业人才应具备的知识、技能和素质等方面的详细信息。例如,一些企业会强调电商运营岗位需要熟练掌握特定电商平台的操作规则、具备数据分析能力以优化商品推荐算法等。学校则结合教育教学规律和自身的教学资源,将企业的需求融入课程体系、教学内容和教学方法的设计中。双方共同确定课程的设置,如设置企业定制化课程,针对企业特定业务流程或技术应用进行教学。同时,在实践教学环节的安排上,也充分考虑企业的实际需求,如确定实习时间、实习内容和实习考核标准等。这种共同制定的人才培养方案,使学校培养出的学生更加符合企业的用人需求,提高了学生的就业竞争力,也为企业输送了更精准的专业人才。

2.双师型教师队伍的建设

校企合作深度的另一个体现是双师型教师队伍的建设。在综合教学模式下,学校和企业共同致力于打造双师型教师队伍。企业为教师提供实践锻炼的机会,例如安排教师到企业挂职锻炼,让教师深入企业的电商运营、营销、客服等岗位,亲身体验企业的工作流程、熟悉企业的业务操作规范。教师在挂职期间,不仅能够提高自己的实践能力,还能深入了解行业的最新发展动态和企业的实际需求。

企业专家也会到学校担任兼职教师,参与教学活动,他们将企业的实际案例、项目经验和操作技巧带入课堂,丰富教学内容。例如,某企业的电商运营经理在课堂上分享企业在应对大型促销活动时的运营策略,包括库存管理、物流调配和客户服务等方面的经验。这种双向的交流互动,有效地提高了教师队伍的整体素质,使教师既具备扎实的理论知识,又拥有丰富的实践经验,从而更好地满足电商专业教学的需求。

(二)广度合作成果

1.实习就业基地的广泛建立

在促进校企合作广度方面,综合教学模式下实习就业基地的广泛建立是一个重要成果。学校与众多电商企业建立了实习就业基地关系,涵盖了不同类型、不同规模的电商企业,包括大型电商平台企业、中小微电商创业公司、传统企业的电商部门等。这些实习就业基地为学生提供了多样化的实习和就业选择。

对于大型电商平台企业的实习就业基地,学生可以接触到大规模的电商业务运营体系,学习到先进的电商技术和管理经验。而在中小微电商创业公司的实习就业基地,学生能够体验到创业氛围,参与到公司的创业项目中,锻炼自己的创新能力和综合业务能力。传统企业电商部门的实习就业基地则为学生提供了了解传统企业转型电商的机会,学习传统企业与电商业务结合的模式和策略。这种广泛建立的实习就业基地,拓宽了学生的视野,增加了学生的就业机会,同时也为企业提供了丰富的人才资源库。

2.项目合作的多元拓展

校企合作广度还体现在项目合作的多元拓展上。学校和企业在多个领域开展了项目合作,除了传统的实习就业项目外,还包括产学研合作项目、企业员工培训项目、电商创业孵化项目等。

在产学研合作项目中,学校和企业共同开展与电商相关的研究与开发工作,如合作研究电商大数据分析技术在精准营销中的应用、探索新的电商商业模式等。在企业员工培训项目中,学校利用自身的教育资源优势,为企业员工提供电商知识和技能培训,包括电商运营管理培训、电商营销技巧培训等。在电商创业孵化项目中,学校和企业共同为有创业意愿的学生和社会人士提供创业支持,包括创业场地、创业资金、创业导师指导等。这种多元的项目合作,使校企双方在不同领域实现了资源共享、优势互补,进一步拓展了校企合作的广度,促进了双方的共同发展。

六、综合教学模式在培养适应社会需求的电商人才方面的成果体现

(一)人才就业竞争力提升

1.技能与岗位需求的精准匹配

在培养适应社会需求的电商人才方面,综合教学模式取得了显著成果,主要先体现在人才就业竞争力的提高上,其中技能与岗位需求的精准匹配是关键因素。通过“岗位、课程、竞赛、证书”综合教学模式,学生所学的技能能够精准地满足电商岗位的需求。在课程设置中,学习根据电商运营岗位对数据分析、平台操作、营销推广等技能的要求,设置了相应的课程内容进行有针对性教学。在实践教学环节,学生通过模拟项目和真实项目操作,进一步强化了这些技能。在竞赛活动中,学生能够将所学技能进行综合运用,锻炼自己解决实际问题的能力。考取相关的电商证书也证明了学生在特定技能领域的能力水平。这种技能与岗位需求的精准匹配使得学生在就业市场上具有明显的优势,能够迅速适应岗位工作要求,提高了就业的成功率。

2.综合素质适应职场环境

综合教学模式还注重培养学生的综合素质,使其能够更好地适应职场环境。在教学过程中,通过项目实践、团队竞赛等活动,培养了学生的团队协作能力、沟通能力、创新能力和解决问题的能力等。例如,在电商创业竞赛中,学生需要与团队成员密切合作,共同完成创业项目的策划、运营和推广等工作,这锻炼了他们的团队协作和沟通能力。同时,在面对复杂多变的市场环境和竞争压力时,学生需要发挥创新能力,提出独特的商业创意和解决方案,这培养了他们的创新思维和解决问题的能力。这些综合素质的提高使学生在进入职场后能够快速融入工作环境,与同事和客户进行良好的沟通合作,应对各种工作挑战,从而提高了他们在就业市场中的竞争力。

(二)人才社会适应性增强

1.行业动态与社会发展的跟进

综合教学模式下培养的电商人才具有较强的社会适应性,能够及时跟进行业动态和社会发展。学校的课程内容会根据电商行业的最新发展趋势进行更新,如及时纳入电商直播、社交电商、跨境电商等新兴业态的相关知识和技能。这使得学生能够了解行业的前沿信息,掌握新兴的电商技术和运营模式。

学校还鼓励学生参与社会实践活动,如开展电商扶贫项目、参与乡村振兴中的电商服务等。通过这些活动,学生不仅能够将所学知识应用到实际社会需求

中，还能深入了解社会发展的需求和趋势，提高自己对社会的适应能力。这种对行业动态和社会发展的及时跟进，使学生在毕业后能够迅速适应社会的变化，满足社会对电商人才的需求。

2.社会责任意识的培养

综合教学模式注重培养学生的社会责任意识。在教学过程中，通过案例分析、专题讲座等形式，向学生传达电商企业在社会发展中的重要作用以及应承担的社会责任。例如，讲解电商企业在推动消费升级、促进就业、助力精准扶贫等方面的积极贡献。

在实践教学环节，引导学生参与具有社会责任内涵的项目，如环保主题的电商营销活动、支持小微企业发展的电商服务等。这种社会责任意识的培养，使学生在未来的职业生涯中，不仅关注自身的利益和企业的发展，还能积极履行社会责任，为社会的可持续发展作出贡献，从而更好地适应社会的要求。①

第二节 面向未来的教学变革趋势预判与发展建议

一、随着人工智能技术发展，电商教学内容的变革趋势

（一）基础理论知识的拓展

1.算法与数据结构知识的融入

在人工智能技术不断发展的背景下，电商教学内容首先在基础理论知识方面需要进行拓展。算法与数据结构知识的融入成为必然趋势。电商运营过程中，数据的处理和分析日益复杂，例如商品推荐系统、用户画像构建等都依赖于高效的算法和合理的数据结构。在教学中，要向学生传授诸如排序算法（如快速排序、归并排序等，其时间复杂度分别为$O(n \log n)$）在处理商品销售数据排序中的应用，以及树状结构（如二叉树）在构建电商商品分类体系中的作用等。

数据挖掘算法也将成为教学的重要内容。如关联规则挖掘算法（如Apriori算法），可用于发现电商用户购买行为中的关联关系，如发现购买某类电子产品的用户往往也会购买特定的配件。学生需要理解这些算法的原理、应用场景以及如何在电商数据环境中进行实现，从而为未来从事电商相关工作，如精准营

①王万梅．“岗课赛证”融通背景下高职院校教学改革探析——以“直播电商运营实务”课程为例［J］．天津中德应用技术大学学报，2024(2)：65-69.

销、个性化推荐等奠定基础。

2.人工智能基本概念的引入

电商教学内容应引入人工智能的基本概念。学生需要了解什么是人工智能、机器学习、深度学习等概念及其相互关系。例如,机器学习是人工智能的一个重要分支,它使计算机能够从数据中学习模式并进行预测。在电商领域,机器学习可用于预测商品的销售量、用户的购买意愿等。深度学习则是机器学习的一个子集,它利用神经网络模型进行数据处理,像在图像识别领域有着广泛应用,而电商中的商品图片识别、视频内容中的商品推荐等就可能会用到深度学习技术。同时,要让学生明白人工智能在电商中的应用价值,如提高运营效率、优化用户体验等。通过实际案例,如亚马逊利用人工智能算法优化物流配送路线、提高库存管理效率等,让学生直观地感受到人工智能技术对电商行业的巨大推动作用。

(二)实践技能的新要求

1.人工智能工具的使用

在实践技能方面,学生需要掌握人工智能工具的使用。例如,Python语言中的相关机器学习库(如Scikit-learn)的使用。Scikit-learn提供了丰富的机器学习算法,如分类算法(如决策树分类器、支持向量机等)、回归算法(如线性回归、岭回归等)等,学生可以利用这些工具进行电商数据的分析和模型构建。

对于深度学习框架,如TensorFlow和PyTorch的学习也变得至关重要。这些框架可用于构建复杂的神经网络模型,在电商图像识别、自然语言处理等场景中有广泛应用。例如,利用TensorFlow构建一个商品图像识别模型,用于识别电商平台上的商品图片,从而提高商品搜索的准确性和用户体验。

2.智能系统开发与优化

学生应具备智能系统开发与优化的能力。在电商教学中,要引导学生开发简单的智能电商系统,如基于用户行为数据的个性化推荐系统。这涉及从数据收集(包括用户浏览记录、购买历史等)、数据预处理(清洗、特征提取等)、模型构建(选择合适的机器学习或深度学习算法)到系统部署和优化的整个流程。

在系统优化方面,要让学生掌握如何根据用户反馈和业务指标(如点击率、转化率等)对智能系统进行调整。例如,如果发现个性化推荐系统的点击率较低,学生需要分析可能的原因,如模型算法不够准确、数据特征选择不合理等,并进行相应的优化措施,如调整算法参数、增加新的特征等。

(三)跨学科知识的融合

1.计算机科学与电商知识的融合

随着人工智能技术的发展,电商教学需要融合计算机科学与电商知识。计算机科学为电商提供了技术支撑,如数据库管理系统在电商数据存储和管理中的应用。学生需要理解关系型数据库(如MySQL)的结构和操作,掌握如何设计合理的数据库模式来存储电商的商品信息、用户信息、订单信息等。同时,网络技术知识也不可或缺。了解网络协议(如TCP/IP协议)在电商网络通信中的作用,以及如何保障电商平台的网络安全(如防止数据泄露、网络攻击等)。此外,电商运营中的各种业务逻辑(如商品上架、订单处理等)需要与计算机技术相结合,让学生明白如何通过编程实现这些业务逻辑,提高电商平台的自动化和智能化水平。

2.数学与电商知识的融合

数学知识在人工智能驱动的电商教学中扮演着重要角色,需要与电商知识深度融合。概率论与数理统计知识是基础,在电商风险评估、市场预测等方面有着广泛应用。例如,利用概率分布来描述商品的销售概率,通过数理统计方法对市场调研数据进行分析,从而为电商企业的决策提供依据。

线性代数中的矩阵运算在电商数据处理中也非常重要。在用户—商品矩阵中,行代表用户,列代表商品,矩阵中的元素可以表示用户对商品的偏好程度。通过矩阵运算,可以进行用户聚类、商品推荐等操作。这种数学与电商知识的融合,有助于培养学生的数据分析和决策能力,使他们能够更好地应对人工智能时代的电商工作需求。

二、虚拟现实、增强现实技术在电商教学场景中的应用趋势

(一)虚拟商品展示与体验

1.3D商品模型展示

在电商教学场景中,VR和AR技术将带来虚拟商品展示与体验的变革。3D商品模型展示成为一种重要的商品呈现方式。传统的电商商品展示主要依赖于平面图片,而3D商品模型能够让消费者从各个角度观察商品,更加直观地了解商品的外观、结构和细节。例如,对于家具类商品,学生可以通过VR设备进入虚拟展厅,全方位查看家具的款式、颜色、材质等信息,仿佛置身于实体店铺之中。

在教学中,教师可以引导学生学习如何利用3D建模软件(如Blender、Maya等)创建商品的3D模型。同时,要让学生掌握如何将3D模型集成到电商平台

中,实现流畅的展示效果。这涉及模型的优化(如减少模型的面数以提高加载速度)、交互功能的添加(如用户可以通过手势或控制器对商品进行旋转、缩放等操作)等技术内容。

2.商品使用场景模拟

除了3D商品模型展示,商品使用场景模拟也将是VR和AR技术在电商教学中的重要应用趋势。通过VR技术,可以创建虚拟的使用场景,让消费者提前体验商品在实际生活中的使用效果。以家电产品为例,学生可以在虚拟的家庭环境中体验空调的制冷效果、冰箱的储物空间等。对于AR技术来说,可以将商品的虚拟使用效果叠加到现实场景中。例如,使用手机的AR功能,将虚拟的家具摆放在现实的房间中,查看是否与房间的装修风格相匹配。在教学过程中,要让学生了解如何利用VR和AR开发工具(如Unity结合Vuforia等)来实现商品使用场景模拟的功能,以及如何根据不同的商品类型和用户需求设计合理的使用场景。

(二)虚拟店铺与展厅设计

1.个性化虚拟店铺构建

VR和AR技术将为电商教学中的虚拟店铺与展厅设计带来新的趋势。在个性化虚拟店铺构建方面,学生将学习如何利用VR技术创建具有独特风格和品牌特色的虚拟店铺,包括店铺的布局设计、装修风格、陈列方式等方面的创新。可以根据不同的品牌定位,设计出时尚现代、古典优雅或简约实用等不同风格的虚拟店铺。

学生需要掌握如何利用VR开发平台(如HTC Vive的开发套件)来实现店铺的构建,包括添加各种装饰元素(如灯光、背景墙、展示架等),设置商品的陈列位置和展示方式等。同时,要考虑用户的交互体验,如用户进入虚拟店铺后的导航方式(如通过手势控制行走、瞬移等),以及如何方便用户查找和浏览商品。

2.互动式展厅创建

在展厅创建方面,互动式展厅将成为未来的发展方向。利用AR技术,可以创建具有互动功能的展厅。在一个电商品牌的历史展厅中,当用户用手机或AR设备扫描展厅中的展品时,可以弹出相关的历史资料、视频介绍或创始人的故事等。

对于VR技术构建的展厅,可以设置一些互动体验环节,如用户可以参与虚拟的新品发布会、品牌文化活动等。在教学中,要引导学生学习如何设计这些互动环节,包括编写互动脚本、实现交互逻辑(如根据用户的操作触发不同的事件)等,从而提升用户在虚拟展厅中的参与感和体验感。

(三)教学场景与实践的创新

1.沉浸式教学环境

VR和AR技术将为电商教学创造沉浸式教学环境。在理论知识教学方面，例如电商营销课程，教师可以利用VR技术创建虚拟的市场环境，让学生在虚拟环境中体验不同的营销场景，如促销活动、市场竞争等。学生可以身临其境地感受市场的变化，学习如何根据不同的市场情况制定营销策略。

在实践教学方面，AR技术可以为学生提供实时的操作指导。在电商客服实训中，当学生面对复杂的客户问题时，可以通过AR眼镜获取相关的解答提示或操作流程，就像有一位虚拟的导师在旁边指导一样。这种沉浸式教学环境能够提高学生的学习兴趣和参与度，使教学效果得到显著提高。

2.远程协作与互动

VR和AR技术还将促进电商教学中的远程协作与互动。在未来，不同地区的学生可以通过VR设备进入同一个虚拟的电商工作室或项目空间，共同参与电商项目的策划、设计和运营等工作。例如，在电商创业项目中，学生可以在虚拟空间中进行头脑风暴、分工合作、展示项目成果等活动。教师也可以方便地进入这个虚拟空间对学生进行指导和评价。此外，通过AR技术，可以实现远程专家对本地学生的实践操作进行实时指导。例如，企业专家可以通过AR设备看到本地学生在电商平台上的操作过程，并实时给予意见和建议，这种远程协作与互动方式将打破地域限制，为电商教学提供更多的资源共享和交流机会。

三、未来社会需求变化对电商人才素质的要求

(一)技术能力方面

1.多技术融合应用能力

随着社会的发展，未来电商人才在技术能力方面首先需要具备多技术融合应用能力。电商行业已经不再是单一技术的应用领域，而是涉及人工智能、VR/AR、大数据、区块链等多种技术的融合。例如，在构建智能电商供应链系统时，需要融合区块链技术保证数据的安全性和可追溯性，利用大数据技术进行供应链数据的分析和预测，结合人工智能技术进行供应链的智能优化，以及通过VR/AR技术实现供应链可视化展示。

电商人才要能够将这些不同的技术进行整合，根据业务需求设计出综合性的解决方案。这就要求他们在学习过程中，不仅要掌握每种技术的基本原理和应用方法，还要了解不同技术之间的接口和协同工作方式，如知道如何将人工智

能模型与大数据平台进行对接，以便更好地处理和分析海量的电商数据。

2.新兴技术的快速学习能力

未来社会技术更新换代速度极快，电商人才必须具备新兴技术的快速学习能力。新的技术如量子计算、边缘计算等虽然目前尚未在电商领域大规模应用，但随着时间的推移可能会成为电商行业发展的关键因素。电商人才需要能够快速掌握这些新兴技术的基本概念、应用场景和发展趋势。以量子计算为例，如果未来量子计算在电商数据加密和优化算法方面取得突破，电商人才要能够及时跟进学习，将量子计算的相关知识应用到电商安全和运营优化中。这种快速学习能力将使电商人才能够适应不断变化的技术环境，保持在行业中的竞争力。

（二）创新能力方面

1.商业模式创新

在创新能力方面，商业模式创新是未来社会对电商人才素质的重要要求。随着市场竞争的加剧和消费者需求的不断变化，传统的电商商业模式将面临挑战。电商人才需要具备创新的思维，能够设计出新颖的商业模式。例如，结合共享经济模式和电商平台，创造出共享商品的电商新模式，或者利用订阅制模式在电商领域开辟新的盈利渠道。他们要能够深入分析市场需求、竞争态势和技术发展趋势，挖掘出尚未被满足的市场空白点，然后通过创新的商业模式来填补这些空白。同时，还要考虑商业模式的可行性、可持续性和盈利性，能够对创新的商业模式进行全面的规划和评估。

2.营销创新

营销创新也是电商人才不可或缺的素质。在信息爆炸的时代，传统的电商营销手段已经难以吸引消费者的注意力。电商人才需要创新营销方式，例如利用短视频、直播等新兴媒体进行电商产品的营销推广，他们要能够把握新兴媒体的传播规律，制作出有创意、吸引人的营销内容。此外，还可以通过创新的营销活动来提高品牌知名度和用户黏性。比如，开展基于虚拟现实体验的营销活动，让消费者在虚拟场景中体验产品的独特魅力，或者利用区块链技术实现营销活动的透明化和互动性，吸引更多的消费者参与。

（三）社会适应能力方面

1.全球视野与跨文化交流能力

随着全球化的进一步发展，未来电商人才需要具备全球视野和跨文化交流能力。电商行业已经突破了地域限制，成为全球性的商业活动。电商人才需要了解不同国家和地区的市场环境、消费习惯、文化差异等因素，以便更好地开展跨境电商业务。例如,在进行国际电商营销时,要根据不同国家的文化特点制作合适的营销文案和广告视频。同时,他们要能够与不同文化背景的客户、合作伙伴进行有效的沟通和交流,包括语言沟通(掌握多种外语)、商务礼仪、文化习俗等方面的交流。这种全球视野和跨文化交流能力将有助于电商人才拓展国际市场,提升企业的国际竞争力。

2.社会责任意识

社会对企业的社会责任要求日益提高,电商人才也需要具备强烈的社会责任意识。在电商业务运营过程中,要考虑到环境保护、消费者权益保护、社会公平等因素。在选择商品供应商时,优先选择那些符合环保标准、尊重劳工权益的企业。在营销活动中,要遵循诚实守信的原则,避免虚假宣传和欺诈消费者的行为。同时,电商人才还可以通过电商平台积极参与社会公益活动,如开展扶贫电商项目、推广绿色环保产品等,为社会的可持续发展作出贡献。

四、应对未来教学变革,学校在师资队伍建设方面的发展建议

(一)教师技术培训提升

1.多技术培训课程设置

为应对未来教学变革,学校在师资队伍建设方面首先要注重教师技术培训提升。设置多技术培训课程是关键举措。由于电商教学内容将融合多种新兴技术,如人工智能、VR/AR技术、区块链等,学校应针对这些技术为教师开设专门的培训课程。例如,开设人工智能基础与应用课程,涵盖机器学习、深度学习的基本原理、算法实现以及在电商中的应用案例等内容。

对于VR/AR技术,设置VR/AR开发工具与应用课程,让教师学习如何使用相关的开发软件(如Unity结合Vuforia等)创建VR/AR场景,并将其应用于电商教学场景(如虚拟商品展示、虚拟店铺设计等)。同时,针对区块链技术,开设区块链原理与电商应用课程,使教师了解区块链的分布式账本、加密算法等基本概念,以及如何利用区块链技术保障电商交易的安全性、可追溯性等。

2.技术实践与应用能力培养

在教师技术培训过程中,不仅要注重理论知识的传授,还要重视技术实践与应用能力的培养。学校可以为教师提供实践操作的平台和项目机会。例如,建立校内的电商技术实验室,配备相应的设备(如人工智能服务器、VR/AR设备等),让教师在实验室中进行技术实践操作。

鼓励教师参与实际的电商项目,如与企业合作开展智能电商系统开发项目、

VR/AR电商展示项目等。通过这些实践活动，教师能够更好地掌握技术的实际应用能力，将所学技术与电商教学内容有机结合，提高教学的实用性和前瞻性。

（二）教师创新能力培养

1.创新教学方法培训

学校要注重培养教师的创新能力，其中创新教学方法培训是重要环节。传统的教学方法可能无法满足未来电商教学的需求，学校应开展创新教学方法培训，如项目驱动式教学法、混合式教学法、情景式教学法的培训。

在项目驱动式教学法培训中，教师需要学习如何设计合适的电商项目，引导学生在项目实践中学习知识和技能。在混合式教学法培训中，教师要掌握如何将线上教学资源（如网络课程、在线学习平台等）与线下教学活动（如课堂讲授、实践操作等）进行有效结合，提高教学效率和学生的学习效果。情景式教学法培训则要求教师能够创设与电商实际业务场景相似的教学情景，让学生在模拟情景中学习电商知识和解决实际问题。

2.创新思维激励机制

除了培训之外，学校还需要建立创新思维激励机制来培养教师的创新能力。例如，设立教学创新奖励基金，对在教学方法、教学内容等方面有创新举措并取得良好教学效果的教师给予奖励。同时，为教师提供创新交流的平台，如定期举办教学创新研讨会、经验交流会等。

在教师的职称评定、绩效考核等方面，将创新能力和创新成果作为重要的考量因素。这样可以激励教师积极探索创新教学模式，不断提高自身的创新能力，从而更好地适应未来电商教学的变革需求。

（三）教师跨学科知识储备

1.跨学科课程进修

为了适应未来电商教学内容的跨学科融合趋势，学校应鼓励教师进行跨学科课程进修。由于电商教学涉及计算机科学、数学、管理学、心理学等多学科知识的融合，学校可以为教师提供到其他相关学科进修的机会。例如，对于缺乏计算机科学知识的电商教师，可以安排他们到计算机学院进修数据库管理、网络技术、人工智能算法等课程。这有助于教师深入理解计算机技术在电商中的应用原理，更好地传授如电商平台的搭建、数据存储与安全等相关知识。针对数学知识相对薄弱的教师，可以让他们参加数学学院的概率论、数理统计、线性代数等课程的进修。这将使教师在教学中能够更深入地讲解数学知识在电商数据分析、风险评估、用户画像构建等方面的应用，提高教学的深度和准确性。

2.跨学科团队合作与交流

学校还应促进教师之间的跨学科团队合作与交流。建立跨学科的教学团队，例如由电商专业教师、计算机专业教师、数学专业教师等组成的团队。通过共同备课、开展教学研究项目等方式，加强不同学科教师之间的交流与合作。

在共同备课过程中，电商教师可以向计算机教师请教技术实现方面的问题，计算机教师可以从电商教师那里了解业务需求，数学教师则可以为教学内容中的数据分析部分提供专业的数学解释和方法建议。在教学研究项目中，不同学科的教师可以共同探讨如何将跨学科知识更好地融入电商教学内容、创新教学方法等问题，从而提高整个师资队伍的跨学科知识储备和教学水平。

五、教学模式在适应未来行业发展中的调整建议

（一）课程体系的动态调整

1.课程内容更新机制

在教学模式适应未来行业发展方面，课程体系的动态调整至关重要。首先要建立课程内容更新机制。随着电商行业的快速发展，新的技术、业务模式和市场需求不断涌现，课程内容必须及时跟进。学校应定期（如每年或每两年）对电商专业的课程内容进行审查和更新。

其次，建立由学校教师、企业专家等组成的课程内容审查委员会。该委员会负责收集行业最新信息，如新兴的电商技术（如量子计算在电商加密中的潜在应用）、新的商业模式（如社区团购的发展趋势）等，并根据这些信息评估现有课程内容的时效性和适用性。如果发现某些课程内容已经落后于行业发展，委员会应提出具体的更新建议，包括增加新的知识点、删除过时的内容、调整课程重点等。

2.模块化课程设置

实行模块化课程设置也是课程体系动态调整的有效方式。将电商专业课程按照不同的知识领域和技能要求划分为多个模块，如电商基础理论模块、电商技术应用模块、电商运营管理模块、电商营销模块等。每个模块可以独立存在，也可以根据市场需求和学生的个性化发展进行灵活组合。例如，对于有兴趣从事电商技术开发的学生，可以重点选择电商技术应用模块中的人工智能、VR/AR、大数据等子模块课程，而对于希望从事电商运营管理的学生，则可以侧重于选择电商运营管理模块中的供应链管理、客户关系管理等子模块课程。这种模块化课程设置能够提高课程体系的灵活性和适应性，满足不同学生的学习需求和未

来职业发展规划。

(二)实践教学环节的强化

1.企业真实项目导入

为了使教学模式更好地适应未来行业发展,需要强化实践教学环节。企业真实项目导入是一种有效的方法。学校应加强与企业的合作,将企业的真实项目引入教学实践中。例如,与电商企业合作,将企业的新品推广项目引入电商营销课程的实践教学中。学生在教师的指导下,参与项目的策划、执行和评估等各个环节。这不仅能让学生直接接触到企业的实际业务需求和操作流程,提高他们的实践能力和解决实际问题的能力,还能让学生了解行业的最新动态和企业的管理文化。同时,企业也可以从学生的项目成果中发现潜在的人才,实现学校与企业的双赢。

2.实践教学平台建设

建设实践教学平台也是强化实践教学环节的重要举措。学校可以建立校内的电商实践教学平台,模拟真实的电商运营环境,包括电商网站搭建、商品管理、订单处理、客户服务等功能模块。学生可以在这个平台上进行电商运营的实践操作,如开设自己的虚拟店铺、进行商品营销推广、处理客户订单等。此外,还可以与企业合作建立校外实践教学基地,让学生有机会到企业的实际工作环境中进行实习和实训。校外实践教学基地可以提供更丰富的实践资源和更真实的工作场景,如企业的电商仓库、客服中心等,有助于学生将所学知识与实际工作相结合,提高他们的就业竞争力。

(三)教学评价体系的优化

1.多元化评价指标

在教学模式适应未来行业发展的过程中,优化教学评价体系必不可少。建立多元化评价指标是关键。传统的教学评价主要以考试成绩为主要依据,这种单一的评价方式难以全面、客观地反映学生的学习成果和能力水平。在未来的教学评价体系中,应增加多元化的评价指标。

除了考试成绩外,还应包括实践项目成果(如企业真实项目的完成质量、校内实践平台上的店铺运营业绩等)、团队协作能力(在项目实践中与团队成员的合作表现)、创新能力(在项目中提出的创新想法和解决方案)等指标。例如,在评价学生的电商营销课程学习成果时,不仅要看学生的理论考试成绩,还要看学生在营销实践项目中制定的营销策略是否新颖、有效,以及在项目执行过程中与团队成员的沟通协作情况等。

2.评价主体多元化

实现评价主体多元化也是优化教学评价体系的重要内容。除了教师评价之外,还应引入企业专家评价、学生自评和互评等方式。

企业专家作为行业内的专业人士,能够从企业实际用人需求的角度对学生的学习成果进行评价。例如,企业专家可以根据学生在企业实习期间的表现、对企业业务的掌握程度等方面进行评价。学生自评可以促使学生自我反思和总结学习过程中的优点和不足,提高自主学习能力。学生互评则可以培养学生的批判性思维和团队合作精神。通过这种多元化的评价主体,可以更全面、客观地评价学生的学习成果,为教学模式的调整和改进提供更准确的依据。

参考文献

[1]鲍世超.时代聚变 数字经济与创新发展[M].北京：中国经济出版社，2024.

[2]程丹，詹增荣.基于胜任力模型下高职电子商务人才职业岗位能力及素质研究[J].电子商务，2018（6）：67-69.

[3]韩冰."岗课赛证"融通背景下高职"跨境电商实用英语"课程教学改革探究[J].电脑采购，2022（21）：166-168.

[4]韩晶晶.基于专创融合的高职电商专业"岗课赛证创"综合育人模式探析[J].烟台职业学院学报，2024（2）：59-63.

[5]黄婷，吴威.产教融合下"岗课证赛一体化"人才培养模式构建——以高职电商专业为例[J].漳州职业技术学院学报，2020（3）：31-36.

[6]季丁.1+X证书制度下高职电子商务专业书证融通课程建设研究[J].质量与市场，2021（15）：37-39.

[7]金毓.数字经济原理与应用探索[M].长春：吉林人民出版社，2023.

[8]李双.高校电子商务实践课程体系优化路径探讨[J].中阿科技论坛（中英文），2021（1）：175-178.

[9]廖完美."岗课赛证"融合模式下高职英语跨境电商校企合作课程建设研究[J].才智，2024（34）：93-96.

[10]乔毅娜.赛教融合背景下电子商务技能竞赛训练方法及教学改革探究[J].太原城市职业技术学院学报，2024（6）：86-88.

[11]史琰聆."岗课赛证"融通模式下高职院校跨境电商人才培养的策略研究[J].商展经济，2023（7）：145-148.

[12]王慧，施志刚.1+X证书制度下高职院校电子商务专业书证融通的实践与探索[J].产业与科技论坛，2024（15）：96-98.

[13]王婧.高职院校"岗课赛证"综合育人模式探究——以S学院数字媒体技

术专业为例[D].沈阳：沈阳师范大学，2023.
[14]王璐，方贝贝.产教融合背景下电商专业“双师”型教师队伍建设研究[J].教育现代化，2020（75）：59-62，93.
[15]王万梅.“岗课赛证”融通背景下高职院校教学改革探析——以“直播电商运营实务”课程为例[J].天津中德应用技术大学学报，2024（2）：65-69.
[16]吴冬晨.基于OBE理念的电子商务人才培养策略研究[J].广东教育，2024，（1）：101-102.
[17]吴文雅.基于1+X证书的高职书证融通模块化课程体系构建——以电子商务专业为例[J].高教学刊，2022（31）：123-126.
[18]偰娜.电子商务课程理论教学方法探讨[J].河南科技，2012（1）：38-39.
[19]谢鑫.技能竞赛促进电子商务专业建设的实践策略[J].前卫，2024（14）：210-212.
[20]许仲生.电子商务产业集群的形成、演变及发展探析[J].技术与市场，2023（1）：119-123.
[21]杨凡.职业技能竞赛促进技能人才培养的策略探析——以电子商务行业“数字化管理师”为例[J].中国培训，2024（10）：58-60.
[22]杨蓉.“岗课赛证”融通背景下高职精品在线开放课程的建设与实践——以“电商视觉设计”课程为例[J].福建轻纺，2024（5）：72-76.
[23]杨燕.数字经济背景下电子商务课程教学改革探析[J].老字号品牌营销，2024（24）：231-233.
[24]殷彬，陶安.电子商务核心岗位能力要求分析——基于高校人才培养视角[J].北京工业大学学报（社会科学版），2016（1）：71-77.
[25]詹宇灵.高职商务英语专业深化校企合作，实现“岗课赛证”融通路径探索——助力华南地区跨境电商贸易腾飞[J].校园英语，2023（19）：54-56.
[26]张华.校企双元视域下高职电商专业“岗课证赛”人才培养路径研究[J].黑龙江教师发展学院学报，2022（3）：58-61.
[27]朱秀敏.高职院校跨境电商基础与实训课程“岗课赛证”融通育人模式研究[J].知识经济，2023（27）：133-135.